ŒUVRES
DE
M. BALLANCHE.

TOME TROISIÈME.

IMPRIMERIE DE JULES DIDOT L'AINÉ,
Rue du Pont de Lodi, n° 6.

OEUVRES
DE
M. BALLANCHE
DE L'ACADÉMIE DE LYON

TOME III.

ESSAIS DE PALINGÉNÉSIE SOCIALE
TOME Ier
PROLÉGOMÈNES

Magnus ab integro sæclorum nascitur ordo.
VIRG., *Égl. IV.*

PARIS
LIBRAIRIE DE J. BARBEZAT
RUE DES BEAUX-ARTS, N° 6.

GENÈVE
MÊME MAISON, RUE DU RHONE, N° 117

1830

L'édition provisoire du premier volume de la Palingénésie sociale a été imprimée en 1827 chez M. Jules Didot aîné.
Celle-ci est fort augmentée.

DÉDICACE.

Je veux exprimer la grande pensée de mon siècle. Cette pensée dominante, profondément sympathique et religieuse, qui a reçu de Dieu même la mission auguste d'organiser le nouveau monde social, je veux la chercher dans toutes les sphères des diverses facultés humaines, dans tous les ordres de sentiments et d'idées; je veux, si je puis, en signaler toutes les métamorphoses successives. J'en suivrai la trace, autant qu'il me sera donné de l'apercevoir, au travers des traditions et des évènements, parmi toutes les régions de l'intelligence et de l'imagination, depuis la source reculée où elle se cache dans le sein des origines jusqu'à l'instant de complète évolution où, pleinement développée dans les esprits dont elle est l'ame et la vie, elle doit se révéler enfin par les plus éclatantes, les plus irrésistibles manifestations. Il faudra donc dire tantôt nos regrets, tantôt peut-être nos dédains, pour le passé; nos efforts généreux ou intéressés, harmoniques ou individuels, comme nos découragements, et même nos vaines révoltes, pour le présent; nos espérances quelquefois affermies, plus souvent incertaines et douteuses, pour l'avenir. Oui, cette pensée intime, divinement assimilatrice, puise sa substance et sa force dans tout ce qui a été, dans tout ce qui est, dans tout ce qui doit être; et, par sa nature, elle tend à devenir l'élément premier de toute civilisation, c'est-à-dire une croyance.

Le présent, le passé, l'avenir, relativement à la société en général, peuvent donc, à toutes les époques, et surtout aux époques de fin et de renouvellement, offrir le sujet de trois épopées réunies par une pensée unique, ancienne dans un ordre de choses et d'idées, nouvelle dans un autre ordre, et néanmoins toujours identique et toujours homogène; et ces trois épopées ainsi réunies

DÉDICACE.

ne formeraient qu'une seule et vaste trilogie. C'est ce que j'ai entrepris pour la société actuelle, héritière elle-même de tant de sociétés antérieures, façonnée par tant d'états préparatoires, et qui subit en ce moment la douloureuse épreuve d'une immense transformation.

Le génie audacieux du Dante conçut un projet semblable à celui qui m'occupe. Pour peindre son siècle, il voyagea dans les trois mondes qui pour lui représentaient toute l'initiation du genre humain : tel fut le sujet de son triple cantique, monument si extraordinaire de l'imagination la plus féconde et la plus puissante, tableau passionné, énergique et sombre du moyen âge, dont le règne farouche expire à peine, sorte de cosmogonie sociale et poétique, qui a créé, dans toutes nos littératures modernes, ce qu'elles ont de spontané et d'indépendant des imitations classiques.

Ainsi que le Dante, je veux visiter les lieux infréquentés de la foule, les lieux qu'habitent les intelligences, où est le berceau mystérieux de toutes les destinées humaines. Mais je dois écarter de moi ces terribles évocations qui jettent l'épouvante dans les ames : le moyen âge se retire avec ses rigueurs et ses servitudes; le christianisme, loi d'émancipation et de grace, a conquis la sphère civile tout entière; l'initiation, dépouillée de ses terreurs, de ses mythes redoutables, désormais sans doute sera douce et pacifique.

Les idées gouvernent les esprits avant de gouverner

les corps : ces reines immortelles, que l'œil ne peut voir, dont le sceptre ne peut être brisé, régnent long-temps sur nous, à notre insu, car un temps s'ignore ; et lorsqu'elles viennent dans le monde réalisé se saisir de l'empire légitime qui leur appartient, elles restent encore, pour le plus grand nombre, obscurément enfouies au fond des choses. C'est pourquoi le spectacle du monde réalisé ne dit rien à ceux qui n'ont pas pénétré dans le monde des idées; Platon le savait bien.

Béatrix abaissa, en quelque sorte, les gloires célestes, afin de pouvoir y introduire un être doué de toutes les facultés de la poésie, mais en qui ces facultés éminentes étaient comprimées par des organes mortels; et, pour rendre accessibles les faits divins aux sens trop grossiers d'un enfant de la terre, il a fallu les enfermer dans la forme admirable du symbole. Au reste, le symbole primitif, tel qu'il fut à l'origine des choses, témoigne magnifiquement des condescendances paternelles de la Providence divine à l'égard de sa faible créature.

S'il fut donné au Dante de se rendre l'expression puissante de son temps, qui me donnera d'être l'expression vraie du mien? qui rendra moins téméraire le projet que j'ai formé? qui abaissera pour moi les gloires célestes? de qui tiendrai-je le rameau d'or de l'initiation? qui me présentera les faits divins sous la forme accessible du symbole? Toutefois le symbole actuel ne peut plus être le symbole primitif, les condescendances divines devant changer selon les progrès du genre humain.

Un artiste entouré d'une grande renommée, un statuaire qui naguère jetait tant d'éclat sur la patrie illustre du Dante, et dont les chefs-d'œuvre de l'antiquité avaient si souvent exalté la gracieuse imagination, un jour, pour la première fois, vit une femme qui fut pour lui comme une vive apparition de Béatrix. Plein de cette émotion religieuse que donne le génie, aussitôt il demande au marbre, toujours docile sous son ciseau, d'exprimer la soudaine inspiration de ce moment; et la Béatrix du Dante passa du vague domaine de la poésie dans le domaine réalisé des arts. Le sentiment qui réside dans cette physionomie harmonieuse, maintenant est devenu un type nouveau de beauté pure et virginale, qui à son tour inspire les artistes et les poëtes.

Cette femme, dont je veux taire ici le nom, que je veux laisser voilée, comme fit le Dante, est douée de toutes les sympathies généreuses de ce temps. Elle a visité, avec le petit nombre, le lieu qu'habitent les intelligences : c'est dans ce lieu de paix immuable, d'inaltérable sécurité, qu'elle a contracté de nobles amitiés, ces amitiés qui ont rempli sa vie, qui, nées sous d'immortels auspices, sont également à l'abri du temps et de la mort, comme de toutes les vicissitudes humaines.

Je m'adresse donc à celle qui a été vue comme une vive apparition de Béatrix. Puisse-t-elle m'encourager de son sourire, de ce sourire sérieux d'amour et de grace, qui exprime à-la-fois la confiance et la pitié pour les peines de l'épreuve, pour les ennuis d'un exil qui doit finir; présage doux et serein, où se lit dès à présent la certitude de nos espérances infinies, la grandeur de nos destinées définitives!

PRÉFACE.

Un savant laborieux et modeste, dont le nom est resté cher à toutes les ames religieuses, et qui a été justement appelé le bramine de l'histoire naturelle, Charles Bonnet, a écrit un traité pour montrer comment, dès le temps même de son existence passagère, l'être mortel peut manifester en lui l'être immortel, comment l'être impérissable et incorruptible est contenu dans l'être corruptible et périssable; et, voulant que le titre seul du traité qu'il méditait représentât tout de suite l'idée de cette glorieuse évolution, de cette grande métamorphose de l'homme, il a cru devoir nommer son livre la *Palingénésie philosophique*.

Ce que Charles Bonnet a essayé pour l'homme individuel, je l'ai tenté pour l'homme collectif: l'ouvrage que j'imprime aujourd'hui a été écrit tout entier dans cette vue. Ainsi les divers essais dont il se compose, très distincts quoique très analogues entre eux, ont été inspirés par le même sentiment, celui de la sympathie sociale; ils sont dominés par la même pensée générale, celle de la condition imposée à l'homme de vivre en société, de n'être que par elle; enfin ils sont également consacrés à retracer, sous des formes variées et quelquefois symboliques, la peinture de toute transformation des sociétés humaines.

L'homme, hors de la société, n'est, pour ainsi dire, qu'en puissance d'être; il n'est progressif et perfectible que par la société.

L'homme est destiné à lutter contre les forces de la nature, à les dompter, à les vaincre : si, durant cette lutte pénible, il veut prendre quelque repos, c'est lui qui est dompté, qui est vaincu; il cesse en quelque sorte d'être une créature intelligente et morale.

Cette lutte contre les forces de la nature est une épreuve et un emblème; le véritable combat, le combat définitif, est une lutte morale.

Enfin la providence de Dieu, qui n'a jamais cessé de veiller sur les destinées humaines, a voulu qu'elles fussent une suite d'initiations mystérieuses et pénibles, pour qu'elles fussent méritoires comme foi et comme labeur.

Tels sont les principes dont je desire établir la conviction intime, affermir et fortifier le sentiment profond. En un mot, le haut domaine de la Providence sur les affaires humaines, sans que nous cessions d'agir dans une sphère de liberté; l'empire de lois invariables régissant éternellement, aussi bien que le monde physique, le monde moral, et même le monde civil et politique; le perfectionnement successif, l'épreuve selon les temps et les lieux, et toujours l'expiation; l'homme se faisant lui-même, dans son activité sociale comme dans son activité individuelle : n'est-ce point ainsi que l'on peut caractériser la religion générale du genre humain, dont les dogmes plus ou moins formels, plus ou moins obscurcis, reposent dans toutes les croyances?

Ce n'est point là ce qu'on a voulu appeler la religion naturelle. La religion naturelle du déiste est une erreur analogue à celle du contrat primitif dans l'institution sociale.

Je prends toujours mon point de départ dans les traditions.

Platon, après avoir peint à sa manière l'origine des choses, dit qu'il est impossible d'expliquer cette origine et la nature de la cause, et qu'il faut s'en rapporter à ces hommes divins qui étaient plus près du commencement; alors il se saisit des cosmogonies traditionnelles. Lorsque Platon parle du système du monde, il se sert d'une expression qui revient à celle-ci, quelqu'un m'a dit. Ce quelqu'un est sans doute le personnage inconnu qui, pour lui, aussi bien que pour nous, est le représentant ou le dépositaire de toute tradition.

C'est une formule de ce genre, et l'analogie de

certaines doctrines, qui donnèrent lieu, dans les premiers siècles de notre ère, à considérer Platon comme appartenant à un christianisme antérieur, préparatoire pour la gentilité. Au reste, les mythes et les systèmes indiens n'ont été inconnus ni à Pythagore ni à Platon; cela est prouvé par leurs brillantes excursions vers un monde contemplatif, et par la nature de leurs symboles.

Sans doute il ne peut m'être donné de dévoiler le plan de la Providence, son dessein sur la grande famille humaine; car ce plan est caché dans des profondeurs inaccessibles à nos yeux, et ce dessein ne nous sera complétement révélé qu'après cette vie; mais du moins il me sera permis de montrer qu'il y a un plan et un dessein. Ce que nous voyons nous racontera une partie de ce que nous ne voyons pas; et toujours serons-nous autorisés à croire, de toutes nos forces religieuses les plus intimes, qu'une créature intelligente et morale ne peut être condamnée à subir une fin ignoble et misérable.

J'ai un autre but que je ne dois pas signaler d'avance; le lecteur saura bien le découvrir: d'ailleurs il est des choses qui ne s'expriment point, qui se font sentir.

Ce but, qui est le plus réel de tous, qui marque le plus les besoins de la société actuelle en Europe, ce but sera manifesté à-la-fois par toutes les parties de cette composition successive, qui forment une sorte d'épopée cyclique, et dont les principales, celles pour qui les autres ont été faites, sont *Orphée*, la *Ville des expiations*, une *Élégie*.

Mais il ne me suffisait pas de réunir tant d'objets si divers, je voulais encore les comprendre tous dans l'expression d'un titre général qui caractérisât par lui-même une telle unité de sentiment, de pensée, de peinture; il me fallait donc un nom qui, en s'appliquant à l'homme collectif, contînt à-la-fois l'idée de mort, et l'idée de résurrection, ou de restitution de l'être; car, à moins de quelque grande catastrophe qui les abolisse à jamais, les sociétés humaines, malgré leurs changements de formes, conservent aussi leur individualité, la conscience de leur identité morale. Le titre de *Palingénésie sociale* s'offrait naturellement à moi; je l'ai adopté.

Servius attribue à Platon la doctrine de la métempsycose, et à Pythagore celle de la palingénésie. Ce témoignage unique, à mon avis, est assez singulier pour qu'il vaille la peine d'être remarqué. Il serait possible en effet, mais ce n'est pas ici le lieu, il serait possible de démontrer que la philosophie italique primitive, cette reine de toutes les philosophies élevées, cette admirable héritière des théosophies antiques et des mythographies cosmogoniques, fut fondée sur la palingénésie. Il paraîtrait que le dogme de la palingénésie est le même que celui de la métempsycose, l'un ésotérique, et l'autre exotérique; ou plutôt que le second est une transformation du premier. Platon a jugé à propos de revêtir le second des couleurs de sa brillante imagination. Ce dogme sert d'enveloppe à une idée philosophique très ancienne quoiqu'elle n'appartienne point encore à la poésie primitive; c'est celle de la vie considérée comme une épreuve. Toutefois, il faut bien en faire ici la remarque, la poésie qui fut réellement primitive nous est absolument inconnue; et plus tard nous chercherons s'il n'est pas possible d'en retrouver quelque trace. En un mot, la métempsycose est une extension du système des épreuves et des purifications, une transformation plus accessible à l'intelligence populaire.

En effet, sous un certain rapport, le genre humain pourrait être considéré comme le même individu passant par une suite de palingénésies.

Mais en remontant à l'origine, il fallait bien rencontrer le dogme un et identique de la déchéance et de la réhabilitation, ce dogme sévère et unanime qui explique la suite des destinées humaines, leur développement sous forme d'initiations successives, chaque initiation précédée d'une épreuve, et toute épreuve infligée comme expiation.

Le génie d'un peuple, c'est ce qui fait que ce peuple est lui, et non tel autre: un peuple aussi est en quelque sorte un individu; il en est de même d'une race humaine.

PRÉFACE.

Le génie d'un peuple résulte d'un fait primitif, d'un fait mystérieux analogue à un fait cosmogonique; s'il y a quelque possibilité de le signaler, il y a impossibilité absolue de l'expliquer : dans tous les cas, ce fait primitif, caché dans le secret des origines, gouverne un peuple tout le temps de son existence, et même après qu'il a cessé d'exister comme peuple.

Le génie d'un peuple et le génie de sa langue sont choses identiques.

Les principes généraux des langues, les principes généraux des sociétés humaines sont également choses identiques.

La nature du patriciat romain, signalée avec soin dans une des parties de cet ouvrage, jettera, je l'espère, un jour nouveau et immense sur ce qu'il y a de plus primitif dans les sociétés humaines, dans l'essence, si j'ose parler ainsi, des peuples et des races.

Toutefois il ne faut jamais perdre de vue ce qui a si souvent été affirmé dans le volume précédent; à savoir que la société fut imposée à l'homme, que rien par conséquent ne peut précéder l'institution sociale; à savoir encore que le genre humain est un, que la langue humaine est une, et que ces deux unités sont inséparables, se posent réciproquement l'une l'autre.

Ainsi donc, quoique ma pensée, en apparence,

soit plus vaste que celle de Charles Bonnet, elle est cependant moins difficile peut-être à réaliser et à montrer aux autres; car, soyons-en convaincus, l'unité et l'homogénéité se manifestent bien plus, comme je viens de le faire entrevoir, lorsqu'on les cherche dans le genre humain, que lorsqu'on s'obstine à les chercher dans l'homme isolé, dépouillé à-la-fois de tous ses liens de sympathie, de solidarité, de perpétuité indéfinie, dépouillé enfin de ce qui est au-delà de son existence passagère. Cette unité et cette homogénéité, si évidentes pour ceux qui veulent les observer, nous fourniront sans doute quelques heureuses explications de toutes les croyances religieuses, et par conséquent des systèmes philosophiques, de ceux toutefois qui ne nient point les croyances religieuses.

Si l'analogie intime des divers ouvrages qui composent mon épopée cyclique m'a engagé à chercher un titre général, j'ai ensuite, par la même raison, été conduit à faire des prolégomènes, pour diriger le lecteur dans une route où ses propres pensées doivent toujours servir de complément aux miennes, et j'oserai dire de lumière pour les éclairer, pour leur donner de la vie et du relief. On le sait, un livre n'a de réalité qu'autant qu'il ne fait que dévoiler ce qui existe; il n'a d'influence qu'à proportion qu'il développe dans chaque lecteur ce qui déjà est en lui plus ou moins obscurément; tant il est vrai qu'un homme n'est rien par lui-même, qu'il n'est rien tout seul, qu'il n'est quelque chose que par les sympathies qui sont en lui, et par celles qu'il réveille dans les autres! tant il est vrai enfin qu'il faut que l'homme consente à faire partie d'un tout, et que ce n'est qu'à ce prix qu'il peut entrer en pleine jouissance de son individualité morale!

Les prolégomènes dont je viens de parler méritent spécialement le titre de Palingénésie, que je donne à l'ensemble lui-même: on sait que plusieurs tragédies grecques ont reçu leur nom du chœur qui en fait partie, et qui fut, pour le spectateur, comme le génie vivant de la conception du poëte. Pour continuer cette comparaison avec les tragédies grecques, je dirai que la Palingénésie sociale présente une sorte de trilogie, sous le rapport de l'unité générale; et par la raison encore que si ce n'est pas la même action continuée, c'est la même pensée, le même sentiment, à divers degrés, revêtus de formes différentes.

C'est donc ainsi que l'ouvrage qui a été conçu le dernier, qui n'a été fait qu'à l'occasion des autres, se trouvera ici le premier, et leur imposera un nom collectif.

Toutes mes méditations reposaient sur la vérité, mais sur une vérité philosophique; il leur fallait une base incontestable, un point d'appui certain et historique. Par de bonnes raisons, que j'aurai soin d'expliquer, j'ai cru devoir choisir les faits providentiels et générateurs dont la série continue forme la véritable individualité du peuple romain. La série de ces faits, tirée de monuments incontestés, ou d'analogies si puissantes qu'elles sont égales à la certitude historique la mieux démontrée, m'a fourni, comme la preuve écrite de mes pensées, la réalisation de ce qui n'était que spéculatif. C'est le sujet d'un autre ouvrage, également en dehors de ma trilogie, telle que je l'avais conçue d'abord, et qui est, pour ainsi dire, le corollaire et le résumé de mes idées, de la même manière que mes prolégomènes en sont le théorème et la préparation; et il m'a offert, en même temps, l'occasion de les concentrer davantage, de les présenter sous une forme nouvelle plus précise; il se nomme: *Formule générale de l'histoire de tous les peuples, appliquée à l'histoire du peuple romain.* Un tel titre paraîtrait peut-être ambitieux, si je ne pouvais affirmer qu'il est vrai dans toute l'énergie du mot. J'espère en effet y présenter le tableau exact du monde civil depuis sa naissance obscure et son berceau mystérieux jusqu'à son plus haut développement de force et de puissance; c'est l'initiation imposée par la Providence; c'est la destinée elle-même s'expliquant par des faits accomplis. Aussi oserai-je dire qu'il est impossible de pousser plus loin la synthèse historique. La véritable place de cet écrit devrait être à la fin; mais

PRÉFACE. 21

j'ai cru plus convenable de l'intercaler entre l'Orphée et la Ville des expiations.

L'importance de ce dernier ouvrage consiste surtout à montrer comment, par le développement de la loi chrétienne, l'antique solidarité doit aboutir à se transformer en la charité.

Les notes que j'ai rejetées à la fin de toute la publication, et qui sont fort considérables, je dois en prévenir, sont identiques avec les diverses compositions qui forment l'ouvrage général. Elles sont indispensables pour le compléter, pour rapprocher les différentes parties entre elles, et pour les assimiler; quelquefois elles servent à faire disparaître des contradictions apparentes, introduites par la succession même des pensées; souvent aussi elles offrent des explications d'autant plus utiles qu'elles s'appliquent à tous les objets, en les éclairant, en les résumant, en justifiant mes données et jusqu'à mes hypothèses; plus souvent encore elles mettent sur la voie de nouvelles analogies et de nouvelles inductions. Enfin elles remontent jusqu'aux écrits renfermés dans les deux volumes précédents.

Sans doute je n'emploierai pas tous les matériaux que j'ai rassemblés pour cet objet; je devrai faire un choix; peut-être un jour tirerai-je de ceux que je négligerai en ce moment un volume semblable, pour la forme, aux Stromates de saint Clément.

L'ensemble de choses qui entrent dans la Palingénésic n'a point été improvisé, il a été fait successivement; mais l'inspiration en est aussi complétement spontanée que possible : il est donc parfaitement un, parfaitement identique, parfaitement homogène; il doit donc faire naître dans tous les lecteurs une impression générale parfaitement une, parfaitement identique, parfaitement homogène. C'est dans cette impression générale que se trouvera la manifestation du but dont je parlais tout-à-l'heure, et que je ne puis signaler d'avance, puisque c'est là qu'il est tout entier. Chaque lecteur est donc en effet tenu de faire le livre que je n'ai point fait.

Ainsi mon véritable livre, qui ne sera point écrit, résultera de l'impression générale qui doit rester à chaque lecteur. En cela je ressemble aux initiateurs des Mystères et aux fondateurs d'écoles philosophiques anciennes. Eux non plus n'écrivaient point, ils disaient. Leur doctrine se faisait elle-même. Selon le témoignage de l'antiquité, la sibylle qu'à Thèbes on nomma Sphinx s'adressait à ceux seulement qui pouvaient, qui devaient deviner ses énigmes.

Les temps et les circonstances ont changé souvent autour de moi pendant que j'ordonnais les différentes parties qui composent la Palingénésie sociale; il sera facile de s'en apercevoir. Je n'ai cependant aucune raison pour modifier ces différentes parties, ni dans leur ensemble ni dans leurs détails. Tout restera ce qu'il est, c'est-à-dire avec sa forte empreinte de spontanéité, et avec les légères inflexions qui peuvent résulter soit de la succession de mes propres idées, soit de la mobilité des événements et des systèmes.

Encore à présent, lorsque l'on réimprime Amyot, on a soin de conserver les orthographes successives des quatre règnes sous lesquels ce traducteur a vécu. En vérité, les légères inflexions que l'on pourra remarquer dans la suite de mes idées, ou plutôt dans la manière de les exprimer, ne sont guère plus que cela, et méritaient peut-être autant d'être respectées. Quel inconvénient y a-t-il à ce que ces écrits conservent quelque trace des hommes, des temps et des choses au milieu desquels j'ai vécu? Ce n'est point un fruit de la solitude que j'offre à mes lecteurs, c'est précisément le contraire.

Cette succession dans la composition a mis une sorte d'irrégularité dans la marche graduelle des idées; mais cette irrégularité n'est qu'apparente, parceque l'inspiration générale est toujours une et identique. Il en résulte toutefois la nécessité de tout lire d'un bout à l'autre, non seulement pour me juger, ce qui est fort peu important, mais afin que ceux dont j'ai eu la volonté d'exprimer les pensées et les sentiments puissent s'en rendre compte à eux-mêmes.

PALINGÉNÉSIE SOCIALE.

PROLÉGOMÈNES.

Une entreprise immense pèse sur moi, sans m'effrayer. Ce n'est point en mes forces que je me confie; je ne puis me reposer que sur la puissance et la vérité des sympathies générales dont je vais me rendre l'interprète. Et cependant que l'on ne s'alarme pas; je ne veux point parler aux passions; je ne dois m'adresser qu'aux nobles instincts, aux sentiments élevés, aux intérêts de l'intelligence et de la morale.

L'Essai sur les Institutions sociales, que je publiai en 1818, contient déjà un germe fécond; ce germe s'est développé avec les événements et avec mes propres méditations. Plusieurs années d'études historiques, d'observations de tout genre; les circonstances extraordinaires qui depuis 1814 ont mûri à-la-fois toutes les populations de notre Europe, demeurée jusqu'alors à différents âges de la société, circonstances qui ont si prodigieusement accéléré la marche de l'esprit humain ; sans doute aussi un voyage que je viens de faire en Italie : tout a réagi sur moi.

Une nouvelle ère se prépare ; le monde est en travail, tous les esprits sont attentifs.

Le champ de la civilisation s'est agrandi ; la Grèce a soulevé son suaire de mort et de servitude, et a prouvé que la bannière du Christ est aussi le drapeau du patriotisme et de la liberté ; l'Italie parle avec gémissement de ses anciennes gloires, de ses espérances si souvent et si cruellement trompées ; et tous les cœurs généreux sont vivement émus et irrités de ses longues douleurs ; les Espagnes ont frappé aux barrières qui les tiennent séparées de l'Europe : ces barrières fatales et caduques sont trop fortement ébranlées pour qu'elles ne finissent pas bientôt par s'écrouler avec fracas ; les jeunes Amériques se sont précipitées dans la pensée émancipatrice qui fait les peuples ; mais elles se sont placées tout-à-fait en dehors de nos traditions, et je n'aurai point à m'occuper de leurs destinées quelque grandes qu'elles soient, quelque influence qu'elles doivent exercer sur les nôtres.

La vieille Europe, qui a des traditions, des souvenirs, des ancêtres, veut se régénérer sans renoncer à ses traditions, sans fouler à ses pieds ses souvenirs, sans renier ses ancêtres.

Les jeunes Amériques entrent tout-à-coup dans le monde civil sans avoir passé par les initiations successives que l'Orient nous imposa; nous avons vu commencer cette histoire si nouvelle, qui ne présente ni les origines incertaines des autres histoires, ni leurs temps fabuleux, ni leurs cycles cosmogoniques, et qui, à cause de cela, nous paraît dépouillée de tout un ordre de choses, la poésie dans la littérature et les arts.

Ainsi donc les Amériques, colonies violentes et exterminatrices, qui se sont si entièrement substituées aux nations indigènes, qui n'ont eu ni les castes organisatrices, ni les théocraties fondant un ordre primitif, ni les sacerdoces dépositaires et conservateurs jaloux de croyances sociales, qui n'ont rien eu enfin de ce qui forme les premiers âges de tous les peuples, ont dû marcher rapidement vers le christianisme développé dans la sphère civile, vers ce christianisme qui réduit à sa juste valeur la solidarité, la communauté des destinées humaines. Toute science archéologique de législation et de jurisprudence leur est étrangère. Montesquieu est pour eux un ancien; c'est leur Aristote: Delolme et Bentham sont leur Justinien. Toutefois ils auront bien un jour leur poésie, une poésie qui finira par animer d'un soufle de vie leurs langues importées, qui reposera sur le spectacle d'une nature toute nouvelle, sur les sentiments éternels du cœur, sur les investigations de la pensée, sur les traditions générales du genre humain, consignées, pour eux comme pour nous, dans la Bible. Dans ce moment, ils font à-la-fois leur sol et leur état social : la science philosophique et la poésie viendront après.

Ce n'est donc qu'à l'Europe que nous devons nous adresser ; c'est elle seulement que nous devons avoir en vue dans les considérations qui composent la Palingénésie sociale.

PREMIÈRE PARTIE.

Les hommes, dont les méditations habituelles ont pour objet les hautes spéculations de la philosophie, la puissance merveilleuse de la religion, bienfaisante selon les uns, terrible et funeste selon les autres, se divisent en sectes nombreuses; mais toutes ces sectes peuvent naturellement être rangées en deux classes: les hommes du Destin et les hommes de la Providence.

Les hommes du Destin voient le mal répandu sur la terre; ils voient les fléaux et les maladies; ils voient les calamités générales, les misères et les infortunes de chaque individu; ils voient enfin tout ce qu'il y a de lamentable dans la condition humaine; ils ne voient que cela. Alors ils se mettent à accuser Dieu, ou à le nier. L'homme, à les entendre, est sous le joug inexorable d'un destin de fer; il n'a point de liberté; il est emprisonné dans ses organes, dans les limites de ses facultés, limites qu'il sent plus étroites à proportion que ses facultés elles-mêmes sont plus étendues; l'esprit s'use dans les obstacles de tout genre, se brise contre la force des choses; la vie n'est qu'une longue douleur, un rêve pénible, une cruelle maladie. Nous n'existons que pour souffrir ou faire souffrir. La société, dans une si triste hypothèse, est une chose mauvaise et factice; c'est une malheureuse invention de l'homme. Cette philosophie du découragement et du désespoir revêt plusieurs formes, selon les temps, les lieux, l'âge des peuples; mais le fond est toujours le même.

Les hommes de la Providence voient aussi le mal, mais ils sont pleins de confiance, et ils croient fortement que si l'économie des desseins de Dieu pouvait être manifestée dans tout son majestueux développement, elle satisferait à toutes les plaintes, elle répondrait à tous les doutes, elle apaiserait tous les troubles de la pensée. Néanmoins, selon eux, nous en savons assez pour comprendre la raison de ce qui nous est caché. Ils croient, à-la-fois et de la même façon, à l'action continue de la Providence, et à la liberté de l'être intelligent. Dans leur conviction intime, l'institution sociale est une institution divine; c'est par elle que l'homme se perfectionne et s'élève. Ils ne séparent jamais les destinées dont nous jouissons dans cette vie de celles qui nous sont assurées dans une autre vie, assurées par toutes nos croyances primitives et traditionnelles, assurées par notre nature même de créature intelligente et morale. C'est là qu'après une nouvelle série d'épreuves et d'expiations, car il ne doit entrer rien que de parfait dans les royaumes immuables de Dieu; c'est là que se trouve enfin le dernier terme de toute palingénésie; c'est là seulement que s'accomplissent nos destinées définitives.

Mais ne parlons, quant à présent, que de la vie préparatoire qui nous est accordée, du monde passager qui a été livré à nos recherches immortelles.

Au lieu de la fatalité tragique des anciens, ou de cette autre fatalité, également inflexible, qu'on est convenu d'appeler la force des choses, il faut bien admettre l'enchaînement merveilleux des causes et des effets, les effets, à leur tour, devenant causes, pour entretenir la génération sans fin des destinées humaines. Cette chaîne non interrompue de causes et d'effets, dont le premier et le dernier anneau restent éternellement dans la main de Dieu, forme l'instrument mystérieux de sa prescience; et en ce sens la prescience divine est un attribut insondable de celui qui établit une fois, pour qu'elles subsistassent toujours, les lois universelles, les lois auxquelles obéissent les esprits et les corps; qui créa l'intelligence de l'homme à son image, et lui donna la liberté, pour qu'il méritât; qui le fit en quelque sorte colégislateur d'un monde où il semble cependant n'avoir que des obstacles à vaincre.

Si nous interrogeons les doctrines mystiques unies à toutes les religions, et répandues, de toute antiquité, dans le monde, nous y trouverons une triste et terrible unanimité sur ces points principaux, la punition d'une première faute, le besoin d'une expiation, le travail imposé à l'homme, la science acquise au prix du malheur; nous y trouverons toujours une funèbre commémoration de quelque épouvantable catastrophe où le genre humain a péri; nous y trouverons encore, sous mille formes diverses, la peinture d'un être supérieur qui subit la mort, dont les membres déchirés sont dispersés par toute la terre, et d'un autre être supérieur cherchant aussi par toute la terre les membres épars de la grande victime, pour recomposer son corps. Mais remarquez bien la suite et l'ensemble du mythe universel que je viens de signaler. Durant cette course douloureuse, qui a pour but la recomposition de l'être primitif, ou de l'être emblématique et typique, l'agriculture et les arts sont enseignés aux hommes, la civilisation commence, les lois du mariage et de la propriété sont établies, enfin la société s'organise. Remarquez sur-tout que la source des générations humaines reste frappée d'une sorte de réprobation et d'opprobre; la honte est telle que je n'ose la dire, parceque les mots et les images qui servirent à l'exprimer trop naïvement n'existent plus dans nos langues devenues pudiques à l'excès. Bossuet cependant, pour mieux briser les séduisantes illusions, dont, à force de poésie et de roman, nous avons fait les instincts perfectionnés et délicats de notre nature, Bossuet n'a pas craint d'effaroucher nos susceptibilités modernes. Dans les traditions juives, qui sont aujourd'hui l'héritage inaliénable des nations chrétiennes, il n'a pas fallu moins que la grande promesse d'un Médiateur pour nous affranchir de l'antique anathème. Tous les peuples de la gentilité ont également cherché un remède à la flétrissure originelle. Ce fut en effet le but de plusieurs institutions diverses dont nous aurons à nous occuper, tant fut universel le sentiment que nous venons de signaler!

La manifestation de l'homme sur la terre et dans le temps est donc un châtiment qui lui est infligé, puisque, selon toutes les religions, il doit se purifier de sa naissance, et que sa vie tout entière est une épreuve; ou plutôt c'est ce qui fait que sa vie mortelle est une épreuve. Nous trouverons par la suite d'autres explications de ce dogme primitif; mais ici nous devons le prendre dans toute sa sévère nudité.

Et cependant, il faut bien le dire dès à présent, l'essence humaine, en soi, ne peut être avilie; la sphère d'activité où elle agit maintenant avec de si pénibles entraves est la prophétie de la sphère d'activité où elle doit agir un jour avec gloire et liberté. Seulement l'homme est tenu de conquérir d'abord sa dignité, ensuite la gloire de ses grandes destinées. Nous trouverons cette loi écrite dans le tableau du plébéianisme primitif, tel que je compte le faire sortir de mes recherches sur les antiquités du monde civil, et sur-tout de mes études sur cette partie si long-temps voilée de l'histoire romaine.

Les deux points de vue sous lesquels on peut considérer les choses humaines sont donc en dernier résultat le Destin et la Providence.

De là deux sortes de poésie; elles sont exprimées toutes les deux dans le poëme antique de Job, tableau admirable et immortel de notre haute et de notre misérable condition.

De là deux sortes de philosophes politiques; ceux qui s'attachent au fait divin, et ceux qui ne s'attachent qu'au fait humain; ceux qui se bornent à signaler le fait positif et, pour ainsi dire, matériel; et ceux qui recherchent le fait métaphysique et moral, ou, en d'autres termes, le fait religieux.

De là encore deux ordres de jurisconsultes; ceux qui font reposer le juste et le droit sur des idées de convention, sur des idées acquises ou imposées, et ceux qui les font reposer sur des idées primitives et inconditionnelles. Selon les uns, le droit c'est le juste; selon les autres, c'est la force sous des noms divers. Les jurisconsultes positifs n'ont pas fait attention que la souveraineté de l'homme ramène le Destin en écartant la Providence, et qu'alors la loi est dépouillée du caractère qui fait sa légitimité. Dieu n'a pu vouloir se laisser exiler de son ouvrage.

Voici une autre sorte d'impiété qu'il est à propos de signaler ici, et de flétrir en l'énonçant: il semble, disent quelques uns, que tout soit combiné pour produire je ne sais quel résultat, ou même je ne sais quel spectacle, pour manifester à elle-même la puissance infinie de je ne sais quelle cause suprême, de je ne sais quelle immense unité que l'on pourrait appeler le moi de l'univers. Dieu, despote absolu; toutes les créatures vivant, se perpétuant, travaillant à vivre; l'homme, comme les autres créatures, machine et instrument, pièce du mécanisme général; sa vie, phénomène brillant et fugitif, partie d'un plan inconnu, mais partie passive et sans importance en soi. Il est évident qu'ici on donne au Destin le nom de Dieu. Cela ne pourrait être vrai qu'autant qu'il n'y aurait point de créature intelligente et morale, et alors nul ne connaîtrait une telle vérité, et Dieu aurait pu demeurer dans son repos.

Heureusement il n'en est point ainsi. Dieu doit à l'homme, car il lui a promis; le Créateur a promis à sa créature, par les facultés qui sont en elle, et qu'il y a mises originairement; le Créateur a promis à sa créature, par les sentiments qu'elle reçoit ou qu'elle inspire, par la nature même de son être. Ce que l'homme espère, uniquement parcequ'il l'espère; ce qu'il attend, uniquement parcequ'il l'attend, Dieu le doit à l'homme.

La foi est un lien entre Dieu et l'homme.

Lord Byron n'a pris, pour le développer, qu'une partie du poëme de Job; je le prends tout entier.

Lord Byron ne croit qu'au Destin, et je crois à la Providence. C'est là, ainsi que nous venons de le dire, le fond des pensées et des doctrines des deux écoles opposées qui, sous mille formes variées, marchent parallèlement dans le monde depuis le commencement. Il y a constamment des philosophes et des poëtes qui prennent leur inspiration dans ces deux vastes systèmes, dans ces deux grandes hypothèses. Seulement la manifestation est plus sensible à de certaines époques.

On peut comparer lord Byron à Lucrèce: tous les deux grands poëtes, chacun de leur siècle, et les deux siècles analogues; tous les deux nés au milieu des sophistes qui ont succédé aux philosophes : l'un attaquant la religion générale, l'autre attaquant la religion universelle; tous les deux effrayés des destinées humaines, privés de toute foi et de toute confiance. Les traditions chrétiennes sont un élément de plus dans le champ de la poésie, et cet élément de plus élève prodigieusement lord Byron, car l'attaque doit être proportionnée à la chose attaquée, car la plainte doit être égale à la majesté du malheur.

Je dois justifier à-la-fois la race humaine et la Providence.

Un moyen de justifier la Providence c'est de rehausser la destinée humaine.

Sans liberté point d'imputabilité.

Je m'explique, et toujours dans le sens des traditions antiques.

L'homme, c'est-à-dire l'intelligence, l'essence humaine, a été tiré du domaine de l'éternité pour passer dans le domaine du temps. La pensée alors est devenue successive. C'est ainsi que l'homme est devenu perfectible, c'est-à-dire susceptible de s'avancer jusqu'à ce qu'il soit arrivé au degré relatif de perfection qui lui est propre. Nulle créature humaine n'échappe à cette loi. Tous tendent au même but, et tous doivent finir par y atteindre. Les hommes en avant de leur siècle, ou au-dessus des autres hommes, soit par l'intelligence, soit par le sentiment moral, sont des hommes qui sans doute ont mérité d'être dispensés d'un grade dans la grande initiation; ceux qui sont en arrière et au-dessous des autres seraient alors soumis à une épreuve de plus.

L'homme individuel et l'homme collectif suivent des progrès analogues.

Je dis l'homme individuel et l'homme collectif, afin de faciliter l'explication de mes idées; mais il est bien entendu que l'un n'est point séparé de l'autre, que l'homme n'est progressif que par l'état social, ou plutôt qu'il n'est homme que par sa co-existence sympathique avec les autres hommes, avec le genre humain tout entier.

Dieu est bon et juste. Dieu est bon; il a voulu le bonheur de ses créatures: Dieu est juste; il a voulu que ses créatures méritassent d'être heureuses. Il a voulu être glorifié par des créatures glorifiées elles-mêmes.

L'apparition de l'homme sur la terre n'est qu'une phase de son existence; le reste nous est caché. Nous savons seulement qu'une créature intelligente et morale ne peut avoir que de grandes et nobles destinées.

Hâtons-nous de marquer, avant d'aller plus loin, que tout système cosmologique doit reposer sur

PREMIÈRE PARTIE. 39

l'unité du genre humain, et sur l'unité de la langue humaine, deux unités identiques l'une à l'autre: ainsi, lorsque nous aurons à parler des langues et des races, il sera toujours entendu que ces diversités laissent intacte la question, résolue par la Genèse, d'une seule essence humaine.

———

Une foule de considérations importantes pourraient se rencontrer sur notre route, si nous voulions nous y arrêter. D'un côté, l'étude des monuments géologiques nous montre une succession d'êtres animés, qui ont été entièrement détruits, et nous montre en même temps un progrès dans l'organisation de ces différentes espèces d'êtres animés, qui ont précédé l'homme sur la terre; d'un autre côté, l'inspection du fœtus humain, à ses différentes époques de développement, offre une analogie frappante avec cette succession d'êtres animés et avec ces progrès dans l'échelle de la vie. Chaque être, à mesure qu'il s'élève dans cette hiérarchie de l'organisation, présente les mêmes analogies avec ceux qui lui sont inférieurs; l'homme seul parcourt, avant de voir la lumière, tous les degrés, et rappelle ainsi à lui seul successivement, comme pour les compléter, tous les actes de la création des êtres qui vivent sur la terre, tels que ces actes de la puissance divine sont énumérés dans la Genèse; lui seul enfin a reçu l'empreinte de la ressemblance du Créateur; et cette ressemblance sera définie et expliquée. De plus, dans les profondeurs du ciel, nous croyons remarquer avec nos télescopes des mondes à plusieurs âges d'existence; les uns semblent encore se dégager d'une vaste vase de lumière, pendant que d'autres, dans leurs ellipses accoutumées, ne roulent plus que des mondes éteints. Notre tour arrivera sans doute aussi. Un jour viendra, qui sera le dernier de cette terre; et cette grande catastrophe, cette immense agonie, qui frappera de stérilité un point de la création, ne sera pas même soupçonnée par quelques habitants des autres globes. Des milliers de créatures intelligentes et morales souffriront des maux étranges; et ces habitants des autres globes continueront de regarder avec indifférence le chétif météore perdu dans l'espace. Il sera cependant arrivé un grand événement dans le monde infini, à savoir que la manifestation de l'homme, dans le temps et sur la terre, aura cessé. Mais quels que soient les systèmes philosophiques que nous ayons embrassés, ou les croyances dans lesquelles nous soyons nés, toujours il est vrai de dire que la Genèse n'a reçu aucun démenti par nos découvertes modernes. La suite de nos méditations nous offrira au contraire bien des sujets d'affirmer la Genèse, et nous y trouverons sans contestation l'histoire primitive du genre humain écrite dans un langage mythique et général dont le voile mystérieux commence à se soulever. En effet, nous marchons vers un temps où l'identité des cosmogonies sera prouvée. Déja nous savons qu'il y a dans tous les cas des traditions irréfragables; et ces traditions, uniformes lorsqu'on vient à les comparer, ne différant les unes des autres que par quelque chose d'analogue à la différence des langues, indiquent qu'à une époque très reculée l'histoire primitive du genre humain a été connue, du moins dans ce qui n'excède pas les limites de la sphère où se meut notre intelligence. Sommes-nous destinés à refaire cette histoire à force de travaux et de méditations? sommes-nous appelés à recomposer avec mille douleurs la science perdue? Nos anciennes facultés instinctives nous seront-elles rendues, ou bien aurons-nous le moyen d'y suppléer? et de plus l'acte de la création est-il un acte éternel? Y a-t-il une opération continue et infinie sur la matière, qui tende perpétuellement à l'organiser et l'animaliser, jusqu'à ce que chaque molécule ait participé de quelque manière à la vie? Reste toujours l'impénétrable mystère de la vie dans tous les degrés de l'organisation.

Résumons quelques faits nouveaux dont viennent de s'enrichir la physiologie et l'histoire naturelle. En prenant notre point de départ dans l'animalité seulement, les formes embryonnaires des classes supérieures, permanentes dans les classes inférieures, et transmissibles dans cet état d'infériorité : image et mythe. L'homme, dernier terme du progrès de l'organisation, après en avoir lui-même parcouru tous les degrés; l'homme, ainsi, centre, sommet, but de la création, sur cette terre.

L'unité de composition organique. Un seul animal diversement modifié. C'est l'intelligence qui fait la différence réelle; l'organisation ne sert qu'à manifester l'être; la liberté, c'est l'homme même.

Les anciens pythagoriciens ont été sur la voie. D'après Mélissus, une substance unique. Ainsi la vie et l'intelligence seraient tout.

Xénophane aussi admettait une substance unique, et il niait la certitude du témoignage des sens.

Rien n'est, dit Héraclite, tout se fait; tout est évolution et développement; tout a le mouvement palingénésique. Dieu crée éternellement, et se repose éternellement; tout est nécessaire et contingent : c'est là que se trouve l'accord de la prescience de l'Être nécessaire et inconditionnel, avec la liberté de l'être intelligent, conditionnel, contingent, produisant lui-même des nécessités et des contingences.

— Tant qu'on ne considèrera pas la Genèse comme la cosmogonie primitive, spontanée et progressive, successive et éternelle; tant qu'on ne la considèrera pas comme l'histoire à-la-fois mythique et phénoménale de la création éternelle et successive, les liens de l'orthodoxie effraieront nos intelligences, ou produiront la réaction de l'incrédulité. Voyez dans quel abyme cette prétendue orthodoxie, cette orthodoxie matérielle de la lettre, a conduit lord Byron, lorsqu'il a composé ce prodigieux mystère de Caïn. N'était-ce pas elle qui jetait Galilée dans les cachots de l'inquisition?

Puisque nous avons été entraînés à dire quelques mots de la Genèse, approchons de plus près cette source de toute tradition. Nous aurons au reste souvent occasion de puiser dans cette source éternellement sacrée.

Les traductions actuelles de la Bible, à l'époque où elles furent faites, ont satisfait sans doute aux besoins du temps. Une nouvelle traduction devient nécessaire, depuis que les connaissances géologiques ont fourni d'autres explications, depuis que l'astronomie a fait de tels progrès. La Bible, rendue plus accessible par les sciences entrées dans le domaine de l'esprit humain, ne peut que gagner en autorité. La science est venue confirmer le témoignage au moment même où l'on pouvait croire que la foi ne suffirait plus.

La Providence divine, qui prévoyait la science, puisqu'elle avait livré le monde à nos curieuses investigations, savait bien l'antique identité du livre de la Genèse et du livre de la Nature. Cette identité maintenant doit être établie de manière à réfuter toute récusation.

Les traditions orientales sont devenues les prolégomènes indispensables de la Bible, non que ces traditions soient antérieures, mais parcequ'elles contiennent aussi, sous une autre forme, les vérités primitives.

Une exégèse, à-la-fois hardie et respectueuse, doit donc finir par dégager le mythe, et constater la révélation qui nous fut accordée.

Il en résultera l'identité des cosmogonies mystagogiques et des cosmogonies scientifiques.

Ainsi la révélation et l'intuition auront dit au commencement les mêmes choses que la science nous a dites ensuite d'une autre façon.

Le récit de la Genèse est une forme admirable employée par l'écrivain inspiré pour expliquer historiquement les premiers phénomènes qui résultèrent des lois générales établies de Dieu dès l'origine. Ces premiers phénomènes sont ceux de chaque jour. Ils commencèrent une première fois pour l'homme.

Ce récit est successif pour s'accommoder à la pensée successive de l'homme. Les phénomènes successifs ne peuvent se manifester en même temps, ou, s'ils sont simultanés, ils ne peuvent être vus que successivement par une intelligence successive, assujettie à la loi du temps.

L'idée des planisphères se trouve dans les premiers versets de la Genèse, où les corps célestes sont établis comme signes, et leur apparition comme règle du temps.

Remarquons encore en passant, et cette remarque nous sera par la suite d'une très grande utilité; remarquons que les bénédictions ou les malédictions énoncées dans la Bible portent avec elles un caractère de pérennité qui subsiste toujours; c'est que la Genèse n'est pas seulement une cosmogonie, elle est aussi l'histoire primitive du genre humain. Ces différents types des races humaines, si profondément empreints qu'ils paraissent ineffaçables, seront pourtant un jour effacés, lorsque toutes seront rangées sous la loi chrétienne, qui est une loi de rédemption et d'égalité.

Mais, avant de finir ce que j'avais à dire ici sur la Bible, je dois prévoir l'objection que l'on pourrait me faire de lui appliquer sans autorité la pensée de l'initiation graduelle, ce qui constitue une révélation successive pour le genre humain. Cette pensée, qui n'est pas la mienne, se présente souvent d'elle-même dans les saintes Écritures; et il est formellement prescrit à Daniel de sceller le livre, pour le tenir fermé jusqu'au temps ordonné de Dieu.

———

Diodore de Sicile établissait la communauté des Éthiopiens et des Égyptiens; n'oublions pas l'identité non moins remarquable des idées métaphysiques qui reposent au fond des doctrines indiennes avec celles qui sont enfermées dans les écrits de nos théosophes modernes, quoique certainement aucun de nos théosophes, c'est-à-dire aucun de ceux qui ont commencé l'ère actuelle, n'ait connu l'esprit, peut-être même l'existence de ces doctrines. C'est depuis bien peu d'années que ce sol primitif commence à être fouillé avec un esprit de critique religieuse. La première identité, ainsi qu'une multitude d'autres rapports, est due, nous ne pouvons en douter, à l'origine commune de toutes les familles humaines; la seconde, aux idées pythagoriciennes et platoniciennes, puisées aussi à une source commune, qui se sont mêlées immédiatement à la grande pensée du christianisme, et qui lui ont préparé les voies chez les nations païennes. Toutes ces identités au reste, toutes celles qui peuvent se présenter à l'esprit du lecteur, ne sont peut-être autre chose que les formes mêmes de l'intelligence humaine manifestées diversement selon la variété des langues, qui sont, ainsi que je l'ai dit ailleurs, une sorte de cosmogonie intellectuelle; ajoutons-y maintenant l'analogie et l'identité des cosmogonies dont nous parlions tout-à-l'heure, ce qui est toujours le même fait. Enfin l'uniformité des emblèmes astronomiques, et la conformité des divers calendriers entre eux, sont un signe toujours subsistant des traditions primitives du genre humain.

En effet, les planisphères sont non seulement identiques, ils sont semblables. Le planisphère est un livre qui contient les éléments des connaissances traditionnelles : ceux qui l'ont écrit en ont fixé les caractères symboliques dans le ciel, parceque tout périt sur la terre; de plus, il paraît qu'il a été écrit immédiatement après le déluge. Qui a écrit ce livre? Noé, Thot, Atlas, sans parler ici des personnifications indiennes, représentant également cet âge où viennent se confondre et se perdre toutes les origines du genre humain sauvé des eaux.

Cette idée si primitive de placer dans le ciel,

je ne dirai pas l'image ou le mythe de ce qui est sur la terre, mais de prendre possession du ciel même, cette idée, qu'on peut croire antérieure à toute institution sociale, méritera tous nos étonnements. Ainsi le temple augural, circonscrit par le lituus (le bâton sacré), ne reposait point sur le sol, puisque c'était un espace du ciel; et il n'était que le souvenir sacré d'une chose plus primitive encore. J'expliquerai ailleurs, dans ce sens, le peplum (le manteau) de Minerve à Athènes, et la courtine du temple de Delphes. J'expliquerai aussi que la bande zodiacale fut le lieu des apothéoses; que l'état de cette zone a été pour les anciens la représentation de l'état social même; qu'en dehors étaient placés les types des sociétés détrônées, les êtres allégoriques en qui fut personnifié le passé du genre humain; et cette observation, que je crois entièrement nouvelle, nous ouvrira la voie pour étudier ce que j'appelle les mythes civils. Mais ce qui est non moins merveilleux, c'est que les limites des peuples, et même les bornes des héritages, furent fixées dans le ciel avant d'être marquées sur la terre. Ce fut là aussi que le patriciat romain voulut faire remonter la source de son droit.

PREMIÈRE PARTIE.

Plaçons ici l'énonciation de deux faits qui sont l'un et l'autre de la plus haute importance.

Les cosmogonies commencent toutes par le récit de révolutions opérées dans les royaumes de l'intelligence, et ces révolutions dues par conséquent à des substances intelligentes.

Les généthliaques et les astrologues, si anciens dans le monde, dont la science tient à des traditions si primitives, appliquèrent toujours les mêmes formules aux peuples et aux particuliers. Toutefois, lorsque Varron voulut fixer d'une manière certaine l'époque de la fondation de Rome, le résultat qu'il obtint de ses recherches se trouva coïncider parfaitement avec le jour assigné par un astrologue, qui avait construit son thème fatal, indépendamment de toute science chronologique, et en appliquant à cette ville les règles assignées pour composer la destinée d'un homme.

Il ne serait peut-être pas difficile de laisser entrevoir ce que nous sommes en droit d'attendre des efforts parallèles qui se font à présent pour éclairer les merveilles de la filiation des langues, et pour étudier les monuments géologiques du globe. Il serait moins facile de constater ce qu'il y a d'incomplet dans nos connaissances actuelles, car il faudrait consigner en même temps les motifs légitimes de nos espérances à cet égard, et sur-tout assigner les bornes qu'il nous sera toujours impossible de franchir : tout cela serait peu conciliable avec le cadre de considérations aussi générales que celles-ci, et avec mes propres ignorances que je n'hésite point à confesser. Au reste, les différents travaux que de telles investigations rendent si nécessaires pourraient être fort facilités par une discussion approfondie et lumineuse des documents qui nous sont parvenus sur les premiers siècles de notre ère, et dont le nombre est beaucoup plus grand qu'on ne croit ; il serait temps aussi de ne pas s'en tenir uniquement aux traditions latines et grecques ; nous ne devons pas non plus perdre de vue que c'est de l'Orient que partit la lumière, à l'origine, et que c'est encore dans le vieil Orient qu'il faut aller la rechercher. Les traditions grecques, nous le savons assez, ne sont que des transformations ; par conséquent elles ne sont point originales ; de plus, après avoir passé par les enchantements de la poésie et des arts, elles n'avaient pas attendu l'époque florissante d'Alexandrie pour être fortement ébranlées, puisque déjà elles avaient successivement subi les discussions des philosophes, les dénudations et les sarcasmes des sophistes. Quant aux traditions sur lesquelles le christianisme a voulu être enté, celles-là même ont besoin d'être éclairées par un flambeau allumé au même foyer de l'Orient. Les premiers Pères de l'Église le savaient bien.

———

Le moment palingénésique où nous nous trouvons à présent ressemble, sous beaucoup de rapports, aux premiers siècles de notre ère. Lorsque, en faisant abstraction de la tourmente politique et de l'agitation des intérêts individuels, on reporte sa pensée vers le troisième siècle, on ne peut s'empêcher de trouver une sorte de ressemblance philosophique entre ce siècle et notre temps. Alors le monde assista à la plus belle discussion qui ait jamais occupé les esprits. Alors toutes les traditions étaient encore vivantes, et les livres qui en contenaient les témoignages existaient pour tous, à l'usage de toutes les sectes et de toutes les écoles. Alors les systèmes enfouis dans les vieux sanctuaires de la mystagogie ésotérique parurent au jour, pour y subir le même genre d'examen que ceux de la philosophie exotérique. Alors les Esséniens se mêlèrent, dans le célèbre musée d'Alexandrie, aux pythagoriciens et aux stoïciens, et ne redoutèrent ni les poétiques contemplations de Platon, ni les formules savantes de l'universel et pénétrant Aristote. Alors le christianisme, déja divisé en sectes nombreuses, car, puisqu'il était fait pour l'homme, il devait revêtir aussi les différents modes de l'esprit humain, le christianisme, qui n'était point resserré dans les liens d'une rigide orthodoxie, ne dédaignait pas de s'appuyer lui-même sur d'antiques traditions, dont les plus importantes n'avaient jamais cessé d'être plus ou moins répandues parmi les nations. Alors les mythes furent expliqués, autant qu'ils pouvaient l'être, sur-tout en leur restituant leur pureté primitive, et en les débarrassant de ce que la brillante fantaisie des Grecs y avait ajouté. Alors les Pères de l'Église, les chefs des différentes écoles, étaient quelquefois étonnés de se rencontrer sur les mêmes routes, à la recherche de la vérité. Certainement le troisième et le quatrième siècle sont l'époque où le plus d'idées ont été en présence. Si nous avions pu conserver tous les éléments de cette éclatante controverse, elle recommencerait aujourd'hui, sans doute avec moins d'étendue quant à la circonscription géographique, peut-être avec moins d'intensité dans les croyances exprimées par les symboles; mais elle serait mieux préparée par des travaux scientifiques, par la variété et le nombre des esprits, par la lumière rationnelle des méditations. Le temps est venu, je n'en doute point, d'introduire la science dans le domaine des croyances religieuses, comme il faut l'introduire dans le domaine de la poésie. La plupart des documents dont je parle ont été détruits par les barbares, ou falsifiés par un zèle mal entendu et fanatique. La nuit du moyen âge a été la nuit non seulement pour le temps où elle a régné, mais encore pour les siècles antérieurs, et pour ceux qui ont suivi. Il faut le dire, ce n'est pas au farouche Omar qu'on peut attribuer, si même il n'a pas été calomnié en ceci, la funeste invention de vouloir effacer le passé, de vouloir déshériter l'avenir; et l'exemple qu'il n'avait pas besoin de recevoir, il l'a légué à des successeurs en barbarie qui à leur tour se seraient sans doute passés du sien. On ne s'est pas toujours borné, Dieu en soit juge! à anéantir des livres ou des monuments; il a fallu verser le sang humain par torrents, et le mot martyr a voulu dire à-la-fois victime et témoin. Nous savons que, depuis les pythagoriciens, tous égorgés en un jour, jusqu'aux Albigeois, anéantis d'un seul coup, on n'a jamais été avare de ces sortes d'exécutions où le génie de la plus féroce cruauté emprunte des armes sacriléges à la superstition ou au fanatisme du prétendu bien public. Les colléges des Druides ont ainsi péri, ensuite les Bardes. L'école d'Alexandrie a fini misérablement; et la belle et savante Hypathie ne trouva pas grace devant un peuple furieux. De notre temps, les Turcs ont tué jusqu'au dernier

Vahabi. La vérité, ou ce qu'on croit la vérité, pourrait avoir d'autres arguments pour triompher. La persécution n'éteint pas les croyances; un principe n'est pas étouffé dans le sang, même lorsque, comme dans les faits que je viens de citer, on veut épuiser tout celui des hommes qui professent la doctrine suspecte ou condamnée : l'islamisme reproduira un jour la secte dont il se croit si bien débarrassé, comme Luther et Calvin ont reproduit plus tard les Vaudois et les Albigeois. Toute doctrine renferme en soi la raison de ses développements et de ses écarts, comme tout principe doit produire inévitablement toutes ses conséquences. Une opinion est dans le monde, pour ainsi dire, indépendamment des hommes qui la professent, et toujours ils en ignorent toutes les profondeurs : on peut donc tuer les hommes sans tuer les opinions, sans y porter atteinte. Pour pénétrer les opinions, pour arriver aux croyances, il faut d'autres moyens et d'autres forces que le fer et le feu. La persécution peut faire des lâches et des apostats; elle ne peut rien sur l'intimité de la conscience; elle ne peut produire une conviction. Lorsque le christianisme parut, l'univers était dans la paix, mais dans la paix de la servitude. Il vint troubler cette paix qui était la paix des tombeaux; il réveillait dans l'homme toutes les facultés nobles et généreuses de sa nature. Les pouvoirs de la société s'alarmèrent tous en même temps. On n'a pas assez remarqué que les princes bons et les princes méchants vinrent à s'entendre pour chercher à l'anéantir; Titus et les Antonins furent aussi atroces que Dioclétien. Le christianisme est resté debout malgré tout ce qu'on a fait pour le renverser ou pour le compromettre.

Mais tout en suivant la série de nos idées, nous ne devons pas négliger les enseignements qui s'offrent à nous, et qui peuvent s'appliquer à notre temps. Il est évident que le dix-neuvième siècle est las du funeste héritage que lui a légué le siècle précédent. Il cherche à se dégager de ce suaire d'incrédulité dont il est encore à moitié enveloppé. Il veut entrer dans le christianisme; et comme, ainsi qu'il en est averti par son propre instinct, et qu'il serait facile de le démontrer, les véritables traditions chrétiennes, jamais séparées des traditions primitives générales, reposent toujours dans la même majestueuse unité, c'est au sein de cette unité catholique que le dix-neuvième siècle veut entrer. Aidez-le donc à déposer le suaire de mort, qui le gêne dans l'accomplissement de l'acte de sa résurrection.

Tous les anciens peuples qui appartiennent à notre ordre de civilisation, et même ceux qui n'y appartiennent pas, comme les Chinois, admettent qu'un changement dans le ciel est un malheur, ou le signe et l'avertissement d'un malheur. Ceci revient à ce que nous disions tout-à-l'heure du ciel et de la bande zodiacale, considérés comme histoire allégorique des sociétés humaines, et tient aussi à la tradition qui racontait à tous que le déluge avait été produit par un changement dans le ciel. L'apparition d'un météore nouveau est donc un mauvais présage. Les gouvernements n'aiment pas les météores nouveaux; ils sont, comme Hérode, effrayés de l'étoile qui conduit les mages, et qui éclaire les bergers. Ils aiment à se réveiller le lendemain avec les idées et les habitudes de la veille; ils aiment à s'endormir paisibles dans la pensée que le jour suivant n'amènera aucune mutation, aucun événement à prévoir. S'ils se disent les images de Dieu, ils ne devraient pas oublier qu'un des attributs de Dieu est la prescience. Cependant les peuples grandissent comme les individus, et le genre humain grandit aussi.

Les périodes cycliques ont été appliquées aux révolutions de l'univers et aux révolutions du genre humain. Les phénomènes du monde physique et ceux du monde moral ont été liés dans la pensée des pères de la race humaine. Le monde intellectuel a ses lois comme le monde physique a les siennes. Toute l'antiquité, par ses monuments, par les usages qu'elle nous a transmis, est pleine de cette analogie et de cette identité : c'est donc une forme primitive de l'esprit humain.

Je me suis un peu écarté de mon sujet; j'y reviens.

Les matériaux qui nous manquent, et que les siècles avaient entassés, seront retrouvés ou devinés, lorsque nous serons sortis de l'état de transition qui exige en ce moment l'emploi de toutes nos forces morales; on les retrouvera, comme on parvient à déchiffrer des hiéroglyphes, comme on parvient à lire, par les étymologies, dans les débris d'une langue qui a péri sans laisser de monuments, comme on parvient à reconstruire l'ancien monde par des detritus et des fossiles, comme j'espère moi-même retrouver un jour la raison de la société romaine dans des fragments épars, rongés par la rouille des siècles. Lorsque les expositions des systèmes ou des doctrines n'existent plus, il reste encore quelques unes des objections qui ont été faites dans le temps de la controverse; il reste au moins les outrages et les calomnies du parti qui a vaincu, il reste enfin ses chants de triomphe. On suit la route du char à la trace incertaine qu'il a laissée sur la poussière. L'esprit humain est toujours en quête de la nourriture qui lui est nécessaire, et il la trouvera toujours. Il se guide admirablement par l'instinct qui est en lui, et que Dieu lui a donné.

———

J'avais encore à faire remarquer combien fut forte et puissante l'organisation des premières sociétés humaines. Or, comme la limite des temps historiques est très voisine de nous, sur-tout si nous restons toujours en-deçà des traditions transformées, si nous prenons ces traditions pour notre point de départ; et, comme il est prouvé qu'il faudrait des siècles entassés sur des siècles pour produire une contexture si savante, une si grande cohésion dans l'accord de tant de volontés régies par les mêmes lois, je ne puis me refuser à admettre le fait divin pour les premières associations humaines. Il est bien certain que la doctrine du contrat ou de la convention est inapplicable à ces premières associations, et par conséquent qu'elle est inapplicable d'une manière absolue. De plus, elle est historiquement fausse, et cela ne pouvait être autrement. Je me suis assez expliqué à cet égard dans l'Essai sur les Institutions sociales. Cette puissance des organisations primitives de la société tint sans doute à la division de l'espèce humaine en castes, sorte d'initiation sévère, que j'espère expliquer par la suite, et qui fut un décret de la Providence, car l'homme n'aurait pu ni le rendre ni le sanctionner. Nous voyons que dans l'Inde une origine divine est attribuée aux castes; et Euripide, dans la tragédie d'Ion, assigne également une origine divine aux classes ou tribus de l'Attique. Mais les documents que je produirai sur l'histoire romaine seront notre véritable appui dans cette route si nouvelle. La distinction des castes était fondée sur une division naturelle, celle qui résulte de l'inégalité dans la dispensation des facultés humaines; mais elle perpétuait elle-même l'inégalité, puisque chacun s'appropriait les idées et les sentiments de sa caste, sans aller au-delà. Si donc elle fut nécessaire à l'éducation sociale, maintenant elle est devenue artificielle. L'inégalité dans le partage des facultés humaines n'a point cessé, seulement elle est individuelle; tous doivent suivre le mouvement progressif; nulle race ne peut plus être stationnaire. Les noirs eux-mêmes, peut-être en arrière de notre race de tout un cycle palingénésique, sont destinés à entrer dans le monde civil, d'où ils ont été si long-temps exilés, et qu'ils habiteront à leur tour avec nous. Cette révolution commence déja par les populations noires que l'Europe transporta avec tant d'inhumanité dans les colonies de l'Amérique. Ce ne sont plus quelques hommes, c'est le genre humain tout entier qui est dépositaire des traditions générales; la solidarité reçoit une application différente, elle n'est plus restreinte aux familles et aux peuples. L'ancien décret de la Providence a été aboli par le nouveau décret contenu dans la promulgation de l'Évangile.

Ceci ne serait-il point une image et une prophétie d'un autre ordre d'épreuves réservé au genre humain dans un autre ordre d'existence? N'est-ce point l'emblème d'une hiérarchie toujours progressive jusqu'à l'entière consommation des plans éternels?

Dans le principe, la division des castes, à ce qu'il paraît, était morale et religieuse; elle avait des rapports avec les divers degrés de l'initiation, et s'accordait avec le dogme des existences successives, comme je viens de le faire entrevoir. Disons en passant que la préexistence des ames fut admise par quelques uns des premiers Pères de l'Église, dogme qui est le même que celui des existences successives: il vient de l'Orient, et expliquerait lui seul l'institution des castes. Ajoutons que la rigueur de la solidarité est en harmonie avec cette antique hiérarchie sociale.

N'oublions pas que les patriciens et les plébéiens, à l'origine, n'avaient pas les dieux communs entre eux; c'est-à-dire que la multitude était sous le poids d'une excommunication religieuse. Cela est prouvé par l'histoire romaine, la seule qui ait réellement des documents certains de ses premiers temps. La loi des XII Tables exclut formellement les plébéiens du droit des auspices, privation qui entraînait nécessairement celle des noces religieuses, et sans doute celle des noces légales. Nous mettrons plus tard hors de toute contestation ce fait fondamental de l'histoire romaine, qui est aussi le fait fondamental de toutes les autres histoires. C'est ce droit civil que l'Évangile a aboli, aboli à jamais, en établissant l'égalité religieuse; car de l'égalité religieuse à l'égalité civile, il n'y a que la conséquence à tirer.

Faisons une autre remarque non moins importante.

Jadis les vaincus perdaient leurs dieux. Par cela seul qu'il a donné à tous le même dieu, le christianisme a fondé un autre droit des gens.

Les inégalités, l'esclavage, le droit de guerre, le droit de vie et de mort, tout était fondé sur la religion : je ne veux pas pour le moment entrer dans les détails; souvenez-vous seulement des hérauts, des auspices, des obsécrations, des formules antiques de jugement, toutes choses de l'ordre politique et civil, et qui se trouvent dans les rituels religieux.

Il y a donc un droit public tout entier, qui a été frappé de mort par le christianisme, et qu'on ne peut ressusciter sans abolir le christianisme lui-même.

Il ne faut pas que l'on s'y trompe, et il est temps que cette vérité retentisse dans le monde, le christianisme, loi si parfaite de l'humanité religieuse, est éminemment antipathique à la loi initiatrice de la théocratie. J'aurai même occasion d'établir que les institutions juives furent une première lutte contre ce redoutable pouvoir; mais toujours l'empire de la Providence divine reste immuable.

Pour rappeler ce qui vient d'être dit, il serait donc aussi permis d'affirmer que le christianisme a été l'initiation du genre humain, comme la loi de Moïse avait été, pour l'enseignement préparatoire, l'initiation d'un seul peuple, mais d'un peuple tout entier.

La hiérarchie des castes est sans objet, puisque désormais tous sont appelés au même genre d'épreuves.

Sitôt que l'inégalité cesse d'être religieuse, elle n'a plus de base réelle, car l'homme n'aurait pu l'inventer, et il ne pourrait lui prêter l'appui de son assentiment volontaire et raisonné.

La loi des castes a été abolie par Jésus-Christ, puisqu'il venait donner à tous également la loi morale et la confraternité du même culte.

PREMIÈRE PARTIE. 63

Le présent raconte le passé, et le passé raconte l'avenir. On conçoit qu'à l'égard de Dieu tous les temps sont contemporains; la prescience n'est autre chose que l'infinie contemplation de l'éternité. L'immensité de l'espace est un symbole merveilleux de cette toute vue intellectuelle pour qui la succession n'existe pas. Ainsi nos yeux découvrent au loin, dans les brillants abymes du ciel, une étoile fixe qui nous paraît immobile; elle nous paraît immobile parcequ'elle se meut dans une sphère incommensurable pour nos yeux. Ce clou d'or que nous nommions Sirius, nous savons que c'est un soleil mille fois plus grand que le nôtre; et toutefois ce qui est pour nos organes un clou d'or, pour notre science un vaste soleil, qu'est-il dans la réalité? Il est ce que nos sens le voient, un clou d'or, mais un clou d'or qui étincelle, avec des myriades d'autres clous d'or inaperçus par nous et dans une symétrie impossible à comprendre, sur le marchepied du trône éternel.

Il y a soixante ans que Charles Bonnet admettait « un parallélisme parfait entre le système astrono- « mique et le système organique; entre les divers « états de la terre, considérée comme planète ou « comme monde, et les divers états des êtres qui « devaient peupler ce monde. »

Ce peu de mots de celui que j'ai appelé le bramine

de l'histoire naturelle est l'éclair du génie qui prévoit une science future. En effet, n'est-ce pas là le point de départ de toute cosmogonie construite sur les données d'une science nouvelle? et cette cosmogonie scientifique ne viendrait-elle pas confirmer les cosmogonies des traditions?

Charles Bonnet cherche ensuite les analogies de cette hypothèse avec les rapports entre les êtres animés et les climats, les saisons, les divers états de l'atmosphère. Il cite à ce sujet le grand nom de Leibnitz, qu'il appelle si justement le Platon de l'Allemagne.

Il n'était pas possible à cette époque d'aller plus loin.

D'après Hérodote et Diodore de Sicile, les Égyptiens connaissaient les règnes des dieux, les règnes des demi-dieux ou héros, les règnes des hommes. Ces trois sortes de règnes, successives, dans toutes les traditions de la gentilité.

La Chine, d'après le père Amyot, nous offre la même série. D'abord les augustes familles du ciel; ensuite les augustes familles de la terre; enfin les augustes familles des hommes. Ceci ne représente-t-il pas les temps mythologiques ou divins, les temps héroïques, les temps civils ou historiques? N'est-ce pas encore ce que Varron nommait les temps obscurs, les temps incertains, et les temps certains?

2. Selon Vico, trois langues se sont succédé, celle des dieux, celle des héros, celle des hommes. Expliquons Vico.

Lorsque la langue des dieux se parlait dans le monde, le mutisme était le partage de ceux qui devaient être les héros de l'âge suivant. C'était ce que nous entendrions par l'enveloppement de l'Orient; c'était l'infini, lieu de toute origine.

La langue des héros à son tour fut exclusive et ésotérique : alors le mutisme était pour les hommes, ou plutôt pour ceux qui devaient être les hommes de l'âge suivant. C'était, si l'on veut, le développement de l'Occident, le fini, lieu où se produit l'évolution.

La langue des hommes est générale et exotérique. C'est l'Orient faisant l'évolution de l'Occident; c'est, si l'on veut, le rapport du fini à l'infini.

Le mutisme, au reste, n'est pas la privation de tout langage; c'est la privation de la parole traditionnelle, de la parole ayant la puissance de produire des effets civils et religieux, de la parole formant un destin.

Remarquons bien qu'un âge contient en puissance l'âge qui le suit immédiatement : ainsi, à Rome, c'est-à-dire dans la Rome primitive, comme nous le verrons plus tard, lorsque le patricien était *frux*, fruit, le plébéien était *flos*, fleur. Mais si le patricien savait pourquoi il était *frux*, il ne savait pas pourquoi le plébéien était *flos*, car il ignorait l'avenir, ou plutôt il n'avait pas la conscience de l'âge suivant; le plébéien ne le savait pas non plus, car il n'avait pas la conscience de lui-même. L'un et l'autre ne voyaient là qu'une opposition de langage: la prescience seule eût pu révéler la logique invincible des mots.

Dans le cours de ces prolégomènes, pour simplifier mon dictionnaire, je dirai toujours les patriciens et les plébéiens, sans avoir égard aux diverses désignations, aux diverses formes fournies ou indiquées par les diverses civilisations primitives. Je prends les deux termes les plus généraux et les plus assimilés à la langue française. Le patriciat sera la spontanéité, le plébéianisme sera la force évolutive; l'Orient et l'Occident, l'infini et le fini, la permanence et la progression, l'initiation et la faculté de recevoir l'initiation; l'humanité enveloppée et se développant, en puissance et en acte, diverse et la même, multiple et identique.

Facultés toujours parallèles à toutes les époques; antagonisme qui fait l'initiation et le progrès; et, dans le même dictionnaire, épreuve et expiation, synonymes, car tout doit affirmer le dogme un et identique de la déchéance et de la réhabilitation.

Les premières guerres poétiques sont les catastrophes du monde physique; les secondes guerres poétiques sont les premières catastrophes du monde de l'humanité.

Une source continuelle d'erreurs a été de vouloir réduire en formules des temps historiques les formules mystérieuses des temps antérieurs.

Les poëtes mythographes et les théosophes cosmogoniques ont lié des dynasties divines à des révolutions terrestres ou astronomiques; ils avaient vu que les dynasties héroïques étaient liées à des cycles sociaux. L'analogie et la logique conduisent l'esprit humain à son insu.

Faites attention que les changements de dynasties divines se font par des moyens violents; ce sont comme des révolutions du sérail dans les vieux empires de l'Orient. Saturne avait détrôné Uranus; Jupiter détrône Saturne; il devait être détrôné à son tour par Bacchus ou par Hercule. Les histoires mythologiques et les histoires héroïques ne peuvent être qu'analogues entre elles : c'est le développement de la même langue. Voilà pourquoi toutes les histoires primitives se ressemblent; et l'Olympe n'est autre chose que la cité héroïque, transportée pas même très haut dans les nuages. Les violences dans le ciel sont l'emblème des violences sur la terre; les destinées divines prédisent les destinées humaines. Lorsque les destinées soit divines, soit humaines, changent de principes de direction, la personnification des principes doit changer. Comme rien n'est doux dans l'aspect des initiations humaines, tout est terrible dans les emblèmes qui expriment les épreuves. L'infini répugne à la mort, et pourtant la mort de l'initiateur est toujours réclamée.

La loi chrétienne n'a point dérogé à la loi antique qui a fait le mythe dont nous parlons ici.

Cette loi antique et la doctrine des dévouements et des sacrifices de victimes innocentes pour accomplir l'expiation, ne sont autre chose que la transformation de l'idée du Médiateur, confusément répandue dans tout le monde ancien.

Dans une de ces immenses mythologies de l'Orient, l'acte de la création est représenté comme l'immolation d'une grande victime.

Les diverses personnifications dont nous parlions tout-à-l'heure, l'Inde les a marquées par des incarnations successives.

Descendons sur la terre pour voir ce qui s'y passe.

La Providence secoue violemment le genre humain pour le faire avancer. Il n'a d'intelligence qu'à la sollicitation du besoin; il n'a de vertu qu'à la sollicitation de la douleur. N'est-ce pas là le signe de la déchéance? La prospérité corrompt, les empires périssent dans le luxe et la mollesse.

Sitôt que le genre humain pourra être heureux sans danger, il le sera, car Dieu veut qu'il soit heureux. La prospérité, l'aisance, auront moins d'inconvénient à mesure que le sentiment moral sera plus développé. La gloire à son tour aura moins d'inconvénient aussi, à mesure que les sympathies sociales auront atténué l'égoïsme. La sainteté sera la conséquence de la réhabilitation. Toutefois n'oublions jamais que toute la destinée humaine n'est point contenue dans la vie actuelle.

Les grands orages politiques modifient en terreur ceux qui y assistent, ceux qui sont nés en leur présence; de même les grandes catastrophes du globe ont laissé d'ineffaçables empreintes dans l'esprit des peuples. Les épouvantes produites par les traces du déluge, les tremblements de terre, les inondations, les volcans, les fléaux de tous genres, les guerres sans pitié, les exterminations, l'incendie et le sac des villes, premières épreuves de l'initiation générale. L'horripilation qui saisit les hommes dans les jours d'angoisse, dans les temps de crise, et qui les rend comme insensés, enivre pour longtemps les imaginations. Et à cette autre extrémité, l'excès du malheur, sans la vertu de la promesse, amènerait encore la dépravation.

C'est une vive secousse qui produit l'homme progressif; c'est une vive secousse qui produit l'esprit humain.

Le gouvernement immédiat de la Providence; puis l'émancipation, mais sous la condition d'une loi inconnue et mystérieuse. Souvent la Providence ressaisit les rênes.

Ainsi donc le calme endort l'esprit; le trouble le réveille: les grands hommes sont les produits de révolutions agitantes; le génie naît dans le sang et dans les larmes.

L'éducation du genre humain est pénible: il faut qu'il mérite; il faut qu'il se fasse lui-même; il faut qu'il expie.

Le genre humain, tel qu'il est à présent, tel qu'il est depuis les temps que Varron appelait certains, est dans un état dont il nous est facile de suivre la marche et les progrès. Cet état est constaté par les déductions historiques jusqu'au point où l'histoire elle-même se réfugie derrière un nuage. Nous poursuivons encore le cours des destinées humaines jusque derrière ce nuage; mais enfin elles nous échappent. J'ai dit déductions historiques, et ce n'est pas sans dessein que j'ai employé cette expression. En effet, à mesure que le genre humain nous est mieux connu, à mesure que ses lois se développent, nous refaisons son histoire.

Il y a donc un état du genre humain antérieur à celui qui est contenu dans l'histoire, ou qui est déduit de l'histoire. Cet état antérieur est lui-même décrit dans une autre sorte d'histoire, histoire merveilleuse dont nous ne connaissons pas les détails, revêtue de formes insaisissables, qui a une chronologie, mais une chronologie idéale, qui se résume ici par un dogme, là par un mythe, selon les traditions et les croyances.

Le dogme et le mythe sont donc le résumé, le symbole, ou, comme dirait Kant, l'objectif de l'histoire antérieure. C'est la grande montagne qui borne l'horizon; ou, si l'on veut encore, c'est comme la limite du rayon visuel.

Toutefois on peut approcher plus ou moins de la montagne, même la mesurer avec des instruments plus ou moins imparfaits; on peut, pour épuiser l'autre comparaison, ajouter à la portée du rayon visuel.

Un fait, un temps, une race, un peuple, un principe, sont tantôt un dieu, tantôt un héros, tantôt un homme.

Les traditions générales du genre humain sont les dépositaires de ces signes, de ces symboles, de ces personnifications.

Poursuivons.

Les données de l'histoire servent à compléter l'histoire ; ainsi, en appliquant à l'avenir le principe de la loi qui a réglé le passé, nous parvenons à concevoir l'avenir. Mais lorsqu'en reculant toujours dans le passé nous arrivons jusqu'à la région du dogme et du mythe, et qu'ensuite nous portons nos regards dans l'avenir, il faut que l'analogie nous offre encore le dogme et le mythe.

Ainsi la plus haute synthèse du passé produit la plus haute synthèse de l'avenir.

Ainsi enfin, pour le commencement des temps, les théogonies et les cosmogonies; pour la fin des temps, les prophéties apocalyptiques.

Le genre humain veut voir dans les deux horizons à-la-fois, les deux horizons les plus reculés de l'origine et de la fin : il sait que les véritables bornes ne sont ni là, ni là; il sait que son lieu est l'éternité.

Cette chaîne des destinées humaines, qui est une chaîne magnétique, s'attache, par les deux extrémités, au trône sacré, auguste, invisible et pourtant irrécusable du mystère. Nous ne voyons pas ce trône, mais nous sentons que la chaîne y tient; et cette chaîne est magnétique, car sans cela comment pourrions-nous remonter d'anneau en anneau; et ne savons-nous pas que même l'histoire, celle que j'oserais nommer historique, celle que Varron appelait certaine, ne savons-nous pas qu'elle aussi a besoin d'être refaite à chaque transformation des destinées humaines?

Arrêtons-nous un instant à considérer le passé.

Nous avons adopté le système de la progression, mais quel a été le point de départ?

Une philosophie épicurienne, et je m'exprime ainsi pour donner un nom quelconque à une telle philosophie, croyait que la substance humaine a dû s'élaborer pendant des temps indéterminés, que la nature n'était parvenue à produire l'homme qu'après avoir fait passer cette substance humaine par tous les degrés de l'organisation et de l'animalité.

Il n'en est point ainsi : l'essence humaine est une, spontanée, toujours identique à elle-même, distincte de toutes les autres essences.

L'homme a donc été toujours un, toujours identique à lui-même.

Mais alors, encore une fois, où a été le point de départ de la progression?

Ici il faut voir l'homme tel qu'il est, avec ses grandeurs et ses misères.

Nos sens nous trompent tout en nous révélant le monde extérieur. Notre entendement est vicié, notre imagination troublée ou corrompue. Un des grands problèmes de l'homme pour l'homme a toujours été de se connaître lui-même.

La difficulté que nous avons de nous connaître nous-mêmes indique que notre évolution est loin d'être pleinement accomplie, que nous ne sommes pas entièrement dégagés du tout panthéistique, que nous ne sommes pas en possession certaine de la conscience et de la responsabilité, et que nous devons toujours travailler à deviner la grande énigme de nous-mêmes, qui est l'énigme de l'univers.

Répétons donc encore aujourd'hui la célèbre maxime du temple de Delphes : « Connais-toi toi-« même. »

Toutefois l'état primitif de l'homme ne peut pas être seulement la faculté de se développer, car nous nous retrouverions engagés dans une suite de problèmes insolubles.

Où serait la raison du développement par les calamités générales et par les souffrances individuelles ? En un mot, où serait la raison de l'épreuve sous la forme d'une expiation douloureuse ?

Nous voici enfin en présence du dogme de la déchéance ; mais, nous le savons, ce dogme est identique avec celui de la réhabilitation.

De là les épreuves et les initiations successives.

Pour bien apprécier le dogme de la déchéance, il faut se le représenter comme la conquête de la conscience et de la responsabilité humaine.

Ceci n'est point une hypothèse; c'est une croyance déposée au fond de toutes les traditions générales du genre humain.

Ce dogme est toujours, est encore à présent, le lieu où réside la solution du problème de l'homme, de ce problème en soi et en rapport avec l'énigme de l'univers.

L'épreuve de la manifestation actuelle de l'homme sur la terre depuis qu'il l'habite, cette épreuve s'explique par le dogme un et identique de la faute et de la réhabilitation : la religion du genre humain est donc le christianisme.

La réminiscence d'un état antérieur est, pour le monde actuel, le même dogme. Tous les mythes parlent comme ce dogme auguste et sévère.

Ainsi la responsabilité étant une promotion, et la faute étant une suite de l'acquisition de la faculté du bien et du mal, il était inévitable que la réhabilitation fût identique à la chute.

Ainsi se manifeste la promesse du Médiateur.

Ainsi, l'histoire actuelle de l'homme commence par l'histoire de l'expiation.

Ainsi l'homme est divisé pour être expié. Ainsi il devient successif sans cesser d'être identique à lui-même.

Ainsi le mal a été réparti pour être moins pesant, étendu pour être moins intense.

Si nous considérons le globe que nous habitons, nous sommes obligés d'entrer dans des calculs de siècles qui effraient la pensée. Si nous le considérons dans ses rapports avec les autres globes qui peuplent l'espace, nous sommes encore obligés d'entrer dans des calculs qui effraient la pensée. Si de l'univers phénoménal nous nous élevons à l'univers intellectuel, nous nous perdons dans un abyme sans limite; et cependant des lois de l'univers phénoménal nous induisons les lois de l'univers intellectuel.

Les Indiens ont prodigué les siècles. L'algèbre divine de Moïse a condensé les siècles en jours cosmogoniques. Le commentaire de la Bible se trouve répandu dans les livres sacrés de l'Inde, écrit dans les plaines du ciel, gravé sur les monuments géologiques de la terre, empreint dans la nature intime de l'homme.

La science sonde le dogme pour le commencement et pour la fin.

———

Nous allons poursuivre le cours de ces réflexions, en les dirigeant plus spécialement sur chacun des ouvrages qui entrent dans le plan de la Palingénésie sociale.

FIN DE LA PREMIÈRE PARTIE.

DEUXIÈME PARTIE.

§ I.

Prolégomènes pour Orphée.

J'ai besoin de commencer par prévenir que cette composition n'a pas été conçue d'après des données scientifiques : les études d'archéologie et même de géologie, qui eussent été les études préparatoires absolument nécessaires pour entrer dans le fond d'un tel sujet, ont toujours eu beaucoup d'attrait pour moi, mais je n'ai point eu le loisir de les cultiver d'assez bonne heure, ni assez exclusivement, et je ne pourrais en tirer tout le parti qu'on aurait le droit d'attendre, si je ne me hâtais de m'expliquer à cet égard. Les poëtes anciens, les premiers philosophes, étaient tenus de savoir toute la science de leur temps, toute la science des temps antérieurs, d'être entrés dans l'intimité des choses, s'il est permis de parler ainsi. Toutefois je n'ignore point qu'en mille occurrences une érudition de seconde main peut maintenant suppléer à l'érudition essentielle; de plus, il est vrai de dire qu'ici sur-tout les recherches déja faites, et les résultats déja obtenus, m'auraient peut-être facilement dispensé de remonter péniblement jusqu'aux sources. Alors le travail aurait été complétement à ma mesure, mais il n'aurait point satisfait les habiles; il ne m'aurait point satisfait moi-même; il aurait manqué d'abandon et de franchise d'expression; enfin il aurait été, dans certaines parties, aride, chargé de détails techniques; et, dans certaines autres, tout plein de lacunes. Il me serait loisible, en effet, d'affirmer, non sans raison, que nous sommes encore très peu avancés dans l'investigation des faits primitifs; que nous en sommes réduits, le plus souvent, à conjecturer et à deviner; qu'un jour nouveau ne tardera pas de se lever sur l'immense horizon des origines; que jusque-là nous pouvons sans inconvénient négliger des connaissances imparfaites, connaissances dépourvues quant à présent d'autorités suffisantes, et qui tendent seulement à se dégager de mille préjugés divers; que nous sommes sur-tout obligés à une plus grande réserve, lorsque la nature et la forme d'un ouvrage ne nous permettent pas de soumettre à la

DEUXIÈME PARTIE.

critique et à la discussion ces connaissances imparfaites, et qu'ainsi nous serions dans la nécessité de les adopter comme établies et prouvées, au lieu de les considérer comme incertaines et provisoires, destinées à s'accroître et à se réformer de jour en jour, puis à disparaître pour faire place à l'édifice dont elles ne seront peut-être long-temps encore que le laborieux échafaudage. Toutes ces allégations, plus ou moins fondées, ne seraient de ma part qu'un prétexte puéril pour m'excuser auprès de mes lecteurs; j'aime mieux, au hasard d'être accusé de présomption et de témérité, énoncer tout simplement la raison qui m'a rendu l'ignorance commode et licite. Je me suis confié à cet instinct que j'ai cru trouver en moi, et qui, au jugement de plusieurs, m'a fait rencontrer quelquefois l'expression juste des sentiments de l'antiquité. Peut-être aussi que les préoccupations de la science m'auraient rendu moins propre à un certain ordre de méditations. Les mots et les témoignages m'ont moins caché les choses. Quant à l'absence des connaissances géologiques, elle m'oblige à m'abstenir de faire de l'ancien monde des peintures qui toujours auraient été aventurées et conjecturales, et nos études cosmogoniques ne font que commencer. Ainsi donc, si j'ai dû désespérer d'atteindre à l'intimité de la science, j'ai été loin de renoncer à l'espoir de pénétrer dans l'intimité des choses. Je n'ai point cherché à restituer des monuments d'histoire ou de poésie d'après des médailles effacées, d'après des ruines de ruines, d'après des conjectures ou des documents incertains ; j'ai évoqué directement l'esprit des traditions anciennes, et je me suis familiarisé quelques instants avec cette sorte de vie nécromancienne.

D'ailleurs, comme je l'ai expliqué plus haut, d'après l'autorité de Platon, la science de ces hommes primitifs, vers lesquels je voudrais remonter, ne fut point une science acquise ; ils écoutaient la voix encore retentissante de la tradition, ou bien, se repliant sur leur nature éminemment sympathique, ils obéissaient à l'entraînement de leurs facultés intuitives, ou peut-être, plus heureux que nous ne le croyons, ils étaient loin d'être complétement délaissés de toute révélation : en effet, cette voix toujours retentissante de la tradition n'était sans doute autre chose qu'un son égaré ou affaibli d'une première révélation, dont le témoignage, au reste, n'a jamais cessé de gouverner le genre humain.

J'ai dit la situation où je me suis placé pour construire ma fable d'Orphée, et voici ce que j'ai voulu faire.

Je me suis borné à essayer de peindre les transformations des traditions égyptiennes en traditions

DEUXIÈME PARTIE.

grecques devenues à leur tour traditions romaines. Ce n'est point ainsi qu'historiquement la succession des faits a eu lieu; mais c'est ainsi qu'elle a été consacrée par de très anciens préjugés. Si je n'ai pas cru devoir m'en affranchir, c'est qu'ils sont loin d'être dissipés, et que la discussion commence seulement sur cet objet comme sur tant d'autres; je dirai tout-à-l'heure où nous en sommes à cet égard. Pour les autres traditions, les traditions ou antérieures ou contemporaines aux unes et aux autres, je ne pouvais qu'en faire soupçonner l'existence, sans la déterminer d'une manière précise. Enfin j'ai voulu donner une idée d'une des filiations de la pensée humaine, et je n'ai voulu que cela. Je ne prétends pas, au reste, accréditer plus qu'il ne doit l'être le système de cette filiation, tel que je l'ai retracé; car il a dû prendre la forme de mon esprit, modifié lui-même par le temps où je vis, par le milieu social dans lequel je me trouve placé; et, de plus, il doit bien être convenu que la contexture du poëme est toute de mon invention. Quoi qu'il en soit, toutes les autres transformations, ou antérieures ou contemporaines, primitives ou secondaires, relativement à ces temps fabuleux, offrent un champ vaste à qui voudra le parcourir désormais; c'est une des mille routes nouvelles ouvertes à ce que j'ai nommé quelque part la poesie de la pensée. Ceux qui ne craindront pas de s'y engager après moi verront bien vite que j'ai pris la partie la plus facile de la tâche, et qu'encore je m'y suis dispensé des plus grandes difficultés, ou plutôt que j'en ai été dispensé par la nature et la forme d'une épopée si nouvelle, et j'oserai dire par le fond même de mes idées. En un mot, je ne voulais ni ne pouvais faire un tableau dont le mérite fût l'exactitude des détails, mais tracer un dessin où l'on sentît la physionomie des contours. Je laisse aux autres tous les trésors de l'archéologie et d'une philologie profonde, trésors qui s'amassent pour tous et dont nul à présent ne pourra refuser l'usage.

Ces moyens s'offriront d'eux-mêmes, lorsque, plus tard, au sujet de l'histoire romaine, je voudrai produire une autre sorte de conviction.

Au reste, et il est bon de le dire dès à présent, si j'ai cru pouvoir me dispenser de tant de choses pour la restitution alexandrine de la fable d'Orphée, c'est que mon but était loin de consister dans ces choses.

Je placerai, à la tête du volume suivant, une addition à ces prolégomènes, où je pourrai mieux m'expliquer, parceque le lecteur et moi-même nous serons mieux préparés pour nous entendre réciproquement.

DEUXIÈME PARTIE. 83

L'époque où l'on place généralement l'apparition d'Orphée est un peu antérieure à la guerre de Troie, événement qui est considéré en général comme la limite des temps fabuleux et des temps historiques, et qui même participe des uns et des autres. Orphée et Hercule sont contemporains; ils entrent tous les deux dans le dénombrement que l'on fait des Argonautes. Au reste, à cette distance, quoique si peu éloignée, tous les temps sont encore confondus, comme pour dérouter à plaisir les chronologistes scrupuleux. Dans ce passage de l'Orient à l'Occident, de l'Asie à l'Europe, à tout moment la perspective change, et trompe sur les plans de la scène que le poëte voudrait peindre, que l'historien voudrait retracer. D'une part, cette direction de la poésie primitive à tout vouloir tourner en allégories, ou plutôt à vouloir constater le fait providentiel ou fatal au lieu du fait humain, c'est-à-dire à négliger l'effet pour la cause; d'une autre part, cette disposition des peuples à localiser, chacun chez lui, les mythes étrangers, et à se les approprier par la transmutation des noms, des lieux et des temps, ont fait un brillant chaos qui se refuse à la lumière philosophique de notre temps, mais où réside cependant une grande lumière, où se trouve un grand foyer de croyances. C'est ainsi que les aventures arrivées à des personnages mythologiques, et qui furent des types d'allégories, furent appliquées ou attribuées à des personnages héroïques, c'est-à-dire demi-historiques; c'est ainsi qu'une des premières expéditions nautiques, celle des Argonautes, pour les Grecs, a été l'emblème d'une révolution astronomique. C'est ainsi que les divers planisphères ont été, à-la-fois ou tour-à-tour, les archives hiéroglyphiques des annales du genre humain, les pages d'un poëme cosmogonique. C'est ainsi, et seulement ainsi, que s'expliquent Hercule, Osiris, Bacchus. La Thèbes de Béotie est une ville symbolique aussi bien que Troie; cependant ces deux villes ont réellement existé. Les Dioscures, divinités cabiriques, et par conséquent pélasgiennes, sont devenus les deux frères d'Hélène; Hélène elle-même, avant d'être la perfide épouse de Ménélas, fut le nom de la lune; et ce nom, qui signifie clarté, splendeur, attribué à la lune, devient enfin un nom propre. Mais je n'ai point à faire l'énumération des personnages, des lieux, des villes, qui sont incontestablement identiques, pour la vue de l'esprit, et qui diffèrent quant à l'existence historique, chronologique, géographique et astronomique. J'aurai trop souvent occasion de m'en occuper par la suite, pour qu'il soit nécessaire d'entrer ici dans les détails, de chercher à concilier les écrivains qui ont embrassé le système historique, et ceux qui se sont efforcés de faire entrer les faits dans un système allégorique. Tous ont raison lorsqu'ils ne veulent pas s'exclure mutuellement.

Voici néanmoins quelques explications sur ce sujet, et ces explications peuvent être considérées comme des points de doctrine :

Un type de l'homme, c'est l'homme même, l'homme d'un temps, l'homme accomplissant une mission providentielle. Hercule, c'est tout l'homme, l'homme défrichant la terre, se l'appropriant par la culture, assainissant les marais formés par la retraite des eaux après quelque grand cataclysme; c'est l'homme enfin domptant les forces rebelles de la nature. Chaque grand peuple de l'antiquité a eu son Hercule; chacun eut sa sibylle.

Les hommes universels, c'est-à-dire les hommes types, sont toujours transformés en hommes nationaux.

Toute la science fut Mercure ou Hermès; tout législateur fut Zoroastre.

Les premiers oracles furent en Grèce ceux de Thémis, et Thémis ne fut autre chose que Cérès législatrice; les lois primitives de l'Égypte furent les poëmes d'Isis.

Les faits universels ont été traduits de la même manière que les hommes universels. Chaque peuple a eu, si l'on peut parler ainsi, une traduction des traditions générales du genre humain, qu'il s'est appliquées. La géographie a subi de semblables transformations. Tous les lieux ont eu des noms tirés de leur position réelle, ou de leur position relative. Les désignations d'Hyperboréens, de Cimmériens, et même de Pélasges, furent d'abord des désignations générales de ce genre, qui ont été attribuées ensuite à plusieurs peuples différents. La Méditerranée fut tantôt la mer Égée, tantôt le grand Océan. Deux Hercules, les plus anciens de tous, dont l'un ouvrit les barrières du véritable Océan, dont l'autre forma la vallée que l'homme devait illustrer par tant de créations, nous offriraient peut-être l'emblème d'une grande catastrophe, célèbre dans l'histoire du monde primitif, le naufrage de l'Atlantide; et, toujours par des raisons analogues à celles qui viennent d'être énoncées, le fleuve merveilleux qui descendit pour féconder cette vallée des prodiges, fut appelé tour-à-tour Océan, Aigle, Égypte, Nil, c'est-à-dire eau. Le nom d'Hespérie, qui signifie région occidentale, fut successivement porté par l'Épire, par l'Italie, par l'Espagne. Enfin la géographie positive produisit une géographie poétique et idéale; et chaque nation en qui s'éveilla ou l'instinct de la domination, ou celui de la direction des affaires humaines, voulut que la contrée où elle était établie fût en quelque sorte le centre, et comme la représentation du monde entier.

Cette théorie explique beaucoup de choses, et nous aurons souvent occasion d'y revenir, de nous en servir comme d'une clef.

Ne soyons donc point étonnés de voir Orphée, si rapproché de la guerre de Troie, puisqu'il passe pour être un des Argonautes, être mis cependant au nombre des génies civilisateurs. Orphée, c'est la raison de ce qui a précédé; c'est la naissance du monde civil. Cicéron doutait de son existence, et nous savons qu'elle avait été consacrée, même à Rome, par un monument sur le mont Cœlius; nous savons encore que sa statue en bois d'olivier fut présentée à Alexandre. Remarquons toutefois, mais uniquement pour en faire la remarque, qu'Orphée n'a pu être de Thrace, que les Thraces ont été le peuple le plus réfractaire aux idées sur lesquelles repose la véritable civilisation, que les tragiques grecs les peignent comme des barbares, qu'ici sans doute le nom de Thrace est un nom symbolique, ou un nom relatif, appartenant à cette géographie idéale dont nous venons de parler, et qui sera souvent pour nous un sujet d'instruction.

L'ère de Nabonassar, la fondation de Rome, l'institution des olympiades, l'Égypte connue des Grecs, et visitée par eux, tout ce concours de choses forme un synchronisme général, assez extraordinaire, que l'on s'est accoutumé à prendre pour l'aurore du monde historique, et qui manifeste, à lui seul, une sorte de spontanéité dans tout le genre humain. Pour le temps qui précède, celui qui doit attirer notre attention en ce moment, nous trouvons un autre genre de spontanéité, et notre chronologie n'est pas obscure sans quelques points lumineux. Le Protée d'Hérodote et des tragiques, c'est-à-dire le Protée des poëtes, et le Cétès de Diodore, sont les souverains de l'Égypte, désignés comme contemporains de la guerre de Troie. Ainsi j'ai pu adopter Protée pour un personnage palingénésique de cette époque, et lui appliquer même, non sans motif, ce qui a été dit plus formellement au sujet d'Horus : « Horus, selon Diodore, paraît avoir été le dernier roi participant de la divinité, qui ait gouverné l'Égypte. » Le Protée, au reste, ancien mythe civil, trouvera son analogue, sous une forme plus rude et plus sauvage, dans celui de Servius Tullius, que nous aurons à retracer quand il en sera temps; comme l'inflexible Appius Claudius sera pour nous l'Orphée romain, mais un Orphée d'une nature cyclopéenne, contenant des hommes indomptés par les durs liens du *nexus*, au lieu de les adoucir par les sons harmonieux de la lyre civilisatrice. Une des significations du nom d'Orphée pourrait présenter le sens d'arrangement, de disposition, et désigner celui qui arrange, qui dispose, ou qui unit, qui joint.

Je ne sais, mais il me semble quelquefois que l'antiquité tout entière m'apparaisse comme un songe infini, formé de mille réminiscences.

Quoi qu'il en soit, j'ai dû peu m'inquiéter de toutes les incertitudes que je viens de signaler relativement aux premiers temps de la Grèce; j'ai dû prendre les mythes pour des mythes, tout en rendant à ce mot son acception primitive, parole, emblème de la vérité. « L'univers est lui-même un mythe, » a dit excellemment Salluste le philosophe. Un autre philosophe, dont la crédulité dérive quelquefois d'une source bien haute, Plutarque a dit quelque part un mot d'un sens profond : « La religion est l'histoire allégorique de la nature. » C'est dans le même sens que les premiers philosophes chrétiens établissaient un parallélisme des règnes de la nature et de la grace, d'où résultait une magnifique harmonie. Néanmoins, j'ai dû peu m'inquiéter aussi de l'institution des Mystères dans la gentilité; je les ai pris pour un fait, sans en creuser l'origine, et sans chercher à en retracer le spectacle exact. Une description poétique de l'initiation est toute faite dans le sixième livre de l'Énéide; une description technique, autant qu'elle est possible, et qui a le grand défaut de ressembler à des illusions de théâtre, se trouve dans le Sethos du savant abbé Terrasson; enfin une description indiscrète, mais mêlée d'une théurgie moderne, est consignée dans le livre d'Apulée. Orphée avait chanté la descente aux enfers; ce poëme, qui fut nommé une élégie, quoiqu'il eût plusieurs livres, et qui sans doute aussi était une peinture de l'initiation, n'était peut-être pas encore perdu au temps de Virgile.

Orphée, tel que je l'ai conçu, n'est ni un personnage mythologique, ni un personnage historique; c'est le nom donné à une tradition, à un ordre de choses; peu importe donc la question de son existence. Cette manière de considérer un sujet paraîtra nouvelle; je desire qu'elle ne paraisse que nouvelle : elle résulte, au reste, de l'ensemble même de mes idées.

Quant à ma fable, elle est placée, pour le temps, entre l'Iliade et l'Énéide. Cette communauté de généalogies, qui unit les rois de la Troade, ceux de la Grèce et ceux du Latium, n'est point de mon invention : la souche, d'après Virgile, remonte à Atlas, et ce sont les Atlantes qui ont donné aux peuples les dynasties de cet âge du monde. Bailly, dans ses Lettres sur l'Atlantide, n'a point fait usage de ces traditions obscures, il est vrai, et qui eurent cependant assez de crédit sur l'esprit de Virgile, ou qui étaient encore assez répandues de son temps pour qu'il se crût en droit de les employer. Notre savant historien de l'Astronomie craignait peut-être qu'elles n'eussent contredit son système, relativement au lieu assigné par lui au peuple primitif. Tous les historiens romains, sans exception, tous les monuments de la poésie latine, et même ceux de la poésie grecque, suffisent bien pour autoriser ma fable, si toutefois elle a besoin d'être autorisée. Virgile, nous devons bien y prendre garde, n'est ni mythogone, ni théosophe; il n'affirme aucune croyance, ni ne la constate; ce n'était pas le temps de telles choses: son merveilleux est tout-à-fait ce que nos rhéteurs ont désigné sous le nom de machines épiques. Les poëtes primitifs étaient d'un autre ordre. Virgile était cependant de cette race divine; car une fois il a réellement vaticiné: que l'on veuille bien souffrir cette expression qui unit la pensée de l'inspiration à celle de la prophétie, c'est-à-dire l'enthousiasme doué de la vue la plus élevée et de la seconde vue. Il y a dans l'Ion de Platon une admirable comparaison de la puissance magnétique, qui se transmet d'anneau en anneau jusqu'à l'extrémité de la chaîne, avec l'inspiration primitive et l'inspiration secondaire: c'est par cette comparaison que j'expliquerais Virgile. Il paraît avoir eu l'impression confuse de ces deux inspirations successives, lorsqu'il a fait dire à la sibylle :

> Quæ Phœbo Pater omnipotens, mihi Phœbus Apollo
> Prædixit.

Au reste, si Virgile a pu prendre le rameau d'or de l'initiation, il est fort à remarquer que rien, dans Homère, n'indique l'institution des Mystères, ou n'y fait allusion : chez lui, l'évocation des mânes n'est que de la nécromancie. J'oserais presque affirmer que les compilateurs du canon homérique, tel que nous l'avons à présent, furent dirigés dans leur travail par une prudence politique, ou par des scrupules religieux. Peut-être cette prudence et ces scrupules avaient-ils commencé par les rhapsodes. Les voyages de Jupiter chez les sages Éthiopiens sont la seule trace d'une pensée ou d'une allégorie qui puisse se rapporter aux Mystères : c'est sans doute une tradition d'un monde antérieur, d'une religion précédente. Remarquez encore que, dans Virgile, poëte d'une civilisation parvenue à son extrême maturité, c'est la science qui produit l'inspiration, lorsque toutefois le poëte est original relativement à son temps, et qu'il n'est pas dans le chemin battu de l'imitation.

Je puis dire à présent que, sous ce point de vue, l'Antigone que je publiai il y a quelques années, l'Iliade, l'Odyssée, l'Orphée, que j'imprime aujourd'hui, et l'Énéide, forment une sorte de cycle épique. J'ajouterais volontiers à cette série le poëme si profondément historique de Lucain; mais alors je devrais y comprendre aussi le tableau des sécessions plébéiennes qui fera partie de la Formule générale annoncée dans la préface de cette Palingénésie. Nul, en effet, ne saurait disputer à Lucain la science intime de la chose romaine, même dans l'acception la plus primitive; car son inspiration, qui porte l'empreinte d'une telle douleur pour la cause de la liberté, est en même temps l'expression la plus énergique d'un sentiment tout patricien. La comparaison de Virgile et de Lucain, non sous le rapport des formes, ce qui appartient aux rhéteurs, mais sous le rapport de cette science intime, qui est à-la-fois une philosophie et une poésie; la comparaison, dis-je, de Virgile et de Lucain ne serait pas sans importance et sans intérêt; seulement elle m'entraînerait dans une trop longue digression.

Homère passe généralement pour avoir fait une Thébaïde : le temps nous a envié ce poëme, qui devait être le premier de la plus merveilleuse trilogie, et que Stace est loin d'avoir remplacé. L'Antigone ne se lie en aucune manière à la pensée de ressusciter la Thébaïde perdue; j'avais cédé à une

autre inspiration. Voilà pourquoi le Tirésias de
cette première composition est resté fort au-dessous
de son rôle d'hiérophante, de fondateur, de législateur religieux, rôle qui aurait pu lui appartenir
à aussi juste titre qu'à Orphée; rôle qu'Homère lui
avait sans doute conservé, et que les tragiques grecs
n'ont pas craint d'altérer. On retrouvera ici une
partie du véritable Tirésias, le scrutateur du mystère et de l'inconnu. Dans l'Antigone, on a vu
Créon s'étonner de ce que la dévination d'une
énigme conduit Œdipe au trône. C'est que la
royauté antique, ainsi que ce sera dit dans l'Orphée, est le prix de la dévination de l'énigme de
l'humanité.

Le vieillard Nautès, que Virgile fait paraître un
instant, est un personnage initiateur, tout semblable à notre Thamyris; c'est le prophète de la
fable virgilienne, comme Énée en est le pontife.
Il paraîtrait que Nautès fut chez les Romains le
fondateur d'un collége de prêtres. Mais toujours
un fondateur trouve quelque chose d'établi; toujours il trouve un dieu Terme, qu'il n'est pas en
sa puissance de déplacer; et c'est toujours là-dessus qu'il est tenu d'élever son édifice: cette nécessité
est le grand obstacle pour assigner un commencement à une institution quelconque. Voyez aussi le
désespoir des archéologues, lorsqu'ils croient pou-

voir convertir la poésie en histoire, lorsque, par exemple, ils cherchent à expliquer le conseil des Amphictyons et l'Oracle de Delphes.

Il est évident que Virgile a voulu consacrer par la poésie les origines romaines; mais il a trouvé d'autres origines antérieures. Il dut être arrêté surtout par l'antiquité des traditions de l'Étrurie, traditions dont l'esprit était peut-être mal connu de son temps, qui fut celui où la philosophie épicurienne et incrédule commençait ses ravages; et n'oublions pas qu'il avait à-la-fois pour secours et pour obstacle les ouvrages de celui qu'on a peut-être trop exalté en le désignant sous le nom du prince des archéologues, de Varron, réputé, quoi qu'il en soit, le plus savant des Romains. Les poëtes qui ont eu à consacrer les origines grecques n'ont pas éprouvé le même embarras, car ils ne songeaient point à arranger un plan, à faire un livre, à concilier des traditions entre elles. Ils disaient à la muse de chanter. Le temps de ces traditions arrangées, qui même quelquefois méritaient plutôt le nom de pseudo-traditions, a commencé sur-tout aux poëtes alexandrins. Virgile, sous ce rapport, peut être dit notre contemporain; il choisit dans les faits et les traditions, il les ordonne dans sa pensée; enfin il dispose, il exécute un travail très beau, il est vrai, mais c'est une production de l'art.

Il nous reste une preuve des difficultés que rencontra ce grand poëte pour la construction d'une fable, qui ne s'offrait pas à lui toute faite. Dans une lettre qu'il écrivait, à ce sujet, à Auguste, il avoue qu'il craignait d'en devenir fou : *Vitio mentis laborare mihi videor*. Telle fut sans doute la cause qui, au moment de sa mort, lui fit desirer que l'Énéide fût livrée aux flammes. Quoi qu'il en soit, j'ai encore dû prendre mon parti à cet égard, et le Palladium enlevé à Troie, le feu sacré de Vesta, Numa, la nymphe Égérie, les livres sibyllins, tout cet ensemble a suffi pour motiver une filiation de traditions, que j'ai ensuite prise, comme tant d'autres objets, pour un fait, pour mon point d'appui, pour mon dieu Terme.

Les Romains, qui ont eu si tard des poëtes, ont laissé leur histoire primitive en proie à des poëtes grecs émigrés, ou plutôt à des poëtes restés étrangers au mystère profond et incommunicable de la cité, car les patriciens, austères et jaloux gardiens de ce mystère, ne consentirent jamais à le divulguer ; de plus, ils ne voulurent que très tard cultiver les lettres humaines ; mais ces traditions, quoi qu'il en soit, étaient devenues nationales, et avaient été adoptées par le gouvernement même, puisqu'il y a des stipulations de traités qui en font foi, des inscriptions de colonnes, des monuments de différents genres. Je citerai deux faits seulement entre tous ceux qui seraient à ma disposition. Dans un traité avec la Macédoine on trouve des clauses favorables aux habitants d'Ilion, parcequ'Ilion est considéré comme le berceau de la race romaine; et lorsque les Scipions, quinze ans après, passent l'Hellespont, le consul va offrir un sacrifice dans l'antique citadelle d'Ilion. Toutefois il paraît certain que le culte de Vénus était inconnu sous les rois. Ce n'est point ici le lieu de chercher à fixer les diverses phases du mythe romain.

Pour bien comprendre à quel point Rome a été long-temps privée de ces sortes de chants nationaux, dont rien ne peut remplacer les imposants témoignages, et qui, par-tout ailleurs, chez les peuples anciens, ont été une histoire vivante, transmise d'âge en âge, il faudrait d'abord bien comprendre ce que fut l'état des plébéiens, ce que fut l'énergique institution du patriciat, dans les trois premiers siècles. Gardons-nous de croire néanmoins que les documents aient absolument manqué; car, s'il en était ainsi, nous n'aurions aucun espoir de parvenir à quelque certitude à cet égard; mais, comme je l'ai déja dit, je dois m'abstenir quant à présent d'entrer dans tous ces détails, puisque nous devons spécialement explorer les véritables sources de l'histoire romaine.

Quelques personnes pourront trouver que j'ai été bien hardi, en donnant aux prêtres de l'Égypte la magistrature du monde. Quoique ceci soit entièrement une vue de mon esprit, j'y ai cependant été amené par une forte et puissante induction. Cette direction que s'était arrogée le sacerdoce égyptien pourrait, au reste, s'appuyer facilement sur des preuves historiques. Virgile a fait initier son héros: en cela sans doute il a obéi à un préjugé qui subsistait encore de son temps, quoique fort affaibli, à savoir que les législateurs et les instituteurs des peuples avaient besoin d'être initiés pour accomplir leur haute mission. Serait-ce aussi le motif qui aurait porté Auguste à recevoir l'initiation d'Éleusis? Il est certain qu'il a fallu long-temps être initié ou inspiré, pour que les hommes destinés à l'obéissance eussent une raison de leur docilité. Je ne sais même si à ce sujet il ne serait pas permis de disculper Virgile de l'accusation qui lui a été souvent faite d'avoir composé son poëme dans une intention de flatterie. Nous examinerons ailleurs le fait primitif, le fait qui a précédé le droit, qui l'a précédé par-tout.

Je disais tout-à-l'heure que Virgile n'est ni un poëte mythographe ni un théosophe; je ne le mets point non plus au nombre des hommes spontanés : qu'il me soit permis d'affirmer que l'inspiration à laquelle j'obéis est plus près des inspirations primitives; oui, j'ai plus que Virgile, incomparablement plus, le sentiment de ces choses que j'oserai appeler divines; car enfin il ne faut pas craindre de manifester sa propre justification, lorsqu'on est entré dans la voie difficile où je me trouve engagé. Et qui croirait en moi, si je n'y croyais pas moi-même? Virgile fut atteint par les philosophies douteuses et incrédules de son temps, et jamais aucune de mes convictions intimes n'a été ébranlée. Dieu sans doute voulait quelque chose de moi!

Une remarque à faire ici, c'est que l'ère alexandrine, qui est une ère d'imitation, a marqué par la poésie les premiers pas d'une carrière nouvelle pour les facultés humaines cessant d'être intuitives. L'âge de la poésie spontanée était donc fini depuis longtemps lorsque Virgile entreprit son épopée: de plus, il était un homme nouveau, étranger à ces sympathies patriciennes qui survécurent à tant de calamités, et qui dans Lucain exhalèrent les derniers accents d'un farouche patriotisme. Toutefois, rattachant la chose religieuse romaine aux traditions de l'Orient, ainsi qu'il y était autorisé, comme nous l'avons vu plus haut, il s'est rendu l'historien de la cité, de la même manière que Tite-Live est l'historien de la ville.

La chose romaine, au reste, lorsque nous aurons à nous en occuper, nous signalera mieux cette sorte de mythe que nous avons désigné sous le nom de mythe civil, et que par induction nous devons retrouver plus ou moins chez tous les peuples, aux diverses époques, correspondantes entre elles, d'une chronologie générale dont les cycles successifs sont des temps indéterminés, des périodes de civilisation, sans mesure fixe.

J'ai encore à dire, au sujet des prêtres de l'Égypte : Les destinées humaines n'auraient-elles eu une direction que chez le peuple hébreu? Le reste des nations aurait-il été abandonné à l'incertitude de la pensée humaine, ou plutôt à l'ignorance qui constitue la pensée humaine, lorsqu'on la considère séparée de sa source, dégagée de son principe, c'est-à-dire dépouillée à-la-fois de toute révélation et de toute tradition? Tous les documents de l'histoire, tous les témoignages des siècles, seraient-ils menteurs en ce point? Ceux à qui fut attribuée l'éminente fonction de civiliser les hommes, voulez-vous les faire descendre de la sphère élevée où ils dominent, pour les changer, de votre propre autorité, en de vils et d'heureux imposteurs? voulez-vous que votre dédain aille ensuite des jongleurs au genre humain lui-même, qui toujours se laisserait abuser? voulez-vous enfin substituer les aveugles contingences du hasard au gouvernement régulier, à la conduite initiative de la Providence? voulez-vous encore donner un démenti formel à la plupart des premiers Pères de l'Église, qui n'ont pas hésité à reconnaître des missions dans la gentilité? Et sur-tout n'est-il pas écrit, dans les Actes des Apôtres, que Dieu ne s'est jamais laissé sans témoignage? N'est-ce pas en cela que consistent les traditions générales du genre humain, traduites dans toutes les langues, acclimatées chez tous les peuples, selon le génie des peuples et des langues, transformées dans tous les cultes, selon les temps et les lieux? Pour ne pas sortir de la thèse particulière où nous sommes en ce moment, n'est-il pas écrit, dans ces mêmes Actes des Apôtres, que Moïse s'était instruit dans toute la science des Égyptiens? Or la science des Égyptiens entrait donc au moins dans les voies préparatoires pour nos propres traditions. N'est-il pas naturel, de plus, de penser que ceux qui, parmi les nations, occupaient alors le point culminant de la civilisation devaient être attentifs au mouvement de toutes les affaires humaines? Mais ici il faudrait entrer dans l'essence des Mystères, et ce n'est point mon but. Qu'il me soit permis seulement de transcrire quelques lignes du comte Ouvaroff, sur ceux d'Éleusis.

« Le grand principe sur lequel reposait le poly-
« théisme était, comme Warburton l'a savamment
« démontré, l'admission de toutes les idées reli-
« gieuses. » « Le Maître de l'univers, dit Thémis-
« tius, semble se plaire à cette diversité des cultes.
« Il veut que les Égyptiens l'adorent d'une manière,
« les Grecs d'une autre, les Syriens d'une troi-
« sième; encore tous les Syriens n'ont-ils pas le
« même culte. »

J'ajouterai que l'esprit des prêtres de l'Égypte fut d'accueillir tous les systèmes, toutes les opinions, à-peu-près comme les Romains adoptèrent tous les dieux des nations. L'influence qu'ils exercèrent fut donc toujours relative à l'esprit, aux mœurs, aux traditions plus ou moins accréditées de chaque peuple. Si cette conjecture a quelque fondement, la direction que se serait arrogée le sacerdoce égyptien serait en quelque sorte une imitation hardie et philosophique du gouvernement même de la divine Providence.

Les enseignements, les doctrines des Mystères, venaient saisir ceux que l'incrédulité aurait pu entraîner au sortir du sein de tant de croyances superstitieuses que nous ne pouvons apprécier. Il fallait bien un appui au sentiment religieux.

Toutefois je ne partage point l'opinion de Warburton sur le principe du polythéisme; j'admettrais plus volontiers cet autre principe : l'insondable unité de Dieu a besoin d'être dispersée, ou détaillée, pour être saisie; c'est ainsi que nous analysons l'homme, pour chercher à le comprendre. Par la pensée humaine, Dieu est dispersé dans ses attributs, parceque la pensée humaine est condamnée à être successive. Les hymnes d'Orphée, dont il ne s'agit point ici de discuter ni l'authenticité ni l'origine traditionnelle, les hymnes attribués à Orphée sont des sortes de litanies liturgiques, qui contiennent des énumérations d'attributs. Tous les attributs de la puissance suprême, créatrice, sont donnés à chaque divinité, comme si chaque divinité était le Dieu suprême, créateur, ordonnateur, unique; car, en effet, Dieu est tout entier dans chacun de ses symboles.

Dans les Mystères, on aurait donc rétabli l'unité de Dieu.

Les Mystères étaient encore, sous une forme évocatrice, le passé et l'avenir du genre humain par les traditions générales, plus ou moins conservées, plus ou moins altérées, plus ou moins transformées.

Il paraît bien qu'on y enseignait les retours cycliques, la misère des familles humaines primitives;

c'était sans doute une manière emblématique et mythique d'inculquer l'idée fondamentale de la perfectibilité successive de l'ame humaine, à la condition des épreuves; cette perfectibilité et ces épreuves représentées, dans les divers grades de l'initiation, par la terreur ou le charme des spectacles dont on frappait les sens.

Quant aux paroles de Thémistius, citées par le comte Ouvaroff, il faut exclure de cet assentiment les cultes immoraux, les croyances qui ne sont qu'une dépravation des idées religieuses, entendues dans l'acception la plus générale; et cependant soyons toujours un peu en garde contre de telles accusations d'immoralité, parcequ'en effet nous pouvons être fort égarés par la nature même et la forme des emblèmes. Les traditions, soyons-en bien convaincus, ne peuvent jamais être entièrement perverties. Sous ce point de vue élevé, la diversité des cultes a quelque analogie avec la diversité des langues : on a peine à suivre la pensée divine dans les enveloppes que lui prête la pensée humaine; mais c'est toujours la pensée divine. Je ne sais si l'opinion de Thémistius ne pourrait pas être prise aussi pour l'expression d'une tolérance universelle; mais, dans tous les cas, souvenons-nous que l'Égypte était loin d'avoir adopté un régime de tolérance.

Cicéron dit que les Mystères ont civilisé les hommes : « Les Mystères, ce sont ses expressions, nous ont donné la vie, la nourriture ; ils ont enseigné les mœurs et les lois aux sociétés ; ils ont appris aux hommes à vivre en hommes. ».

Parmi les nations de la gentilité, celles qui ont été privées de l'institution des Mystères sont restées plus long-temps en arrière de la civilisation.

Les anciens disaient que les initiés seuls parvenaient à la vie heureuse de l'Élysée, et que les autres étaient plongés dans le Tartare : dans le langage de l'initiation, cela voulait dire sans doute que le reste serait appelé à de nouvelles épreuves ; car, si l'on n'admettait pas un tel sens, il y aurait injustice. Servius explique, et il y était autorisé, que l'Enfer, la région inférieure, c'est notre monde. Cette hypothèse s'accorde parfaitement, ainsi que nous venons de le voir, avec les idées antiques, avec les doctrines primitives et traditionnelles de l'épreuve et de l'expiation.

C'est bien le moment de répéter que, sous certains rapports, le christianisme a été l'initiation devenue générale et populaire.

De tout ce qui a été dit plus haut, et d'autres documents qu'il serait facile d'accumuler, il résulte que la civilisation de la Grèce est une civilisation secondaire, extérieurement imposée ; c'est un fait qui n'est point contesté, quoique presque tous les peuples de cette contrée se soient dits autochtones, ce qui veut dire identiques avec la terre; et l'ordre d'idées représenté par ce mot sera expliqué par la suite. La même chose peut s'affirmer des diverses populations italiques. Nous savons à présent que toujours la civilisation est imposée à un peuple par des moyens extérieurs à ce peuple, et quelquefois très violents, ce qui détruit de fond en comble tous les systèmes du siècle dernier sur la convention et sur le contrat primitif; et c'est là, pour le dire ici d'avance, une des premières données qui m'ont conduit à la pensée de la Ville des Expiations, dont nous aurons bientôt à exposer le dessein. L'éducation de l'homme, l'éducation d'un peuple, celle du genre humain, sont toujours pénibles et souvent douloureuses. Nous avons commencé à en entrevoir les raisons, et nous en trouverons quelques développements dans la suite des différents écrits qui composent la Palingénésie sociale.

Nous devrions à ce sujet examiner la question importante des civilisations spontanées et des civilisations transmises. Mais, si l'on m'a bien compris, on sait que je suis loin de croire aux premières, dans un sens absolu.

Selon moi, immédiatement après la dernière révolution qui changea la surface de la terre, dès qu'une contrée fut habitable, elle fut habitée. Un instinct analogue à celui des oiseaux voyageurs, inspiré par la Providence divine, convia les familles humaines primitives à se disperser sur tout le globe, à mesure que les eaux se retiraient, à mesure que les volcans cessaient de brûler; et, dans cet antique partage du monde désert, dont nous trouvons les premières traces dans la Genèse, chaque chef de l'essaim emporta avec lui une partie des traditions, héritage commun de ces familles humaines primitives.

Ensuite un autre instinct, analogue à celui qui dirige l'abeille dans la construction de sa ruche, présida par-tout à l'établissement des villes primitives; la forme même de ces villes primitives fut comme un hiéroglyphe, une sorte de mythe plastique de l'institution sociale.

Les colonies régulières, les conquêtes, les mélanges de races, les diverses modifications de l'institution primitive, ainsi spontanée et traditionnelle à-la-fois, appartiennent aux âges suivants.

Appuyons notre pensée, et que ce soit avec quelque vigueur et quelque indépendance, sur l'analogie évidente de toutes les histoires sacrées et de toutes les histoires profanes, primitives, nous trouverons que toutes suivent les mêmes développements dans l'origine, les mêmes évolutions dans leurs crises, sont soumises aux mêmes périodes, ont les mêmes suites et les mêmes retours: c'est en quelque sorte un grand cycle, toujours semblable, toujours analogue, toujours identique; en d'autres termes, c'est toujours la même succession d'épreuves, et qui ne varie que dans les applications. Maintenant que nous avons affermi nos pas, nous pouvons entrer avec plus d'assurance dans de nouvelles considérations; ce qui précède et ce qui suit se serviront d'explication mutuelle.

Pour en revenir donc au sujet dont nous nous occupions tout-à-l'heure, que savons-nous enfin s'il n'y a pas toujours eu deux centres de direction, l'un de la pensée divine, et l'autre de la pensée humaine? Qu'il me soit permis de faire à cette occasion une remarque incidente, qui se rapporte au temps où nous vivons. Les deux centres de direction luttent l'un contre l'autre avec des forces puissantes, mais tout-à-fait distinctes entre elles. C'est le signe le plus caractéristique de toutes les époques palingénésiques; et il arrive à présent ce qui arrive toujours, c'est que l'on se trompe sur le centre religieux. La pensée divine n'est plus là où on la croit, et n'est pas encore dans le centre opposé. Enfin, pour achever ma pensée, ne peut-on pas croire à deux volontés produisant chacune un destin différent?

En voyant une foule agir, quelquefois non en vertu d'un ordre, mais par une impulsion puisée en elle-même, on prend une idée de ce qu'est le genre humain dans l'ensemble de ses destinées, dans l'identité de l'être individuel et de l'être collectif. La pensée humaine serait-elle donc une des puissances de ce monde? Une volonté seule est douée sans doute d'une grande puissance, mais elle ne devient en quelque sorte toute-puissante que dans le moment où elle exprime le sentiment du grand nombre, dans l'instant où elle représente la multitude des autres volontés. Alors c'est Hercule prenant possession de la terre.

Dieu qui a fait l'homme a su qu'il faisait une volonté libre et indépendante; et il a voulu que ce fût ainsi. Il en est de même des autres intelligences qui ont été placées dans les autres mondes; car sans doute chaque monde a sa créature supérieure, qui est un sommet, un perfectionnement, un but, peut-être même une cause. Les livres sacrés des Indiens accordent à la pensée humaine une puissance dont nous aurions peine à comprendre l'inconcevable étendue, parceque nous sommes restés bien loin de leurs doctrines mystiques.

La volonté humaine peut créer un destin, par la raison qu'un fait, en soi, est une chose irréfragable; mais le destin créé par l'homme, à son tour est brisé par le destin qui résulte des lois générales de la Providence; et Prométhée est cloué sur le Caucase, événement qui plus d'une fois est arrivé dans le monde.

La Providence a des lois successives, qui forment des destins successifs; et, lorsque le temps est venu, Prométhée est déchargé de ses fers.

Prométhée, c'est l'homme se faisant lui-même par l'énergie de sa pensée.

La liberté des êtres intelligents a été prévue dans les lois qui gouvernent l'univers. Dieu s'est imposé, s'il est permis de parler ainsi, le devoir de la respecter; mais il s'est en même temps réservé la faculté de la réprimer, car elle aurait pu aller jusqu'à troubler l'harmonie des mondes.

L'homme ayant été créé libre, et Dieu lui ayant donné, dans la conscience, un guide, le mal qui résulte de la liberté, et qui est un mal nécessaire, ne peut être attribué à Dieu. Cette conscience se développe et s'éclaire par les moyens que Dieu nous a fournis, et qu'il nous dispense en raison de nos progrès; voilà ce qui fait que l'appréciation même du mal peut varier, selon les temps et les lieux. Il y a donc une conscience que j'oserais dire primitive, et une conscience que j'oserais appeler acquise. Ces deux consciences doivent entrer dans la mesure de l'appréciation. Enfin cette vie est une épreuve à laquelle succéderont d'autres épreuves, selon les besoins de chacun, car il faut que toute créature parvienne à la perfection à laquelle elle est propre, à laquelle elle a droit par son essence même; et alors, mais seulement alors, elle entre dans la plénitude de son état définitif. La durée des épreuves successives prend plus ou moins de temps; mais le temps nous importe fort peu, quand il s'agit des plans de Dieu, puisque Dieu a les trésors de l'éternité. Ainsi donc nous ne pouvons pas juger la question de l'introduction du mal, puisque nous ne connaissons qu'une partie d'un plan, qui ne doit être jugé que dans l'ensemble; et la vie actuelle n'est autre chose qu'une des épreuves que nous avons à subir. Le système des purifications, dogme primitif et universel, admettrait donc un état définitif bon ou mauvais, selon que l'être aurait résisté ou cédé à la purification. Il viendrait donc un moment où il n'y aurait plus lieu ni à mériter ni à démériter. Ce n'est point là le dogme si profondément chrétien du purgatoire. Aussi me crois-je complètement autorisé à penser que la substance intelligente finira par être bonne, mais d'une bonté acquise par elle-même; car le bonheur auquel elle est appelée, il faut qu'elle le mérite.

Rappelons ici qu'il ne faut jamais perdre de vue le dogme un et identique de la déchéance et de la réhabilitation sans lequel il est impossible d'expliquer la série et l'ensemble des destinées humaines.

« Dieu veut que tous les hommes soient sauvés, « et parviennent à la connaissance de la vérité. » C'est saint Paul qui parle ainsi.

Une courbe, comme on le sait, peut s'étudier dans une de ses parties : notre existence actuelle, le monde où nous sommes placés, sont une fort petite partie d'une immense parabole, d'un cycle palingénésique infini dont il nous est permis, sans doute, peut-être même prescrit de chercher à connaître quelques lois, d'après les moyens, soit d'intuition, soit de révélation, qui nous ont été accordés.

Reprenons quelques unes de nos propositions, pour les présenter sous un jour un peu différent, et ne craignons même pas de nous servir quelquefois des expressions que nous venons d'employer; ce n'est point ici le cas de trop céder à des délicatesses de langage.

En voyant une foule, on est porté à croire que la pensée humaine est une des puissances de ce monde.

DEUXIÈME PARTIE.

La pensée humaine, en effet, a une puissance de création. Elle fait le monde ce qu'il est pour nous.

Selon des sectes indiennes, selon quelques commentateurs de la Bible, elle a participé à la création.

Les Élohim, c'est l'intelligence humaine, dans son essence primitive, selon ces mêmes commentateurs.

Ici trois idées doivent être présentes à l'esprit du lecteur : la première, ce qui a été dit plus haut, qu'un évènement avait précédé celui dont il est question en ce moment ; l'autre, que cet évènement consistait en ce que l'homme avait été primitivement destiné à réparer les pertes produites dans la milice céleste par la rébellion d'un certain nombre d'intelligences ; enfin la troisième est cette conception indienne dont il a été également parlé plus haut, la création du monde, identique avec l'immolation d'une grande victime.

Continuons.

Nommer une chose, dans la force de la prérogative qui donne la faculté de nommer, c'est connaître l'essence de cette chose ; et c'est dans ce sens que le nom de Dieu est Dieu même. Le polythéisme, en nommant les attributs de Dieu, crut que ces attributs étaient des dieux.

La prérogative de nommer est donc en quelque sorte, une participation à la création.

Dans la Genèse, l'homme reçoit le pouvoir de nommer les animaux : quels que soient les interprétations et les commentaires, ceci a un sens immense, sur-tout si l'on examine les paroles dont se sert l'écrivain sacré, et qui toutes indiquent, dans celui qui nomme, une connaissance intime de la nature, des facultés, de l'essence de l'être nommé. La mission de nommer, accordée à l'homme, fut donc, à l'origine, au moins, une prise de possession de la création.

Si les animaux, et cette supposition gratuite peut servir à m'expliquer mieux, si les animaux étaient doués de facultés suffisantes pour considérer, quoique sans les comprendre, des choses qui, au reste, sont également hors de notre portée, pour avoir sur-tout des notions même obscures de causes et d'effets, nul doute que ceux dont les facultés seraient encore plus développées ne prissent l'homme pour le maître et l'ordonnateur, peut-être pour le créateur de la terre.

Les Indiens croient qu'un pénitent peut s'élever jusqu'à être une des puissances créatrices et conservatrices, jusqu'à détrôner un Dieu. Une mysticité si audacieuse n'a point pénétré chez nous; mais qui sait ce qu'eût été l'homme sans la déchéance? qui sait ce qu'il est appelé à devenir, puisque la réhabilitation doit tôt ou tard le replacer dans l'état qui lui fut destiné?

Pourrait-on se faire une idée de ce qu'est la volonté humaine? Elle n'a que deux forces au-dessus d'elle : la Providence et le Destin. Le Destin, dans le sens le plus étendu et le plus général, c'est l'irrévocabilité d'un acte de volonté, produit au-dehors. Le Destin est donc tantôt le résultat de la volonté divine, ou de la Providence, et tantôt l'ouvrage de l'homme.

La foi est, si l'on peut parler ainsi, une assimilation de la volonté divine dans une volonté humaine; elle est forte par elle-même; elle est forte aussi, en ce qu'un homme qui a la foi a toujours une armée derrière lui.

Nous parlerons plus loin de quelques individus qui sont, ou qui se rendent les représentants, l'expression vivante d'un système d'idées, d'un principe, d'une opinion, d'une croyance. Cette rare puissance d'assimilation, c'est une pensée générale identifiée dans un individu humain devenue en quelque manière son moi : certainement il y en a de plusieurs sortes.

Prométhée, et ce personnage allégorique doit s'offrir souvent à nous, Prométhée, c'est la volonté humaine luttant à-la-fois contre la Provi-

8.

dence et contre le Destin; s'il n'eût lutté que contre le Destin, il n'aurait point été puni, car c'est précisément là un des actes exigés de l'homme. Prométhée, c'est aussi, comme nous le disions tout-à-l'heure, l'homme se faisant lui-même. Épiméthée représente une cosmogonie antérieure à l'homme; Prométhée représente une cosmogonie postérieure: ce double mythe méritera plus tard toute notre attention.

Nous ne saurions trop l'établir comme un des points de la religion du genre humain: une créature intelligente, par sa nature de créature intelligente, est une puissance libre et indépendante, une puissance dans l'ordre général.

Dieu qui a fait l'homme a su, ainsi que nous le disions encore, qu'il faisait une volonté libre et indépendante. Il en est de même des autres intelligences, qui peut-être sont dans les autres mondes. L'homme fait la terre et son horizon; les autres font les autres mondes et leur horizon. Puis peut-être créent-elles hors du monde où elles sont. Il est en nous des attributs qui nous conduisent à concevoir une telle prérogative, ce qui prouve beaucoup. Le philosophe qui demandait de la matière et du mouvement pour faire un monde, connaissait le pouvoir de l'intelligence. Mesurer la terre et la profondeur des eaux; parvenir à connaître quelques unes des lois de l'univers, c'est une sorte d'association avec le Créateur lui-même : cette divine ressemblance de l'homme, racontée par la Genèse, n'est donc pas une expression vaine et emphatique de l'Orient.

Ainsi deux Destins, l'un produit par Dieu, l'autre par l'homme. La conséquence inévitable de principes une fois adoptés et la force des choses formeront toujours un Destin. Ainsi donc l'homme ferait un destin par sa liberté, et ce destin serait prévu de Dieu ; ainsi encore, Dieu achèverait ses plans, par le libre arbitre de l'homme, dans la sphère où l'homme a reçu le pouvoir d'agir.

Ne nous perdons pas plus long-temps dans de si difficiles méditations ; d'ailleurs nous aurons souvent occasion d'y revenir.

Quand on dit que Dieu, prévoyant que tel être abuserait de sa liberté, aurait dû s'abstenir de créer cet être, c'est comme si l'on disait que Dieu aurait dû s'abstenir de créer des intelligences libres. Ensuite, si l'on vient à élaguer par la pensée les hommes que, dans cette vue, Dieu aurait dû s'abstenir de créer, on sera étonné de voir que tous les hommes peut-être auraient dû être retranchés de la création, car tous les hommes abusent de la liberté, ou en usent mal. Ceux qui nous paraissent le plus parfaits ont des imperfections que nous n'apercevons point; et souvent même des génies sublimes qui ont charmé ou éclairé les hommes sont tombés dans les plus déplorables égarements. Souvent encore le flambeau de la science a brillé dans la main d'un impie; et celui dont la vie privée était un outrage à la vertu et à la morale, plus d'une fois alluma dans les ames le feu céleste de la morale et de la vertu. Oui, nous ne connaissons qu'une partie des plans de la création, et de l'ensemble des destinées humaines, ainsi que de l'ensemble de chaque destinée humaine en particulier. Les abus de la liberté, lorsqu'ils nuisent aux autres, sont des épreuves pour les autres, comme ceux de tous sont des épreuves pour chacun.

L'espèce humaine tend à un but unique, à un principe unique; tous les hommes y concourent comme individus, et tous les peuples comme réunions sympathiques d'individus. Les sentiments individuels et les sentiments collectifs sont nécessaires à l'harmonie universelle. Qui connaîtrait le but et le principe connaîtrait la raison de l'histoire. Ce qu'il y a de manifeste c'est le développement, l'évolution. Le tableau des destinées humaines serait donc le tableau du plan général de la Providence marchant à l'accomplissement de ses desseins sur nous. Ocellus appelait le monde la cité des Dieux.

Ne nous lassons pas de rappeler le dogme un et identique de la déchéance et de la réhabilitation.

Au reste, il suffit d'admettre qu'en sortant de cette vie nous n'entrons pas dans un état définitif. Toute créature doit parvenir à sa fin, et tant qu'une destinée humaine a quelque chose à accomplir, c'est-à-dire un progrès à faire, rien n'est fini pour elle. Or pour elle l'accomplissement, c'est la perfection, comme pour tous les ouvrages du Créateur; car dès le commencement Dieu a trouvé que ses ouvrages étaient bons, parcequ'en effet chacun contient en soi la cause et le moyen de son développement. Seulement c'est à l'homme, en raison de sa liberté, à parvenir à la perfection; car, encore une fois, il faut que l'intelligence mérite. Voilà ce qui rend impossible que tout finisse avec cette vie; voilà ce qui rend impossible aussi que, sitôt après cette vie, il ne se trouve pas un autre état de liberté où l'homme puisse continuer de graviter vers sa perfection relative jusqu'à ce qu'il y soit parvenu. D'un autre côté, il doit venir un temps où chaque destinée n'aura plus à subir l'influence et le froissement des autres destinées. Ce sera le temps de l'indépendance et de l'individualité, chose que nous ne pouvons pas trop concevoir à cause des liens d'affection qui doivent toujours subsister; le sentiment de cette indépendance et de cette individualité est cependant pour plusieurs la pensée secrète et dominante qui nous agite en ce moment, mais elle ne se réalisera jamais dans ce monde. Pour y échapper, réfugions-nous dans la sphère religieuse. En revenant ailleurs sur ce caractère d'affranchissement absolu, qui serait une véritable dissolution sociale, et que je crois plus apparent que réel, nous trouverons sans doute que les lois de la sympathie et de la solidarité ne seront abrogées ni dans ce monde perfectionné ni dans l'autre. Les lois fondamentales sont successives, et susceptibles, comme toutes les autres, d'arriver graduellement à la perfection, à mesure que les êtres auxquels elles s'appliquent arrivent eux-mêmes à la perfection. Ces lois qui ont servi à l'éducation du genre humain, à son avancement, subsisteront toujours. Le christianisme est la grande expression de ces lois, pour tous les mondes où l'homme doit pénétrer.

La plus forte individualité qui ait paru sur cette terre depuis les temps primitifs est incontestablement celle de Bonaparte. Chez lui l'intelligence fut portée à son plus haut développement. Le sentiment moral était resté en arrière, non relativement peut-être aux autres hommes, mais sans aucun doute relativement à lui-même. Serait-ce un des inconvénients d'une intelligence tellement puissante et tellement concentrique ? S'il eût été placé dans un milieu où il eût moins dominé, où il eût été moins centre d'activité, il est vraisemblable que son sentiment moral se fût développé en raison du développement de son intelligence, ce qui eût été une des plus belles harmonies de ce monde. L'existence où il est entré depuis sa mort, et qui a si bien été préparée par sa chute éclatante, par son exil tout semblable au supplice long et douloureux infligé à un redoutable Titan, cette existence nouvelle est peut-être une épreuve destinée à mettre de niveau son intelligence et son sentiment moral, et cette épreuve commença sur le rocher de Sainte-Hélène. Que cela soit ainsi devant le Créateur de tous les êtres !

Soyons-en convaincus, nul homme n'emploie toutes les facultés qui sont en lui; nul homme ne peut les employer toutes ; elles ne sont pas perdues pour cela, puisqu'elles sont. La seule limite du temps est un obstacle pour l'emploi de toutes les facultés d'un homme qui en a beaucoup. La limite de ses organes est un autre obstacle invincible. Les facultés non employées se développent solitairement; elles ne s'anéantissent point, elles survivent aussi bien que la pensée qui n'a pu être réalisée dans le temps. Le temps est étranger à la pensée; il n'en est point une condition nécessaire. Nous arriverons dans la vie suivante, avec nos richesses et nos pauvretés ; nous serons ce que nous nous serons faits ; nous aurons choisi notre nouveau point de départ. Peu à peu les limites qui nous sont opposées, contre lesquelles nous sommes tenus de lutter, s'éloigneront, et finiront par disparaître.

A la mort, toute la vie se résume en un instant indivisible, et dans cet instant tout ce qui a été successif devient instantané.

Si l'état du genre humain antérieur aux temps historiques et aux temps dont nous pouvons approcher par des déductions historiques, si cet état se résume, ainsi que nous l'avons dit plus haut, par un dogme, qui est celui de la déchéance et de la réhabilitation, l'analogie nous dit qu'il en est de même pour l'individu. Toute réminiscence détaillée peut donc être abolie, et le moi subsister toujours. Ainsi la vie future ayant pour point de départ l'idée telle que l'auront faite nos actes et nos pensées de la vie actuelle, il est fort possible que la réminiscence détaillée soit abolie. On comprend que cette hypothèse n'exclut point la survivance des affections.

Raisonnons encore par analogie.

Changez la stature de l'homme ; il faudrait changer les lois par lesquelles l'homme gouverne la nature, par lesquelles il la modifie à son usage, par lesquelles il en dompte les résistances. Qui sait, par exemple, les rapports qu'il y a entre les lois du levier et le pouvoir physique actuel de l'homme?

Nous sentons en toutes choses des limites, et ces limites sont incontestablement dues à de certaines proportions entre les facultés de l'homme et les objets sur lesquels il exerce ses sens. Ces proportions ont une haute raison dans la sagesse suprême dont nous ignorons le but et les moyens.

Voyez la voûte du ciel et l'immensité des mers : tout est restreint par la ligne du rayon visuel; le fini est toujours près de nous. Mais notre intelligence va bien au-delà; elle nous enseigne à faire l'éducation de nos sens, et à en rectifier continuellement le témoignage.

Hercule posant les limites de la terre habitée, c'est l'homme dans la proportion de ses organes avec la planète qui est son domaine, qui est livrée à ses travaux et à ses investigations, et qu'il peut parcourir en entier, durant sa vie mortelle.

L'homme, au sortir de cette vie et de cette planète, sera pourvu de facultés plus étendues, se trouvera placé dans un autre milieu, et verra changer les proportions de ses nouveaux organes avec les objets nouveaux qui se manifesteront à lui, qui seront l'occasion de ses pensées.

Il y a peut-être dans ce monde des esprits qui

ont déjà, si l'on peut parler ainsi, un pied dans le monde futur. Cela ferait comprendre l'ascension progressive des êtres intelligents, d'une sphère dans une sphère plus élevée.

Les hommes, en passant d'une vie à l'autre, conservent leur individualité.

Mais cette individualité, modifiée comme il vient d'être dit.

Les peuples et les races, parmi tous les changements auxquels ils sont soumis, conservent aussi leur individualité; enfin le genre humain lui-même conserve son immense individualité.

Chaque être intelligent est destiné à s'élever graduellement; le terme de cette ascension progressive nous est inconnu. Si nous savions ce qu'est l'essence humaine, nous connaîtrions ce terme; ce qui, au reste, impliquerait contradiction, car nous serions autres, ou plutôt nous serions à présent ce que nous devons être un jour.

Encore ici, je suis obligé de prier le lecteur de vouloir bien se reporter à ce qui vient d'être dit.

L'homme dès cette vie est un être palingénésique; il n'est jamais complet et fixe: fœtus, enfant, jeune homme, homme mûr, et vieillard, il est toujours coulant et divers, comme disent les philosophes. C'est l'homme universel qui est, qui porte en lui la ressemblance du Créateur.

Le monde est une création palingénésique et continue, dans tous les degrés de l'organisation. Nous avons vu que l'homme était une image de cette création palingénésique; mais ajoutons ici qu'il est tenu d'y coopérer par ses propres efforts, par des actes libres de sa volonté.

Il y a des hommes, et en plus grand nombre qu'on ne croit, qui n'ont pas le sentiment de l'immortalité: il est certain qu'on ne peut être immortel qu'avec ce sentiment, c'est-à-dire avec la foi. Les hommes donc qui en sont privés, ceux en qui l'intuition et l'autorité générale du genre humain n'auront pas suffi, ou, pour parler plus exactement, ceux qui, pour fonder en eux une croyance assurée, exigent des conditions au-dessus de nos facultés actuelles, ne peuvent manquer de parvenir un jour au sentiment de l'immortalité, attribut nécessaire de l'être intelligent qui ne doit pas finir. Peut-être ceux-là ne sont-ils dans ce monde que pour éprouver la foi des autres; et plus tard eux-mêmes auront la foi.

La chrysalide, qui fut une chenille rampante, devient l'éclatant papillon qui se joue avec tant de grace dans le vague des airs, qui se repose à peine sur le calice embaumé des fleurs mais cette métamorphose, emblème si prodigué par l'Auteur de la vie universelle, est tout organique; elle s'opère sans que la chenille ait besoin d'y concourir. Il n'en est point ainsi de la chrysalide humaine : il faut qu'elle se donne à elle-même les ailes brillantes sur lesquelles elle doit s'élever de région en région, jusqu'au séjour de l'immutabilité et de la gloire éternelle.

Il me resterait encore beaucoup de choses à expliquer, ou plutôt à faire pressentir, relativement à la direction des affaires humaines, dont nous parlions tout-à-l'heure, et manifestant alternativement ou simultanément la volonté conditionnelle, contingente, secondaire de l'homme, et la volonté inconditionnelle, nécessaire, suprême de Dieu; mais alors je sortirais des bornes de cet écrit; et peut-être aussi serais-je trop aventureux dans un pareil sujet, si toutefois je ne l'ai pas beaucoup été jusqu'à présent, quoique au besoin je pusse appeler en témoignage quelques uns des premiers Pères de l'Église. Je suis donc forcé de m'arrêter.

———

Qu'on me permette cependant quelques mots sur les sibylles, à l'occasion de celle que j'ai placée en Samothrace; et ce peu de mots suffiront pour solliciter de graves méditations sur un sujet si profondément mystérieux.

Les sibylles sont des êtres fort extraordinaires, dont l'existence merveilleuse n'est point contestée.

Dans les colléges de druidesses, chez les nations celtiques, il y avait des prophétesses qui excitaient la confiance et l'enthousiasme des peuples : elles étaient de la même nature que les sibylles.

Notre Jeanne d'Arc, dont l'existence est également merveilleuse et également incontestable, peut nous aider à pénétrer de tels phénomènes, non pour chercher à les expliquer, mais pour les constater.

Un sentiment intime, profond, puissant, s'agite dans un pays : ce sentiment se concentre dans une personne en qui réside une grande force d'assimilation ; il s'identifie avec elle, il devient son moi, comme je l'ai dit. Remarquez que c'est presque toujours dans une femme que cette sorte d'identification est produite : la physiologie pourrait en dire la raison ; c'est par une faculté éminemment passive, semblable à la touche d'un clavier, que la Providence se met en contact avec la nature humaine, lorsqu'elle a résolu d'agir directement sur nos destinées.

La France était envahie par les étrangers. Le sentiment de la délivrance faisait frémir tous les cœurs généreux. Élevé à sa plus haute puissance d'exaltation par une foi vive en la religion du pays, ce sentiment de la délivrance devint l'ame et la vie de la magnanime Jeanne d'Arc. Elle fut à-la-fois une sibylle et un héros. Son interrogatoire, véritable monument de poésie et d'histoire, nous la montre complètement exempte de superstition, et pure comme un ange du ciel. Elle crut en sa mission, et elle eut raison d'y croire.

Elle savait, comme on sait les choses que l'on veut de toutes les forces de son être, comme on sait encore celles qu'une intuition extatique fait connaître, elle savait que le beau royaume de France était un royaume destiné à être indépendant, et à gouverner le monde. Toutes les fois, en effet, que la France manque à cette destinée, c'est, sous certains rapports, une perturbation de l'ordre général. La Providence n'a pas toujours en réserve une Jeanne d'Arc pour venir au secours d'un Charles VII.

A-t-il fallu l'occupation de 1815, par toutes les armées de l'Europe, pour nous faire connaître Jeanne d'Arc? Un peuple sent le besoin de l'unité territoriale, de l'unité de langue, de l'unité de traditions. Ce besoin, lorsqu'il est contrarié avec violence, se réfugie d'esprit en esprit, et finit par trouver un asile dans une organisation de sibylle. L'unité morale qui fait que tel peuple a son moi, son génie, cherche toujours à s'exprimer par l'étendue dans plusieurs, où par l'intensité dans un seul individu.

Le sentiment des destinées humaines produisit

les sibylles des nations grecques et des nations latines, la Voluspa des nations celtiques.

Je comprends ces sortes de faits lorsqu'ils sont des faits providentiels, c'est-à-dire lorsque l'identification a lieu pour une pensée générale, pour un sentiment général. Ainsi, par exemple, je conçois la sibylle de Delphes guidant le conseil des amphictyons; celle de Cumes rendant des oracles pour les destinées générales des nations latines; la druidesse gauloise, puissante dans les conseils et dans les armées.

Il est donc fortement à présumer que, dans l'origine, ces êtres providentiels ne s'expliquaient que sur des faits providentiels, c'est-à-dire sur des faits généraux; que ce fut une dégénération de ces sortes d'oracles, lorsqu'ils s'expliquèrent sur des faits particuliers, sur des destinées individuelles. Dans les destinées individuelles, il est bien entendu que je ne fais point entrer les destinées d'un législateur. Solon, Lycurgue, Numa, étaient des hommes généraux, et non des hommes individuels.

Au reste, en parlant de tels objets, si mes expressions annoncent quelquefois une sorte de certitude reposant sur une connaissance intime, il ne faut pas trop les prendre dans un sens purement littéral; et sur-tout il ne faut pas les séparer de cette pensée dont la représentation est si difficile;

cette pensée féconde et instinctive qui présida, selon ce qui a été dit, à la naissance des premières institutions, qui forma, comme autant de ruches, toutes les cités antiques.

Les oracles ne furent point fondés par la fraude, rien ne se fonde ainsi; ils purent se perpétuer par elle : c'est dans ce point de vue qu'il faudrait lire les différents traités de Plutarque sur les oracles. Sa crédulité nous instruirait beaucoup plus à cet égard que les doutes ou l'incrédulité des diverses sectes académiques, épicuriennes ou stoïciennes.

Dans les temps d'affaiblissement des croyances particulières et transformées, il y a des esprits très élevés qui résistent à l'incrédulité, et qui cherchent un appui dans les croyances générales et primitives. La tendance des stoïciens devant être de résister aux envahissements de l'épicuréisme, il ne serait point impossible de trouver en eux la croyance aux oracles.

Les voix des traditions primitives se font entendre de nouveau dans les époques palingénésiques.

Il y a une telle puissance dans la foi, que ce qu'elle affirme être est. Une assertion aussi peu limitée ne saurait, non plus que les expressions dont je me servais tout-à-l'heure, être entendue dans un sens purement littéral; il ne faut donc pas l'isoler de ce que j'ai dit en plusieurs endroits; elle serait même une haute absurdité, si l'on n'y joignait comme une identification de la pensée humaine avec la pensée divine. L'historien qui vient après les âges de la foi ne doit point négliger d'en raconter les miracles.

L'incrédulité dissout tout en niant tout. On veut choisir dans les témoignages et dans les traditions; et tous les témoignages sont infirmés, toutes les traditions sont ébranlées.

Sitôt que la foi des peuples eut abandonné la pythonisse de Delphes, elle ne put plus que philippiser, selon l'expression de Démosthènes. Une institution qui se perpétue au-delà de sa mission ne peut plus que faire du mal. Le sens prophétique et le sentiment patriotique étaient identiques dans cette femme qu'une loi des choses avait placée à la tête des destinées des nations grecques. La pythonisse, en cessant d'avoir le sens prophétique, devait cesser d'avoir le sentiment patriotique.

La sibylle de Samothrace est une sibylle d'un genre particulier; je crois avoir été, dans cette invention, très fidèle aux lois de l'analogie, lois que j'ai si souvent besoin d'invoquer. Cette sibylle est celle d'un ordre de choses qui finit, et dont le sens prophétique n'est plus en sympathie avec les destinées qui commencent. Elle les sent naître, mais elle ne les comprend pas. J'ai pensé qu'Orphée étant imprégné du sentiment de l'avenir n'avait pas besoin de l'inspiration d'une sibylle des temps nouveaux. A cet âge du monde, sans parler même des prophètes hébreux, des hommes sont souvent représentés comme doués de cette faculté, qui paraît avoir été plus particulièrement attribuée à des femmes. Le personnage d'Eurydice m'était donné; je n'ai pu faire que le rapprocher le plus possible de la nature de la sibylle, sans l'y faire entrer, puisqu'il n'y fut jamais.

Remarquez que Cassandre avait le sentiment de l'avenir; mais comme ce sentiment portait sur des événements de fin, sur des catastrophes de destruction, il ne fut point écouté. Il n'était point cru, parcequ'il s'appliquait à des destinées qui subissaient la mort.

Un Juif, au siége de Jérusalem, joua le rôle de Cassandre.

L'auteur d'une dissertation sur les sibylles, qui aurait de l'indépendance et de l'étendue dans l'esprit, dont l'imagination serait ornée, qui aurait fait les études philologiques nécessaires, et sur-tout qui aurait un grand éloignement pour tout système de pyrrhonisme ou d'incrédulité, un tel auteur aurait à examiner l'analogie profonde et intime de la femme avec cette faculté passive, psychologiquement et physiologiquement sympathique et assimilatrice, qui consiste à s'imprégner soit d'un sentiment général, soit d'une pensée universelle, soit des prévisions de destinées générales ou universelles; mais cette question, de l'ordre le plus mystérieux, ne serait pas la seule qui se présenterait, et même ne serait pas la plus importante. Il aurait à étudier l'histoire, sous ce rapport, et à nous dire si, en considérant la longue vie attribuée aux diverses sibylles, il ne serait pas permis de présumer que le nom de chacune fut celui d'un cycle de civilisation. Il aurait à chercher l'identité de la muse, de la sirène et de la sibylle, selon la base mythologique, héroïque ou historique des récits primitifs. Mais la première de toutes les questions tiendrait à ce qu'il y a de plus obscur dans les voies de la Providence, c'est-à-dire à l'examen de son action quelquefois immédiate sur les destinées humaines, sans toutefois attenter à la liberté de l'être intelligent. Il s'agirait de savoir ce que fut la mission, et j'oserai dire, le ministère du peuple hébreu, relativement aux autres peuples; car il y a des peuples prophètes, des nations symboliques; il s'agirait de savoir quelle fut la raison de l'anathème si rigoureux porté contre les nations chananéennes, et dont ce peuple fut le terrible exécuteur. La mission et le ministère du peuple romain seraient également à apprécier.

Ceci nous ramènerait aux deux centres de direction, dont j'ai déjà dit quelques mots en parlant de l'Égypte.

Il serait téméraire d'entrer dans de si difficiles discussions ; contentons-nous d'affirmer

Que le genre humain, sans acception de temps et de peuple, respire et ne peut respirer que dans une atmosphère de révélation générale ;

Que, dans les temps où cette révélation générale devient insuffisante, il survient des révélations spéciales, selon le besoin ; que d'autres organes se manifestent ;

Que la Providence a des moyens particuliers, des instruments en réserve ; que quelquefois elle s'explique elle-même directement. C'est alors que la pensée divine consent à *informer* la nature humaine, pour la régénérer sans attenter à sa liberté. Le regard ne peut supporter de si éblouissantes merveilles, la parole ne saurait les dire. Arrivé là, il faut se taire, ou s'enfuir sur des ailes de feu.

Nous voici bien loin des sibylles et de toutes les missions, chez les peuples autres que le peuple hébreu. Finissons sur Orphée.

———

Je ne craindrai pas de le répéter une dernière fois, afin qu'on n'attende pas plus que je n'ai le dessein de promettre; je n'ai point la prétention d'avoir traité le sujet d'Orphée, considéré comme poëte mythographe, ou comme théocrate, ou enfin comme législateur, si toutefois on peut lui donner ce nom.

Je n'ai jamais conçu un si vaste et si noble projet; et même, pour éviter l'embarras que j'ai signalé plus haut, relativement à ce personnage, tant à cause des faits qu'à cause de l'époque, j'avais d'abord inventé une fable, abstraction faite du nom. J'ai ensuite senti que je n'avais pas le pouvoir d'imposer un nom à une tradition, de consacrer un type; et Salluste le philosophe, que j'ai lu depuis, m'a appris que les fables sont divines. J'ai donc demandé à l'antiquité un nom, et je lui ai emprunté une fable pour exprimer ma pensée. C'est ainsi que faisaient les poëtes, dans les temps où les poëtes n'exécutaient pas un ouvrage, mais obéissaient à une inspiration, dans les temps où les poëtes gnomiques, par exemple, n'auraient pu concevoir la pensée de donner des préceptes littéraires, comme ceux d'Horace ou de Boileau, pour ce qu'on appelle la perfection de l'art. L'art, en effet, n'existait pas encore.

J'ai exprimé, par mes personnages, des pensées revêtues quelquefois d'une expression qu'il a fallu inventer; mais ils ont dû avoir ces pensées, ou des pensées analogues, au moins d'une manière confuse. D'ailleurs, pour les écrits d'une haute antiquité, on a souvent senti le besoin d'insérer un commentaire qui court dans le texte, et se confond avec lui; c'est ce qui a été fait pour la Bible. D'ailleurs encore, il ne faut pas craindre de le dire, mes personnages et ma fable sont prophétes, plus ou moins.

Je ne suis point entré dans les détails du culte, car il eût fallu être païen.

Mais si cette composition, comme je l'ai déja dit, n'est pas fondée sur des données scientifiques, quoiqu'elle soit très loin d'y être étrangère, ainsi que je l'ai aussi fait entendre, elle porte sur d'autres données beaucoup moins trompeuses, et sur-tout bien plus appropriées à notre temps, temps palingénésique où le sentiment intuitif des choses primitives cherche à se réveiller: si donc elle n'est pas l'exposition même imparfaite de traditions locales transformées, et par conséquent restreintes dans de certaines limites, elle est, selon qu'il a été également dit plus haut, une puissante expression des traditions antiques les plus générales.

J'aurais besoin d'établir ici plusieurs points importants, pour justifier d'avance mes vues sur l'origine et les progrès du monde civil; je préfère toutefois m'en abstenir, parceque je courrais le risque quant à présent de ne pouvoir être encore suffisamment compris. La Formule générale et les notes rassemblées sous forme de Preuves, plus tard rempliront cet objet; j'y pourrai plus facilement, et avec plus de confiance, divulguer des idées, signaler des analogies pour lesquelles alors on sera préparé.

Arrivé là, après tant d'excursions aventureuses, il me sera permis peut-être de montrer tous les faits providentiels généraux partagés en faits cosmogoniques, faits héroïques, faits humains, et formant, par leur succession régulière, une chronologie universelle; de prouver, par d'irrécusables déductions, par d'éclatants témoignages, que l'histoire du genre humain tout entier, comme l'histoire d'un peuple, contient les mêmes genres de faits, toujours ramenés dans le même ordre.

J'indiquerai trois âges de Titans, trois âges de Cyclopes, trois âges d'Hommes; et ces différents âges, tous correspondants les uns aux autres, tous analogues entre eux.

J'expliquerai, par des faits historiques, ceux qui sont au-delà de l'histoire, ceux qui furent présentés sous une forme théogonique, tels que les règnes successifs d'Uranus, de Saturne, de Jupiter, dont il a été déja parlé.

Je parviendrai enfin à faire comprendre le plébéianisme, qui est l'humanité évolutive, l'humanité se faisant elle-même, sous la forme et la condition de l'expiation : on saura qu'ainsi le plébéianisme est la véritable tige de l'humanité ; et cette dernière conséquence de tout ce que je dois présenter ne peut être qu'un résultat graduellement préparé. Une loi de la Providence divine à l'égard des sociétés humaines sera donc manifestée.

Je dirai aussi, toujours par la force des déductions, ce qu'est, dans une telle hypothèse, le règne de Bacchus, qui devait succéder à celui de Jupiter, règne toujours vainement annoncé, de siècle en siècle, parmi les nations de la gentilité : l'églogue de Virgile où Silène représente un personnage cosmogonique n'est pas le seul témoignage de cette antique tradition. Bacchus devant détrôner un jour Jupiter sera pour nous le plébéianisme devant détrôner un patriciat qui ne renaîtra plus. C'est donc la pleine émancipation de l'homme, toujours attendue, et jamais arrivée, parceque cette promesse, si long-temps égarée dans le monde, n'avait été conservée dans sa pureté de dogme que chez un peuple, et ce peuple, prophète par toutes ses annales, était le dépositaire ignoré des destinées futures du genre humain.

Je ferai sortir nettement de toutes ces choses le type d'Ulysse, création admirable, si peu appréciée jusqu'à présent, expression vivante d'un sentiment général, qui ne put jamais être inventée par un grand poëte, quelque doué qu'il eût été de la force de sympathie et d'assimilation. Ulysse, c'est l'homme même, c'est-à-dire l'antique plébéien, marchant vers des initiations successives. Les *erreurs* d'Ulysse, pour me servir du mot mythique, ce sont les épreuves par lesquelles le plébéien primitif s'élève à l'héroïsme primitif, en d'autres termes, à l'humanité d'une époque primitive; car, dans la langue sociale d'une telle époque, homme, héros, patricien, sont des noms exclusifs, donnés à ceux qui sont déja pourvus des facultés et des prérogatives humaines, pour les distinguer de ceux qui ne les ont pas encore, ou qui les ont en germe non développé, et ne les ont pas en droit. C'était donc avec raison qu'Ulysse avouait sa nullité en présence du Cyclope; et l'on sait ce que furent les Cyclopes, pour Platon, les premiers patriciens du monde civil. Ainsi la fable de l'Odyssée n'est qu'un vaste tableau de l'initiation humaine: voilà pourquoi cette antique épopée, qui tient son unité de l'unité même d'une tradition, est, d'après les idées que je viens d'exprimer, un livre analogue à celui des Politiques d'Aristote, l'un dans la sphère poétique et symbolique, l'autre dans la sphère philosophique et positive.

Ainsi, pour me faire mieux comprendre, il est bon que je fasse passer mon lecteur par l'histoire romaine, pour le faire aller du connu à l'inconnu, et afin de pouvoir adopter en même temps la forme de l'analyse et celle de la synthèse.

Je ne veux qu'ajouter un mot, et ce mot est une pensée qui doit se reproduire sans cesse : exprimée ou non, elle doit être présente par-tout, se reproduire en quelque sorte dans toutes les phrases de la Palingénésie; c'est que le christianisme non seulement est le but auquel doit tendre l'humanité, mais encore que ses mystères, contenus déjà dans toutes les traditions du monde primitif, n'ont jamais cessé d'être l'arome incorruptible dont furent toujours, intimement et dans leur essence propre, imprégnées les traditions secondaires et même les religions successives. C'est ce qui me faisait dire plus haut qu'il fallait être fort réservé dans les accusations d'immoralité ou d'absurdité dont nous sommes portés à flétrir certains cultes anciens.

Le christianisme était donc attendu. Qu'on ne s'offense point si je dis ici dès à présent ce qui sera établi par la suite, à savoir que le plébéianisme, expliqué dans son sens le plus général, étant la tige même de l'humanité, le christianisme est la religion éminemment plébéienne, la vraie religion de l'humanité. Ce n'est pas ce qu'en avait fait le moyen âge vers lequel il serait impossible de nous faire rétrograder. Ainsi donc, par le christianisme, plus de double religion, l'une pour le peuple, et l'autre pour les sages; c'est là le dernier degré de l'émancipation du genre humain. L'institution même des Mystères que toute l'antiquité considéra comme l'élément fondamental de la civilisation, ne fut-elle pas aussi un moyen employé par les anciens patriciats pour retenir la science, ou la connaissance exclusive de la tradition, à mesure que se développaient dans le plébéianisme l'intelligence, le sentiment moral, toutes les facultés humaines? Cette conjecture, au reste, sera trop prouvée par cette histoire romaine vers laquelle nous serons si souvent obligés de tourner nos regards, et où nous verrons, en effet, les patriciens faire de continuels efforts pour conserver dans leur sein le dépôt de ce que Varron appelle la théologie civile.

Enfin j'aurai à établir, dans cet ensemble de doctrines, que les premières législations écrites ont souvent conservé les formes symboliques des législations traditionnelles; ce qui offre la possibilité de pénétrer plus avant; et à cet égard nous aurons à tirer de la loi des XII Tables, si fortement empreinte encore d'un droit que l'on pourrait nommer cyclopéen, des inductions qui nous serviront, je l'espère, à mieux entendre l'antiquité : là nous trouverons des formules susceptibles d'être expliquées seulement par le symbole, en remontant à la signification originelle de mots qui furent témoins d'un ordre de choses antérieur.

Au reste, si j'ai fixé chronologiquement la fable de l'Orphée, c'est uniquement à cause du mythe romain, et non à cause du mythe grec, qui devait m'intéresser peu, ne voulant et ne devant admettre que les données les plus générales.

———

Je renvoie à l'addition qui ouvrira le volume suivant, et aux Preuves qui termineront la présente publication, ce que je croirai utile d'ajouter sur le personnage même : il suffit bien de savoir que pour nous Orphée est un nom donné à une tradition ; c'est, comme il a été dit, la raison de ce qui a précédé. Il ne faut donc pas s'étonner de toutes les incertitudes qui existent à son égard. C'est ce qui arrive toujours lorsque la tradition veut devenir de l'histoire.

Je pourrais m'arrêter ici, puisque j'ai encore à demander un nouvel entretien à mes lecteurs avant de leur présenter l'Orphée ; mais on me permettra quelques mots pour expliquer pourquoi chacun des neuf livres dont il se compose est dédié à une muse. Ce n'est point, comme on pourrait le croire, une imitation de ce qui a été fait pour Hérodote: l'enthousiasme renouvela cet usage antérieur à lui; et il le mérita par l'harmonie de son style, et non par la nature du sujet qu'il avait traité. Le mien, au contraire, appartient essentiellement aux Muses; et la forme ou l'exécution n'ont rien à réclamer dans cette distinction qui fut accordée au père de l'histoire par les peuples de la Grèce. Diodore de Sicile explique les noms des Muses d'une manière qui m'autoriserait assez; cette explication est un peu longue, et sur-tout elle est trop peu simple, pour que je la place ici. On y sent au reste l'intention de ramener tous les attributs des Muses à l'unité. Pour compléter chaque définition de Diodore, il suffirait d'y ajouter l'idée de sciences particulières formant une science générale. D'ailleurs les étymologies naturelles de chaque nom ne sont point difficiles à trouver.

———

La plupart des choses que j'ai dites dans ce paragraphe peuvent convenir, ainsi qu'on le verra sans peine, à la *Ville des Expiations*, car toutes les parties de la Palingénésie sociale sont analogues et identiques. Je vais en quelque sorte ne faire que continuer mon discours, quoique l'application directe, par la suite, en soit différente.

L'écrit auquel se rapporte le paragraphe suivant, étant, pour ainsi dire, en dehors de mon épopée cyclique, ce paragraphe serait, pour ainsi dire, épisodique dans les prolégomènes, si l'écrit lui-même n'appartenait pas au système d'idées que j'ai à développer, s'il n'en était pas une confirmation. Il est donc nécessaire que nous nous arrêtions quelques instants sur la *Formule générale de l'histoire de tous les peuples, appliquée à l'histoire du peuple romain.*

DEUXIÈME PARTIE.

SUITE

DE LA DEUXIÈME PARTIE.

§ II.

Prolégomènes de la Formule générale.

Si, pour l'Orphée, j'ai pu m'élever en quelque manière au-dessus des données scientifiques, et prendre ensuite, sans la discuter, la fable virgilienne, je dois au contraire, dans mes considérations sur l'histoire romaine, chercher l'appui d'une base scientifique, incontestable, et rectifier ainsi, par l'histoire devenue positive, la fable historique de Virgile, que j'avais dû adopter comme convenue. Tite-Live et Denys d'Halicarnasse, à leur tour, seront également rectifiés, lorsque je les surprendrai méconnaissant les temps, et voulant faire de l'histoire avec de la mythologie, parcequ'ils ignoraient que la mythologie est l'histoire même, mais l'histoire d'une époque primitive. J'aurai donc à montrer sans cesse comment s'opère, dans les réalités intellectuelles, la transformation du fait mythique en fait historique, et du fait historique en fait mythique; car tout est fortement tissu dans la trame des destinées générales du genre humain; et voilà ce qui explique pourquoi le premier germe de l'histoire romaine s'est trouvé tout naturellement dans la poésie d'Orphée.

J'ai fait connaître ce que je pense sur le génie de Virgile, sur le genre d'inspiration qui lui fut départi; j'aurais beaucoup de choses à ajouter, qui se trouveront ailleurs. Qu'il me suffise quant à présent de répéter que ce grand poëte fut l'historien de la cité, comme Tite-Live fut l'historien de la ville; seulement ils sont venus l'un et l'autre bien tard recueillir pour la première fois des traditions. Aussi Virgile ne parle-t-il que d'un léger souffle de renommée; et c'est en son nom qu'il chante.

Le résumé d'histoire romaine qui me sert de formule générale se compose d'une série de faits à peine aperçus dans les histoires écrites par les auteurs latins eux-mêmes, et par les auteurs grecs qui ont consacré leur vie à cette étude, parceque trop livrés au soin de débrouiller d'anciennes traditions ou d'obscures annales pour y chercher des événements quelquefois épars et sans liaison, plus ou moins exactement consignés, en composer une suite, un ensemble, et leur donner de la vraisemblance, ils se sont peu occupés de la raison profonde, intime, mystérieuse, qui a dirigé les événements eux-mêmes, qui les a développés, qui les a fait naître les uns des autres; et pourtant ces événements ont toujours marché avec un ordre invariable, avec une régularité constante, comme dirigés par une intelligence unique, cette haute intelligence qui accomplit un plan, qui réalise un dessein, qui dès le commencement d'une chose en sait parfaitement la fin. Dans les données de la Providence, il n'y a point d'effet sans cause; les affaires humaines sont contingentes, mais elles ne sont ni fatales ni fortuites.

Ainsi que nous l'avons remarqué, une loi gouverne le monde des intelligences; et cette loi existe dès le commencement des choses, comme celle qui gouverne le monde physique.

Nos publicistes français, de même que les écrivains nombreux qui ont embrassé l'histoire romaine tout entière, ou qui en ont traité les différentes parties séparées, non plus que les antiquaires, n'ont aperçu, ni les uns ni les autres, la série des faits, tous dépendants d'un fait primitif, et que je me propose de signaler; il était tout simple qu'ils fussent égarés par l'inadvertance des historiens anciens, par leurs passions, par leurs préjugés, par des sentiments de nationalité ou d'esprit de parti, par la confusion des idées. Mais cette série de faits, dont j'avais eu la conviction bien avant d'en avoir eu la certitude, avait été fortement pressentie par plusieurs jurisconsultes napolitains du siècle dernier : leurs ouvrages que j'ai connus depuis, ont pleinement confirmé toutes mes conjectures ; j'y étais parvenu par la force des analogies, par la liaison et l'ensemble de mon système sur les origines sociales, et il m'a été permis d'aller ensuite beaucoup plus loin. Je me bornerai à citer Vico, parcequ'il est le premier, parceque son nom, qui vient à peine de ressusciter en Italie, est déja répandu en Allemagne, et commence à se répandre chez nous ; Vico, l'un des esprits les plus pénétrants qui aient jamais existé, l'honneur, dans nos temps modernes, de cette école italique, dont l'origine se confond avec l'origine de la poésie, et dont les traditions peut-être n'ont jamais été complétement abolies dans les lieux qui la virent naître. Si je devais exposer la doctrine de Vico, ainsi que j'en avais eu le projet avant d'avoir su que plusieurs personnes s'occupaient de cet utile travail, si je devais, dis-je, exposer la doctrine de Vico, comme ses excursions dans le passé souvent sont assez aventureuses, j'aurais besoin d'expliquer sa philosophie, et quelquefois même de la réfuter. Je ne suis point étonné, en effet, que Boulanger ait pu être regardé à Naples comme un plagiaire des idées fondamentales qui y sont contenues. Toutefois il y a cette différence infinie entre l'*Antiquité dévoilée* et la *Science nouvelle*, que le premier de ces livres présente le tableau des destinées humaines sous l'aspect le plus triste et le plus douloureux, au lieu que l'autre est plein de cette pensée consolante qui rend compte de tout, celle d'une Providence toujours vigilante, toujours protectrice, s'expliquant par la loi inviolable du développement et du progrès.

J'ai déja eu occasion de parler de Boulanger, qui, à mon avis, a été jugé trop rigoureusement sous le rapport religieux. Pour Vico, non seulement il est irréprochable, mais même il est resté dans les limites de la plus sévère orthodoxie; ce qui n'a pas empêché cependant qu'il n'ait été vivement attaqué en dernier lieu dans sa propre patrie. Il a voulu à-la-fois réfuter Hobbes et Grotius, contrebalancer l'ascendant de ces deux grands hommes sur son temps, et appliquer à l'étude de l'antiquité l'instrument que Bacon avait inventé pour remuer toutes les sciences. Cet instrument est devenu dans ses mains une sorte de sonde géologique qu'il a enfoncée puissamment dans les entrailles de l'histoire ; sans doute elle amène quelquefois sur la surface du sol des matériaux hasardés ; mais elle peut servir à tirer de précieux débris de l'ancien monde civil. Je viens de donner à entendre que j'aurais souvent à contredire la philosophie de Vico. D'abord je ne pars point comme lui d'un abrutissement général de la race humaine dans la dispersion qui a suivi le déluge ; ensuite, par la même raison, je n'admets point les efforts tout-à-fait spontanés et isolés les uns des autres, produisant par-tout les diverses civilisations de la gentilité. Je crois que jamais et nulle part le genre humain n'a été, d'une manière si absolue, privé de toute connaissance ou de tout sentiment des traditions primitives. Au reste, dans mes Preuves, je m'expliquerai plus en détail sur cet objet important. J'aurai sans doute alors à faire comparaître à-la-fois, devant le génie de l'humanité, Vico, Herder, le comte de Maistre, et l'abbé de La Mennais.

On le sait déja, pour moi le lieu de toute origine, soit qu'il s'agisse du genre humain, soit qu'il s'agisse d'un peuple, est toujours le dogme un et identique de la déchéance et de la réhabilitation.

Quoi qu'il en soit, il faut regretter amèrement que les jurisconsultes et les publicistes dont je parlais tout-à-l'heure aient été ou négligés ou ignorés dans le siècle dernier ; ils auraient fait une heureuse révolution qui aurait pu prévenir le terrible orage de 89. Les véritables bases du pacte social auraient été respectées, et nous n'aurions pas à déplorer de si funestes catastrophes. Rousseau n'aurait pas produit ses brillantes absurdités sur l'état primitif de l'homme, et aurait employé ce qu'il y a de si éminemment religieux dans son admirable talent à fonder une philosophie politique conforme à ses propres inspirations. Montesquieu passe à Naples pour avoir vu et connu Vico, pour avoir profité de ses entretiens. C'est à mon avis une erreur bien facile à démontrer. On ne trouve ni dans l'Esprit des Lois, ni dans les Considérations sur les Romains, aucune trace des idées du philosophe napolitain, de ces idées qui, prises à leur source la plus profonde, sont antipathiques à toutes celles du dix-huitième siècle. Et qu'il me soit permis de dire que ce fut un malheur pour Montesquieu aussi bien que pour nous. Si j'ose parler ainsi, ce n'est point pour atténuer les services que ce noble publiciste a rendus à l'impérissable cause du genre humain, dont il n'a pas retrouvé, comme on l'a dit, les titres, mais du moins à qui il a appris que ces titres existaient : celui-là évidemment a été emprisonné dans son temps; c'était un aigle fait pour planer sur les hauteurs de ce monde. Voltaire enfin, en qui je me plais à reconnaître un amour ardent des hommes, Voltaire, si quelque lumière de ce genre lui fût parvenue, ne se serait pas cru obligé, pour établir le règne de l'humanité, d'ébranler toutes les croyances religieuses de tous les lieux et de tous les temps. Il aurait su que l'homme n'a de développements possibles que dans la société, et par la société, et que la société est une œuvre religieuse.

Puisse l'esprit de recherche et d'investigation pénétrer de nouveau l'Italie! on y trouvera des merveilles inconnues. Les monuments de la nature et les monuments de ce peuple, qui eut de si grandes destinées, offrent une mine également inépuisable à exploiter; car, ainsi que nous l'avons remarqué, la science doit refaire la doctrine; la géologie et l'archéologie doivent se prêter un mutuel appui. Que des hommes tels que les Vico, les deux Schlegel, les Cuvier, marchent à la découverte sur cette terre antique qui a été si profondément labourée par la charrue des volcans, et par celle des révolutions. Il y a là des monuments cyclopéens de plus d'un genre. Il est certain que les érudits allemands si patients, si laborieux, si infatigables, manquent des ressources qui abondent en Italie. D'ailleurs les Italiens ne sont point, comme on pourrait le croire, déshérités des hautes facultés qui les distinguèrent à toutes les époques. Une sève abondante, féconde et généreuse circule encore dans les veines de ce géant qui ne dort point, quoi qu'on en dise, sous le poids des montagnes dont on l'accable depuis plusieurs siècles. Qu'il y ait quelque part, dans cette contrée historique et poétique, à Rome, par exemple, ou plutôt à Naples, un centre d'érudition analogue à celui de Calcutta, et nous verrons tout un monde sortir de ses ruines; ce sera comme une vraie apparition de l'antiquité.

―――――

Revenons à l'histoire romaine.

Le principe quelconque qui fonda Rome était trop violent pour ne pas devenir de suite excentrique. Montesquieu remarque très bien que la puissance romaine était insuffisante, et son territoire trop borné relativement à la force de ses institutions primitives. Une réflexion si juste, qu'il fait au sujet du règne de Numa, aurait dû le conduire à chercher hors de Rome, et antérieurement à Romulus, le principe des institutions romaines; et sur-tout il aurait dû dessiner le tableau de la lutte antique du plébéianisme et du patriciat, qui nulle part ne s'est montrée avec plus d'énergie et de persévérance, lutte si souvent pénible, qui est celle même de l'humanité marchant vers son émancipation, et qui, ainsi que nous l'avons vu au sujet d'Ulysse, le plébéien primitif, est la grande loi de l'initiation universelle. Ce qu'il n'a pas fait, je tâcherai de le faire, et de prouver ainsi cette loi générale de la Providence sur les sociétés humaines.

Polybe dit, au sujet de la république romaine : « Il n'y en a point qui se soit plus établie et plus « augmentée selon les lois de la nature, et qui « doive plus, selon les mêmes lois, prendre une « autre forme. »

L'extrême bon sens de Polybe lui avait fait apercevoir cet ordre et cette régularité que nous signalions tout-à-l'heure dans la suite des événemens, et lui faisait pressentir qu'un tel ordre, une telle régularité, devaient être le résultat des lois invariables de la nature. Mais il n'était point parvenu à cette loi unique de l'initiation par la Providence, loi dans laquelle se trouve l'accord de la prescience divine et de la liberté de l'homme, dont nous chercherons par-tout l'ineffaçable empreinte, et que le christianisme pouvait seul révéler.

En faisant le résumé des séditions romaines, voici la marche et le caractère que Florus leur assigne. Les plébéiens voulaient conquérir *nunc libertatem, nunc pudicitiam, tum natalium dignitatem, honorum decora et insignia*. *Libertatem* ne peut s'entendre ici que d'une liberté personnelle, une faculté limitée, il est vrai, mais enfin une faculté quelconque de disposer de soi; ou plutôt, pour aller de suite au fond des choses, c'est le sentiment de son individualité, la conscience : toute prétention à la liberté civile et politique ne pouvait se manifester qu'après l'établissement certain du mariage légal, si bien exprimé par le mot *pudicitiam*. L'acquisition de la dignité achève de compléter l'homme.

Voici ensuite comment le même Florus explique le cens fondé par Servius Tullius : *Actus à Servio census quid effecit, nisi ut ipsa se nosset Respublica?*

Toute l'histoire civile de Rome est en quelque sorte contenue dans ces deux passages.

Il est à remarquer que l'expression employée par Florus, pour caractériser le cens établi par Servius Tullius, est la même que celle dont se servit l'Oracle de Delphes dans cette maxime célèbre : *Nosce te ipsum*.

L'antique énigme du Sphinx est sous ce rapport le mythe primitif des races royales.

La connaissance de soi-même est une condition imposée à l'homme individuel, à l'homme marqué pour représenter un état de la société, enfin à la société qui a aussi sa vie propre, qui a enfin ses destinées à accomplir.

Nous avons vu plus haut la limite de cette connaissance de soi-même.

Je ne chercherai point à concilier les écrivains entre eux, lorsqu'ils ne sont pas d'accord; cela est peu important pour l'objet que je me propose. D'ailleurs, on le sait, les histoires ont toutes été écrites dans un temps où il a été facile de se méprendre, dans un temps où un cours de choses tout-à-fait différent détournait la pensée de ce qui fut dans l'origine, dans un temps enfin où les mots qui désignent les choses avaient graduellement, par des modifications successives et insensibles, changé d'acception. Et sur-tout les historiens, toujours soigneux de leur gloire littéraire, fort occupés de faire briller leurs talents oratoires, ont beaucoup songé à se faire admirer de leurs contemporains.

Les harangues dont ceux d'un âge littéraire ancien ont orné l'histoire se sentent plus ou moins des habitudes du Forum; elles sont faites pour donner plus de mouvement à la composition, et elles sont un moyen de faire connaître les motifs qui ont dû diriger les hommes; mais il faut les étudier avec sévérité pour y distinguer ce qui caractérise réellement les temps et les circonstances où elles sont censées avoir été prononcées d'avec les imaginations ou les présomptions, ou même les préoccupations de l'habile écrivain.

DEUXIÈME PARTIE.

Toutes les fois que les historiens s'emparent de paroles consacrées par les traditions, ou consignées dans des actes publics, ils sont vrais, et cela est facile à connaître. J'oserais affirmer que Tite-Live sur-tout a quelquefois employé des formules dont il ne connaissait pas toute la portée, et je ne serais pas embarrassé de le prouver. Souvent c'est dans une circonstance inopinée d'un temps postérieur que se trouve la manifestation ou l'explication d'un fait antérieur, antérieurement dénaturé dans le récit, quelquefois même d'un fait primitif dont l'effet se prolonge, d'un usage qui s'est conservé dans sa forme extérieure, et dont le sens intime a péri.

Les premières histoires, depuis Hérodote, ont été faites pour amuser plutôt que pour instruire. En un mot, elles ont été conçues comme compositions littéraires, et non comme compositions philosophiques. Denys d'Halicarnasse le dit positivement, et Quintilien en fait un précepte formel. L'épopée ancienne n'était plus alors considérée que comme un tissu de fables inventées; la langue des mythes, discréditée et méconnue, n'était plus l'expression forte de cette poésie primitive où résidait la vérité des traditions. On était donc tenu d'arranger les faits pour leur donner ce qu'on croyait de la vraisemblance : on abaissait la poésie, au lieu d'élever l'histoire au niveau même de la poésie. Les histoires anciennes sont donc à refaire *à priori*. La tâche consiste à démêler le fait général, et à le séparer du fait particulier, c'est-à-dire de sa personnification. L'histoire moderne doit se refaire aussi, mais sur un patron différent. Ce travail vers lequel j'eusse voulu diriger les esprits, il y a quelques années, s'accomplit par-tout en ce moment. La nouvelle ère historique, que j'avais prévue, est commencée. Sismonde-Sismondi, Micali, Niebhur, Hallam, déja ont ouvert la voie. Walter-Scott a montré ce que pourrait être l'union du génie épique avec le génie historique. Parmi nous, plusieurs écrivains d'une grande distinction se sont enfoncés ou dans les ténèbres du moyen âge, ou même ont tenté de faire entrer l'histoire contemporaine dans ce mouvement général. L'étude de la jurisprudence, éclairée par quelques découvertes récentes, vient de s'élancer dans la même carrière. Gibbon, au reste, avait déja compris que la connaissance d'une législation est un des flambeaux d'une histoire; et Montesquieu surtout avait montré ce que peut le génie historique appliqué aux investigations des lois. Je ne veux pas me contenter d'applaudir à de tels efforts, et j'essaierai de prouver qu'il est possible de surprendre l'histoire à sa source. C'est là que réside encore toute une poésie, toute une philosophie; c'est là qu'habite encore la Muse aux grandes et éternelles inspirations.

Je parlais des monuments de la jurisprudence primitive; n'oublions pas le génie de la langue: le génie d'une langue, ai-je dit, est identique avec le génie du peuple qui la parle. Il est des expressions qu'il faut analyser, qu'il faut éclairer dans leurs significations respectives, puisqu'elles portent l'empreinte ineffaçable des mœurs et des institutions. Souvent un mot est un témoin qu'il faut interroger scrupuleusement, parcequ'il a assisté à plusieurs révolutions, et qu'il en sait le secret: ce témoin est d'autant plus précieux qu'il est naïf comme un enfant, impartial comme un vénérable juge, impassible comme une loi que les hommes n'ont pas faite. Je l'ai souvent dit, les annales des peuples sont dans leurs langues, comme les archives du genre humain sont dans les monuments des langues qui ont successivement régné. Une philologie fondée sur de bons éléments, jetterait donc une vive lumière sur toute l'histoire. Les formules qui survivent à des lois abrogées ou tombées en désuétude contiennent un grand nombre de ces mots que j'ai appelés mots-témoins.

Les poëtes de tous les âges successifs sont à-la-fois

des reflets de leur temps et des interprètes des temps antérieurs. Les poëtes comiques, conservent des expressions proverbiales qui, avant d'être dans la langue populaire d'une époque, appartinrent à la langue héroïque précédente, ou peut-être même encore à une langue religieuse, reculée dans le troisième âge antérieur. Les géologues reconstruisent l'ancien monde terrestre: nous sommes de même obligés de reconstruire l'ancien monde civil avec des débris. Je ne saurais donc éviter de faire à présent ce que j'avais pu refuser de faire pour l'Orphée : il est devenu indispensable d'étudier les monuments pour signaler, dans l'histoire romaine, les faits primitifs, analogues aux faits primitifs de toutes les autres histoires.

Ici il faut bien noter un aveu de Tite-Live. Cet historien ne craint pas de dire qu'il ne raconte avec quelque certitude que les évènements qui ont suivi la seconde guerre punique : auparavant tout est indécis et sujet à discussion. Thucydide ne fait remonter la certitude historique qu'à l'âge qui a précédé la guerre du Péloponèse. L'aveu de Tite-Live, je n'hésite pas à en faire l'aveu de tous les autres historiens de Rome. Je n'entends point par-là introduire le pyrrhonisme dans l'histoire; j'espère au contraire en faire jaillir la véritable certitude, la certitude qui doit reposer sur les faits généraux au lieu d'emprunter l'appui vacillant des faits particuliers, toujours susceptibles, plus ou moins, d'être discutés. Je dépouillerai donc le fait général de la forme qu'il a reçue, et je chercherai à le faire se manifester lui-même dans toute sa netteté philosophique.

Varron, le plus savant des Romains, est le créateur de la science philologique; et la perte de ses ouvrages est une perte irréparable. Il avait voulu écrire l'histoire du peuple romain comme on fait l'histoire d'un homme. J'ose dire qu'à présent une telle histoire est plus facile qu'au temps même de Varron. Elle est plus facile sur-tout pour nous qui avons assisté à toute la révolution française, parceque cette révolution, si fertile en enseignements de tous genres, est un cours complet en action. C'est l'histoire de plusieurs siècles, c'est l'histoire de tout un empire, c'est même l'histoire du genre humain jusqu'à nos jours, avec ses phases les plus diverses; et cette histoire est resserrée dans l'espace de quelques années. On en sera bien convaincu.

Il est une autre perte que nous devons déplorer. Claude, qui fut un si méchant empereur, et, à ce qu'il paraît, un écrivain de mérite, avait composé une histoire de la vieille Étrurie. Pour faire sentir l'importance des traditions étrusques, relativement à la chose romaine, il suffit de se rappeler quelles furent leur puissance et leur durée. Les jeunes sénateurs, on le sait, allèrent constamment les étudier dans les colléges de cette confédération mystérieuse ; et, pour vaincre Alaric, on envoya encore de Rome chercher les devins de l'Étrurie. Sans doute l'Étrurie religieuse fut à la péninsule italique ce que fut l'Égypte pour le monde de la gentilité.

Explique-t-on comment, dans des temps très postérieurs, on peut mieux fonder la certitude que dans les temps plus rapprochés ? c'est qu'on a plus de notions philologiques, et que la critique s'est plus éclairée par des discussions successives, par la comparaison des langues entre elles, par le tact étymologique perfectionné dans des études constantes et opiniâtres.

Le génie des langues existe long-temps dans les langues à l'insu des hommes qui les parlent. Il faut être très avancé dans l'investigation des langues en général pour apprécier les facultés et les prérogatives d'une langue en particulier. Une langue, en quelque sorte, ne se révèle complètement que lorsque sa mission est finie.

Les langues sont les formes de l'esprit humain ; une langue est l'expression de ce qui constitue et caractérise une race humaine distincte des autres races humaines.

DEUXIÈME PARTIE.

Les langues, ainsi que je l'ai répété plusieurs fois ailleurs, sont une véritable cosmogonie intellectuelle et morale.

Les historiens anciens furent donc bien loin d'avoir toutes les ressources dont nous commençons à abonder. Tous les enseignements pressés dans une si courte période de temps produiront leur fruit, et sur-tout n'oublions pas le christianisme qui, à peine entré dans la sphère civile d'où on a trop long-temps voulu l'exiler, éclaire déjà d'un si beau jour les voies de la Providence. Tout se tient; c'est ainsi que, pour les traditions cosmogoniques, la science est venue confirmer les témoignages de la Bible. Oui, j'en suis convaincu, le génie de croyances va se relever dans toute sa beauté native, dans toute son éternelle jeunesse.

Cela est étrange à dire, et cela est vrai cependant; au point où nous en étions venus par la confusion des idées, confusion que Tite-Live et Denys d'Halicarnasse ont commencée, et que les autres écrivains ont ensuite successivement augmentée, il était nécessaire de refaire l'histoire romaine dans ses éléments constitutifs : c'est ce qui m'est arrivé. Mais ce que j'ai fait par la pensée, d'autres l'exécuteront.

En effet, les historiens préoccupés, ainsi que je l'ai dit, de la série des faits, de leur plus ou moins de vraisemblance, de la comparaison et de l'appréciation des témoignages, plutôt que de la raison même des faits, ou portés à puiser cette raison dans les idées acquises postérieurement, se sont non seulement égarés, mais ont passé quelquefois à côté de cette vérité intime qu'on pourrait nommer la vraie vérité. C'est ainsi que la tâche de l'historien, pour tous les peuples du monde, nous a été léguée intacte. Il faut la recommencer, j'oserais dire synthétiquement, dans la philologie, dans la jurisprudence primitive, celle que j'appelle cyclopéenne, dans les anciens poëtes et dans les poëtes comiques. Pour les migrations des peuples, pour les colonies, il faut remonter à des causes cosmologiques. Enfin les travaux faits jusqu'à présent ne doivent être considérés que comme des matériaux à mettre en ordre.

Il y a une loi générale de la Providence qui régit toutes les sociétés humaines, et qui leur fait parcourir leurs différents périodes. Il y a ensuite les formes mêmes de l'esprit humain : c'est vers cette haute synthèse qu'il faut sans cesse s'élever.

Les temps sont venus, les grandes expériences sont acquises, le travail est immense; et ce n'est pas trop de tout un siècle qui réunirait un grand nombre d'hommes distingués.

Quant à moi, je ne veux montrer qu'une chose,

c'est cette lutte, sans cesse renouvelée, concentrée ailleurs dans les diverses mythologies civiles, et manifestée chez les Romains par une série de faits historiques, la lutte universelle du plébéianisme contre le patriciat, c'est-à-dire, comme nous l'avons vu, l'initiation même de l'humanité. Une histoire romaine, construite sur cette idée fondamentale, serait, d'après ce qui a été seulement indiqué, une sorte d'épopée odysséenne, en d'autres termes, le tableau d'une initiation providentielle. Mais Ulysse, l'antique plébéien, ne parvint jamais à la pleine émancipation vers laquelle il tendait, et dont la longue espérance est contenue dans toutes les traditions de la gentilité. Au reste, j'expliquerai ailleurs, ainsi que je l'ai promis, ce type important d'Ulysse; on verra qu'en effet ce personnage mythique ne put surmonter sa nature primitive, et que, vaincu par Halé, magicienne étrusque, il finit par mourir centaure. N'est-ce pas aussi la fin déplorable du peuple romain?

Cette pleine émancipation, objet de tant de vœux, cachée au fond de tant de croyances générales, nous trouverons plus tard que le christianisme seul peut nous la procurer, et que dès-lors, encore une fois, le christianisme est la véritable religion de l'humanité.

SUITE
DE LA DEUXIÈME PARTIE.

§ III.

Suite des Prolégomènes de la Formule générale.

(J'avais joint à la préface de l'édition provisoire d'Orphée, que j'ai imprimée l'année dernière, le Traité de Vico : *De antiqua Italorum sapientia, ex linguæ latinæ originibus eruenda.*

Il en existe plusieurs éditions d'une traduction italienne : mais l'original n'avait pas été réimprimé depuis la première édition de l'auteur, faite à Naples en 1710 : il était donc extrêmement rare.

Les raisons qui m'avaient porté à le donner en entier n'existent plus ; et je sais qu'on en prépare une traduction française.

Toutefois j'ai cru devoir conserver les réflexions auxquelles je me livrais à l'occasion de ce Traité ; et j'ai pensé qu'elles pouvaient trouver place ici, parcequ'en effet elles sont une suite naturelle de ce qui précède.)

Vico voulut suivre l'exemple de Platon dans le Cratyle, et de Varron, dans les Origines de la langue latine.

Jules César avait fait un livre sur l'analogie des mots.

DEUXIÈME PARTIE.

La discussion du Cratyle, comme on sait, porte sur la raison des noms et des mots, dans la langue grecque. Il s'agissait de savoir si, par une loi générale de l'humanité, les noms et les mots ont en eux-mêmes leur raison, ou s'ils sont le résultat d'une convention entre les hommes. Enfin il s'agissait de savoir s'ils ont été institués, à l'origine, par des hommes qui, doués de la faculté éminente de nommer, auraient mérité d'être appelés onomathètes, c'est-à-dire fondateurs de noms. Dans ce dialogue, les doctrines de Pythagore et de Parménide sur ce sujet sont représentées par Hermogène; Cratyle représente celles d'Héraclite; Socrate, comme en se jouant, oblige chaque doctrine à produire ce qu'elle a de vrai ou de faux, ce qu'elle a de subtil ou de profond. Quant à l'opinion de Platon, elle se sent plutôt qu'elle n'est exprimée: c'est, à mon avis, l'impossibilité pour lui d'arriver à une solution certaine et légitime. Toutefois elle reposait dans son génie même; et s'il ne l'en a pas fait sortir, c'est qu'elle ne se montrait pas avec assez d'évidence pour qu'il pût la manifester: tout-à-l'heure nous saurons où était l'obstacle. Quoi qu'il en soit, le Cratyle a cela de très curieux et de très profitable, que la destinée d'un certain nombre de mots y est suivie avec une rare finesse de déduction; qu'on y trouve expliqué comment quelques langues barbares avaient des avantages sur la langue grecque, sous le rapport de ce type de l'idée dont elles avaient conservé une plus vive empreinte; il y est examiné encore ce qu'Homère voulait faire entendre, lorsqu'il disait d'une chose ou d'une personne, qu'elle avait tel nom dans la langue des dieux, et tel autre nom dans la langue des hommes : toutes questions qui devaient rester insolubles avec un interlocuteur aussi délié, aussi pressant que l'était Socrate; questions qui ne pouvaient se traiter que dans une sphère plus élevée, celle où Platon aimait tant à voyager. C'est là seulement qu'il avait appris ce qu'étaient la langue des dieux, la langue des hommes, la langue des Barbares, car il le savait, mais ce n'était pas dans le Cratyle qu'il pouvait le dire.

Revenons à Vico.

Le *De antiqua Italorum sapientia* devait être composé de trois livres : l'un, le seul qui ait paru, et qui est celui dont nous nous occupons ici; l'autre, qui devait être relatif à la physique; et le troisième, qui aurait eu la morale pour objet. On doit beaucoup regretter que ces deux derniers, ou n'aient pas été faits, ou n'aient pas été publiés. Celui qui avait la physique pour but de ses recherches, quoiqu'il eût été sans doute fort en arrière de ce temps-ci, aurait cependant été très curieux, car il ne pouvait pas ne pas être empreint de cette perspicacité divinatrice qui, si elle est quelquefois aventureuse, est toujours sûre de soulever un coin du voile. Ainsi il est permis de croire que Vico n'aurait pas manqué de trouver dans la langue une partie de la science génésiaque, dont nous avons déja entrevu les premiers éléments, et dont nous aurons tant à nous occuper. Le livre relatif à la morale est plus facile à suppléer, sans qu'il doive moins exciter nos regrets.

Mais il y a dans la langue latine toute une psychologie. Au reste, il est temps de le dire, ceci est une preuve de l'antiquité de la gnosse, puisque tout le système gnostique s'y trouve, comme on peut s'en assurer en lisant avec la préoccupation de mes idées l'histoire du Gnosticisme, de M. Matter. Antiquité est ici synonyme de spontanéité.

J'ai donc sauté par-dessus l'hellénisme, parcequ'en effet la puissante serre de l'Orient est trop fortement empreinte dans les institutions primitives italiotes, ou plutôt sicules, pour qu'on sente la transition. Ainsi le vieux Latium serait presque l'Orient direct.

Il y aurait un rapprochement très curieux à faire entre les croyances indiennes et les croyances latines de l'époque la plus reculée : il serait possible d'établir scientifiquement que les croyances primitives italiotes émanent de l'Orient. Chose merveilleuse! le mythe passe dans la langue; et la spontanéité est une transformation de l'Orient. L'idée, s'il est permis de parler ainsi, s'incarne dans la langue.

Les deux volumes suivants de la Palingénésie nous fourniront souvent l'occasion d'appliquer cette direction d'idées à la société civile; et plus d'une fois nous rencontrerons de belles données psychologiques pour l'espèce humaine comme pour l'individu.

Toute la physiologie de Vico est fort courte, elle ne pouvait être que cela; et je n'ai nul besoin de m'y arrêter. Seulement j'ai voulu remarquer qu'une psychologie, celle que l'on pourrait induire de la langue latine, serait une gnose. Vico ignora cette gnose contenue dans la langue, cette gnose qui porte l'empreinte, et comme une dernière et ineffaçable trace de l'Orient.

Il vante beaucoup la synthèse par laquelle on ne découvre pas la vérité, mais on la fait: telle fut, par la suite, la méthode hardie de la *Scienza nuova*, dans la première édition; car, dans les éditions suivantes, il a employé la méthode timide de l'analyse.

Le chevalier Cavriani a publié, en 1822, à Mantoue, quelques considérations sur les lettres, les sciences et les arts chez les anciens Romains. Le chapitre VI, consacré à la philosophie, est tout entier dans les données de Vico, dont il emprunte la philologie; mais il ne va pas au-delà de ces données.

Le *De antiqua Italorum sapientia* a précédé de quinze ans la *Scienza nuova*, et de dix, onze et douze ans, le *De universi juris uno principio et fine una*; le *De constantia jurisprudentiæ*; les *Notæ in duos libros, alterum de uno juris principio, alterum de constantia jurisprudentiæ*.

Ce n'est pas le moment de caractériser ces différents ouvrages, l'occasion s'en présentera plus tard. Il suffit de dire, quant à présent, que, sans examiner la philologie de Vico, très certainement je tiens pour vraie la féconde inspiration à laquelle il obéit.

Dès 1710 il construisait son observatoire; il inventait le long télescope dont il voulait, à ses risques et périls, essayer la portée, pour voir s'il parviendrait à découvrir de nouvelles terres dans le fond le plus obscur de l'horizon social.

Il aurait pu prendre ici pour épigraphe ces mots, qui ont passé du grec dans le latin : *Qui rerum nomina nôrit, etiam ipsas res pernoscet*; ou ceux-ci : *Nominum contemplationem eruditionis principium*.

Vico veut prouver par la langue latine, prise à sa source, l'antique sagesse des Italiens. A cela il faut se hâter d'ajouter que les philosophes n'ont pas inventé la langue; qu'ils s'en sont servis. Platon, dans le Cratyle, eut la même pensée pour la langue grecque, et j'ajouterai à son égard la même remarque.

La force logique des mots, la puissance de la syntaxe est telle, que Vico a cru la langue latine inventée par le génie philosophique; c'est qu'elle ressemble à toute langue, sous le rapport général de la forme, et que la forme de l'esprit humain est une forme philosophique.

Ainsi donc une langue à son origine prouve non la sagesse de ceux qui la parlèrent à cette époque, mais cette faculté cosmogonique et synthétique qui est dans toutes les langues; faculté merveilleuse et indéfinissable.

Voilà pourquoi je me suis cru autorisé à dire que la parole est un destin; et ceci se trouve dans une homonymie latine, rencontrée déjà par Vico. De là cette expression: *Verborum religio;* de là cette maxime consignée dans la loi des XII Tables: *Ita lingua nuncupâsset, ita jus esto.*

Voilà pourquoi j'oserais répéter ce qui a été dit plus haut, qu'une langue, à son origine, est douée d'une sorte de prescience.

Ainsi donc encore, une langue, à son origine, représente l'enveloppement de l'Orient, comme, dans la succession des destinées du peuple qui la parle, elle contient le développement graduel de l'Occident.

C'est là ce que Platon entrevoyait sans qu'il pût

le définir, quoique ce fût dans la nature propre de ses idées; et, de ce qu'il ne faisait qu'entrevoir, il ne pouvait s'expliquer les langues qu'il nommait barbares, il ne pouvait s'expliquer ces locutions d'Homère, la langue des dieux, la langue des hommes.

La puissance de composition de la langue latine, l'inflexible destin contenu dans les mots dont elle fut formée, sont indiqués dans le neuvième livre d'Orphée; ils seront, je l'espère, démontrés dans la Formule générale.

La théorie providentielle de Vico un jour sera perfectionnée, jamais elle ne pourra être complète.

Le principe que j'ai adopté, je crois qu'il surpasse de beaucoup en énergie celui de Vico; il est plus susceptible de se compléter.

Toutefois l'intuition du philosophe napolitain était plus forte que son principe. Nul ne fut plus que lui doué de cette sorte de somnambulisme du génie, qui voit au travers des enveloppes extérieures. Il est venu un siècle trop tôt pour présider à la révolution qui s'accomplit en ce moment dans la science historique. Les muses qu'avaient invoquées Empédocle, Pythagore, Architas, et qu'Horace nommait *Calabridæ*, furent les muses de Vico.

Maintenant tirons du petit livre qui nous occupe

quelques points de doctrine; je m'efforcerai de les fixer d'une manière plus positive.

Il me semble que nulle part n'est mieux établie la nécessité de la création *ex nihilo*; nulle part il n'a mieux été montré comment cette nécessité entre dans la pensée que nous avons des attributs divins.

En samscrit, *sat*, être; *asat*, non-être. Les Grecs distinguèrent le non-être du néant. Les Latins n'avaient qu'un mot; à cause de cela, les traductions de Lucrèce doivent avoir bien des contre-sens.

Ici donc il y a eu naufrage d'un mot dans la transmission du langage cosmogonique.

Les mots qui se rapportent aux idées du temps et de l'espace sont les mêmes : cette remarque, appliquée par Vico seulement à la langue latine, peut s'appliquer également à d'autres langues anciennes; et c'est un caractère à étudier, parceque c'est un caractère primitif.

L'abstraction est une imperfection de notre nature, une preuve des limites qui sont assignées à la puissance de l'homme; c'est l'abstraction qui est la mère de la science humaine.

A ce sujet, il faudrait étudier la réalité des idées. La création d'une idée est une création réelle, mais impuissante. Le mot : Donnez-moi de la matière et du mouvement, je ferai un monde; ce mot est l'expression de l'impuissance. Si l'homme crée le monde de ses pensées, il ne peut arriver à lui donner la forme plastique. Dieu seul a la puissance de réaliser ses pensées.

Ainsi Dieu crée le concret, l'homme ne peut créer que l'abstrait; de là cette maxime de Vico : La physique est de Dieu, les mathématiques sont de l'homme.

M. de Maistre a dit : Le nombre est la barrière évidente entre la brute et nous. Selon Vico, dans la langue latine, brute et immobile sont identiques. La perfectibilité est donc un attribut humain. La perfectibilité, c'est le développement, c'est-à-dire l'homme considéré comme se détachant de la cause générale, de l'infini, pour arriver à son existence propre, à la conscience. Sans la nécessité du développement, sans la liberté, sans la conscience, l'être intelligent ne serait qu'un animal plus parfait, une manifestation passive de Dieu, une brute admirable.

La faculté d'abstraire est refusée aux animaux; par conséquent ils sont privés de moralité, c'est-à-dire qu'ils n'ont pas la responsabilité, qu'ils échappent à l'imputabilité. Le principe immatériel n'est pas le principe immortel. Remarquez que la responsabilité fut refusée à certaines classes d'hommes, chez tous les peuples de l'antiquité, et qu'elle a été départie à tous par le christianisme. Cette prérogative, plus elle est haute, plus le prix qu'y a mis la Providence est élevé.

Vico a dit : *Similitudo morum in nationibus sensum communem gignit.* Ceux qui étaient privés de la responsabilité, par-là même se trouvaient exclus des mœurs générales. Le nombre de ceux qui entrent dans les mœurs générales a toujours été en s'augmentant.

Ce sont les mœurs qui donnent au langage sa couleur et sa physionomie : de là l'immobilité, et j'oserais dire l'impassibilité d'une langue morte.

Les hommes en dehors des mœurs ont des patois immobiles, par la même raison ; et, à mesure que ces hommes entrent dans les mœurs, leurs patois disparaissent.

J'emploie dans *Orphée* le mot *numen* dans un sens que signale Vico. Ce mot, en effet, signifie assentiment et volonté. Tous les dieux furent *numina*, et chaque dieu eut son *numen*.

Quelqu'un a dit : Ce qu'on appelle nature, dans les êtres simples, c'est la source d'où découlent leurs modifications ; leur nature renferme la raison suffisante de ce qui leur arrive.

Numen et *natura* sont synonymes dans la langue latine primitive.

D'après quelques philosophes, l'essence est le point où s'arrête la divisibilité.

DEUXIÈME PARTIE.

L'essence, d'après Vico, dans la langue latine, c'est la force virtuelle.

La matière, lorsqu'elle entre dans le mouvement de l'organisation, ne cesse pas d'être matière, et de conserver en elle les lois primitives et inconnues qui la régissent. L'organisation et la vie suspendent ou modifient ces lois, mais ne les anéantissent pas. Aussi, lorsque la vie et l'organisation cessent, la matière rentre sous l'empire de ses lois primitives.

L'organisation et la vie ne peuvent pas même suspendre ou modifier tellement ces lois qu'elles ne se manifestent de quelque manière. De là certains désordres dans l'économie animale, certaines perturbations, certaines maladies.

Toute plante pivote sur un morceau de terre; sans cela elle ne pourrait naître, se développer, monter vers le ciel, présenter son éclat, ses parfums, ses fruits. Le germe pourrit dans la terre, et la plante est produite. Un fait intellectuel pivote sur un fait physique. L'ame incorruptible croît sur le corps corruptible, apparaît dans le monde phénoménal, pour briller dans le monde intellectuel.

Le corps périt lorsque l'ame n'a plus besoin de lieu.

La matière subit des transformations; vous n'arriverez jamais à l'atome inorganique, à la molécule brute. Il y a une puissance d'organisation qui fait ces transformations successives, image de toute palingénésie. Chose singulière! concevoir la matière est un effort immense de la pensée; c'est une sorte de création, ou plutôt d'abstraction, car la matière n'existe pas.

Le Shaster, vulgairement appelé Bédang, explique ainsi le mouvement : De l'action opposée de la qualité créatrice et de la qualité destructive dans la matière naquit d'abord le mouvement. Pour rendre compte de l'hypothèse de Vico, il faudrait remonter à la philosophie grecque, et de là arriver à Descartes. Je préfère signaler une loi du monde social. Dans les sociétés humaines, le mouvement s'explique par la lutte du principe stationnaire ou fatal contre le principe progressif ou volitif; du principe initiateur contre le principe initiable; du principe dorien mâle contre le principe ionien femelle; du principe patricien contre le principe plébéien.

La philosophie palingénésique remonte à l'origine de cet antagonisme, en donne la raison, en explique la suite et les conséquences.

Le chapitre III du petit traité de Vico implique une question que l'auteur ne prévoyait sans doute pas, parcequ'il ignorait l'Orient, et la voici :

Jusqu'à quel point est-il donné à l'homme d'entraîner la nature extérieure dans la sphère de la liberté humaine, d'assujettir cette nature extérieure, de l'ennoblir en la domptant, en la subjuguant, en la transformant? Nous pénétrons de nos facultés assimilatrices le règne animal, le règne végétal, le règne minéral. Évidemment notre sphère d'activité étend son domaine. Jusqu'à quel point l'affranchissement des formes pour l'univers et pour l'homme peut-il être l'ouvrage de l'homme même? Jusqu'à quel point pouvons-nous espérer d'arriver à l'ancien magisme, en le sanctifiant?

C'est là le dernier mystère que l'Orient cache encore dans son sein; il faut que l'Occident travaille à le faire se manifester.

Que le christianisme soit son guide pour imprimer le sceau moral à cette conquête.

Dans l'Edda, Balder est menacé d'un grand péril. Odin et Frigga obtiennent du feu, de l'eau, des pierres, des hommes, des animaux, de la foudre, des poisons, des maladies, le serment de respecter les jours de Balder. Ce serment solennel des éléments, de tous les êtres animés ou inanimés, n'indique-t-il pas la source orientale du mythe scandinave?

Le petit livre de Vico donnerait lieu à bien d'autres remarques, à bien d'autres inductions. Dans le temps où il parut, il fut attaqué par deux savants auxquels Vico répondit avec quelque étendue. On a publié en dernier lieu une traduction italienne du livre latin, et l'on y a joint les deux réponses; l'on aurait dû y joindre aussi les objections elles-mêmes; car ce n'était pas sans raison que l'un des antagonistes du philosophe napolitain disait que le livre, avec les objections et les réponses, formerait une métaphysique complète.

J'ai noté seulement les choses qui se rapportent le plus à l'ensemble de mes idées : tel devait être, en effet, mon but.

Ce qui était important pour moi, c'était de montrer une fois comment on peut parvenir à établir une cosmogonie intellectuelle par les langues; et comment la langue d'un peuple est la cosmogonie de ce peuple.

Au reste, pour Vico lui-même, ce livre ne fut qu'un point de départ; il peut être le point de départ de beaucoup d'autres.

Ce point de départ est devenu un des axiomes de la *Scienza nuova*, que voici :

Lingua di nazione antica che si è conservata regnante finchè pervenne il suo compimento, debb' essere un gran testimone de' costumi de' primi tempi del mondo.

SUITE
DE LA DEUXIÈME PARTIE.

§ IV.

Prolégomènes pour la Ville des Expiations.

Selon d'anciens philosophes, la matière est le principe du mal; et, à ce sujet, les questions suivantes ont été agitées : Dieu est-il le créateur de la matière ? Dieu a-t-il été obligé d'agir sur la matière existant par elle-même, et de lui donner des formes et des qualités ? De là cette autre question : Dieu, en créant le monde, a sans doute pris conseil de son insondable sagesse; mais est-ce, et je me sers à regret d'une expression convenue, qui explique bien mal ma pensée, est-ce pour son bon plaisir qu'il est sorti de son repos; ou bien, y a-t-il quelque motif qui l'ait déterminé, sans toutefois altérer les ineffables prérogatives de sa liberté ? Et quel a pu être ce motif? Serait-il permis de dire que, de même que l'homme ne peut manifester sa pensée que par la parole, de même Dieu n'a pu manifester la sienne que par la création? La création serait-elle la parole éternelle de Dieu, ou l'expression plastique de sa pensée éternelle, une manifestation de ses attributs et de ses facultés infinis? Quelque effort que fasse la pensée humaine, elle ne peut parvenir toute seule à connaître la matière, car nous ne pouvons séparer ses qualités de son essence, ni la séparer des diverses organisations auxquelles elle s'allie, des diverses transformations qu'elle subit. Enfin faut-il dire avec quelques uns que la vie soit venue pour dompter la matière, et que tel fut le motif qui détermina l'acte de la création? Quoi qu'il en soit, la matière est aussi difficile à comprendre que l'esprit; et c'est ce qui renverse par sa base tout système de matérialisme.

L'étude des cosmogonies et des philosophies indiennes serait indispensable, si ce n'est pour nous fournir des doctrines certaines, du moins pour bien poser le problème primitif. On peut dire seulement que l'idée de Dieu serait incomplète, si l'on n'y joignait pas la spontanéité de la création et la création *ex nihilo*. J'ai donné dans le précédent paragraphe d'autres raisons assignées par Vico.

Toutes ces questions, au reste, fussent-elles insolubles, ne sont pas soustraites aux curiosités de l'esprit humain. Elles sont bonnes à agiter, uniquement parcequ'elles ont été agitées; elles sont de notre domaine, puisque Dieu nous a donné la faculté de les examiner; elles exercent notre intelligence sur des sujets dignes d'elle. Je vais plus loin, je crois que les traditions générales du genre humain nous y invitent, et qu'il s'agit seulement de savoir les interroger. La témérité ne consiste donc pas à en faire la recherche, mais à vouloir la faire hors de ces traditions. Par exemple, il en est une qui apparaît de tous côtés dans l'Orient, à savoir la chute des anges rebelles; et ce fut cet évènement qui, selon cette même tradition, ainsi que je l'ai déja dit, donna lieu à la création d'une intelligence nouvelle, d'une substance spirituelle de plus : de là l'intelligence humaine, la substance humaine. L'homme a été soumis à la loi du progrès; et il serait peut-être possible d'inférer de quelques passages des Pères de l'Église, que des êtres supérieurs à l'homme ont également été soumis à la loi du progrès.

Toutes les cosmogonies commencent donc par des révolutions opérées dans les royaumes des intelligences. Si les premiers chapitres de notre Genèse nous manquent à cet égard, ils sont suppléés en cela par plusieurs de nos autres livres sacrés.

Je veux faire une seule remarque, au sujet des

traditions générales du genre humain, c'est qu'elles sont primitives, c'est que par conséquent elles ont précédé les questions émues par notre curiosité : cette remarque mérite tout notre respect, toute notre attention. Une autre remarque non moins importante, c'est qu'examinées avec soin, et surtout avec foi, elles sont toujours unanimes, c'est-à-dire identiques.

Pourquoi tout, dans la nature, est-il partagé en deux sexes? Les abeilles merveilleuses, disait Virgile, sont filles du ciel, et ne sont point soumises à la loi des sexes : il se trompait. Les anciens avaient voulu un emblème de la virginité, parceque la virginité a toujours été en singulier honneur parmi les hommes.

S'il est permis d'entrevoir quelque chose dans de tels mystères, c'est que la puissance de deux principes, l'un actif et l'autre passif, devait se reproduire dans toutes les échelles de l'organisation.

La loi des sexes est donc une loi cosmogonique dont l'homme est la plus haute manifestation, qui, à cause de lui, enveloppe tous les autres êtres, et qui ne s'arrête même pas aux dernières limites de la vie végétale.

En un mot, toutes les lois générales d'existence et de perpétuité, sur cette terre, sont faites pour l'homme, se rapportent à lui.

Je parle ici comme la Genèse, c'est-à-dire que pour moi la création, c'est le monde de l'homme. Allons plus avant.

Le mal corporise, le bien spiritualise : les nécessités physiques, qui nous serrent de toutes parts sans nous absorber, nous représentent assez bien en effet l'origine et l'essence du mal.

L'homme peut perfectionner son corps, et arriver à le spiritualiser, s'il est permis de parler ainsi; il passera dès cette vie de la sphère des substances à celle des essences. Il ne s'agit pas de l'homme actuel. Cet état futur a été annoncé par analogie avec certains modes accidentels de nos perceptions; mais il ne nous appartient pas de nous en occuper ici.

Lorsque nous nous servons d'un instrument, c'est que cet instrument est propre à l'usage que nous en faisons. Lorsque cet instrument se détériore, et qu'il n'a plus les qualités requises, ou il nous refuse son service, ou nous le quittons pour en prendre un autre. L'ame aussi se sert des organes du corps, tant que ces organes sont propres à l'usage que nous devons en faire. Lorsque ces organes n'ont plus les qualités nécessaires, l'ame se retire. Nous ne savons pas comment elle se produit dans ce nouvel état, parceque nous ne pouvons nous rendre compte que de sa manifestation actuelle. Nous voici arrivés sur les confins de ces doctrines retrouvées dans Macrobe, dans Jamblique, et reproduites à toutes les époques de crise de l'esprit humain; nous ne devons pas y pénétrer plus avant.

Dès que l'homme aurait acquis sur la terre le développement qu'il peut y acquérir, dès que toutes les réalisations, vues dans la prescience de Dieu, seraient accomplies, alors notre globe serait sans objet, il s'éteindrait. Comment concilier, me dira-t-on, cette hypothèse avec les terreurs apocalyptiques qui reposent dans toutes les traditions du genre humain? Ce ne serait pas difficile, si ces traditions étaient bien étudiées. N'oublions jamais que l'homme fait le destin de la terre. Les peintures apocalyptiques sont donc des menaces, et non des prophéties; et les prophéties elles-mêmes ne sont vraies qu'à la condition de la liberté de l'homme. Le dogme est notre dernière limite au commencement et à la fin des choses. Continuons.

Dieu n'a pas pu faire, et je demande pardon d'employer une locution qui, à cause de l'imperfection de notre langage, suppose des bornes à la puissance infinie de Dieu; Dieu n'a pas pu faire que la matière ne fût pas impénétrable; Dieu n'a pas pu faire qu'il n'y eût pas des esprits réfractaires. Tous le sont, car tous résistent, tous ont le libre arbitre, tous ont une sphère d'activité dans laquelle s'exerce le libre arbitre. Les substances vénéneuses se transforment, elles ne sont pas vénéneuses par la nature même de leurs éléments constitutifs, mais par une loi inconnue de leur organisation. Toutes les substances intellectuelles finiront par être bonnes, car il est dans la nature de la substance intellectuelle d'être bonne; sans cette croyance, il serait trop facile de retomber dans le manichéisme, dans l'erreur déplorable de deux causes premières, rivales.

Les limites de la puissance de Dieu, et je suis encore obligé de m'excuser d'employer une telle expression, les limites de la puissance de Dieu sont l'ordre établi par Dieu même, la liberté des êtres intelligents, etc. Mais l'ordre amènera le bien et le beau. Il l'amènera par la liberté des êtres intelligents, parcequ'une bonne loi ne peut avoir de mauvais résultats, parcequ'une loi générale ne peut contrarier les autres lois générales, parceque tout tend à l'harmonie, qui n'est que l'ordre dans le sens le plus élevé.

Dieu vit que tout était bien, et j'ai souvent occasion de rappeler ce texte de la Genèse; Dieu vit que tout était bien, c'est-à-dire que tout était comme il fallait pour produire le bien, toutes choses, chacune dans sa nature.

Dieu fait entrer dans ses plans à-la-fois les jeux

des organisations végétales, les instincts des animaux, qui peut-être sont mêlés d'un peu de liberté, qui, dans tous les cas, subissent des modifications par l'empire dominant de l'homme; enfin le libre arbitre de l'homme, et celui des intelligences pures.

L'ordre matériel est un emblème, un hiéroglyphe du monde spirituel. Les miracles émanent de l'ordre spirituel, sont une signification du monde spirituel, un emblème plus positif, un hiéroglyphe plus spirituel.

Pour connaître le but, il faudrait comprendre l'ordre et l'économie des desseins de Dieu.

Un théosophe a dit : « L'homme agit dans le temps et hors du temps; il peut produire, dans le temps, une action qui n'est physique ni dans sa cause ni dans ses effets. »

Quoi qu'il en soit, l'impénétrabilité de la matière, telle que nous la concevons, les qualités bonnes ou mauvaises qui paraissent lui être inhérentes, et par conséquent nécessaires, présentent une image de ce qu'on est convenu d'appeler la nécessité. Les organes plus rebelles ne sont qu'une nécessité plus forte et plus énergique; il ne s'ensuit pas la nécessité rigoureuse de la détermination. Il faut se reporter à la pensée de l'épreuve, de l'épreuve graduelle et mesurée. Dans la Bible, Dieu se repent, Dieu retire ses condamnations. Dans

Homère, Jupiter modifie quelquefois les arrêts du Destin. Souvenons-nous de ce que nous disions il n'y a qu'un instant sur les traditions apocalyptiques : le dogme de la liberté de l'homme nous amènera souvent à des considérations qui se prêteront un mutuel appui. D'ailleurs c'est l'acquiescement de la volonté, l'acquiescement vrai qui constitue toute la moralité; et cela est ainsi dans toutes les religions, dans toutes les philosophies qui ne sont fondées ni sur le doute ni sur l'incrédulité. La prédestination, attribut de la prescience divine, est la vue éternelle de la fin de l'être intelligent, fin heureuse, dont les effets peuvent être avancés ou retardés selon l'usage que les êtres intelligents font de leur liberté : toujours le dogme un et identique de la déchéance et de la réhabilitation produisent toujours le progrès par l'épreuve identique avec l'expiation.

Les maladies tiennent à l'altération de nos humeurs, des parties constitutives de notre être matériel. L'union de l'ame et du corps fait le sentiment de la souffrance. Nous ignorons ce qu'est la souffrance pour les animaux; nous ignorons ce qu'est le plaisir pour leurs sens extérieurement analogues aux nôtres. Nous ignorons la destination future de ce qu'il y a en eux d'évidemment immatériel; nous l'ignorons, mais notre ignorance est loin d'être invincible, et même les données ne nous manquent pas. Nous irons plus loin, d'après les systèmes de l'Inde qui furent fort répandus dans les premiers siècles de notre ère. Peut-on savoir la joie du grain destiné à revivre? peut-on savoir la souffrance du grain destiné à pourrir lentement dans la terre avant de parvenir à l'évolution du germe qui est en lui? L'arbre que l'on coupe éprouve-t-il de la douleur? Qui sait l'organisation où commence le règne intellectuel? ou plutôt où commence l'immatériel? et peut-être où commence la sphère morale?

Dans la Genèse il est dit que la terre fut maudite à cause de l'homme, ce qui est une manière d'expliquer la lutte de l'homme contre la nature, lutte perpétuelle et sans fin. Cette lutte est un phénomène, ou plutôt une loi providentielle, dont toute l'antiquité a eu le sentiment, et qui va avec l'ensemble des traditions du genre humain. Prométhée, lutte de l'ame, de l'intelligence; Hercule, lutte du corps, de la force physique.

Par-tout l'homme a été obligé de conquérir sa demeure. Il a fait le sol où il s'est établi après le déluge; ensuite il s'est fait lui-même.

La propriété est une institution divine : ces déclamations du dernier siècle contre le tien et le mien ne peuvent soutenir le regard de la raison, malgré le secours que l'éloquence de Rousseau a daigné leur prêter. L'homme fait le sol; la terre, c'est lui.

Le langage, la société, la propriété, sont choses identiques.

Le patricien primitif fut celui qui le premier parvint à la connaissance de ces choses identiques; car, pour l'homme, connaître, c'est avoir la notion intime de l'existence, le pouvoir de développer ses facultés : une telle connaissance, fondement de l'être, le patricien voulut toujours se la réserver comme droit perpétuel et incommunicable.

Le plébéien primitif fut celui qui, resté en arrière après le partage primitif, ou, en d'autres termes, après la première loi agraire primitive, qui était une loi agraire patricienne, fut reçu dans l'asile primitif, aux conditions imposées par le patricien primitif.

Ainsi le patricien primitif fut l'homme-*fundus*, c'est-à-dire l'homme identique avec le sol; et l'on connut dans le monde des peuples autocthones, des peuples-*fundi*. Le patricien primitif, seul, eut des aïeux, parceque seul il eut le mariage légal; lui seul eut la propriété, parceque seul il eut des enfants certains pour la leur transmettre ; lui seul eut des tombeaux, parceque la terre appartenait à lui seul. Les héritages et les tombeaux sont le même fait et le même droit.

Le patricien primitif ne put trouver que dans le ciel la source mystérieuse de sa race, et les limites de la propriété furent également tracées par lui dans les espaces du ciel. Propriété et mariage sont une même loi, qui fut une loi divine avant d'être une loi humaine.

Le plébéien primitif, par sa force physique, aida le patricien primitif dans cette première lutte, qui fut si terrible, de l'homme contre les éléments : tel fut le grand labeur du défrichement primitif, après la retraite des eaux, ou, selon la contrée, après la conflagration des volcans ; car, dès qu'une portion de terre put être rendue habitable par le travail de l'homme, l'homme vint la disputer aux éléments, et la féconder de ses sueurs. Le plébéien primitif eut donc à conquérir une demeure fixe sur le sol primitif arraché en quelque sorte par son bras à la puissance du chaos ; mais avant d'obtenir l'héritage il dut obtenir la famille. La conquête, les colonies, à des époques postérieures, remplacèrent par d'autres combats ces combats primitifs contre les forces de la nature. Nous ne parlons ici que de l'âge où notre globe fut livré à l'homme pour qu'il en fît son domaine au prix du travail.

L'antique marque de réprobation, attachée à la reproduction de l'homme, dont nous avons signalé le sentiment profond dans toutes les traditions cosmogoniques, cette marque avait été effacée, pour le patricien primitif, par la sainteté du nœud conjugal; le plébéien primitif ne pouvait pas continuer de se perpétuer sous le poids de l'anathème originel; il devait à son tour s'approprier la dignité humaine.

Je disais tout-à-l'heure que le langage, la société, la propriété, sont choses identiques, et, en m'exprimant ainsi, j'avais en vue le sens le plus général. Maintenant il serait bon de distinguer la parole et le langage. Je vais tâcher de me faire comprendre. Dans les célébrations religieuses, il était recommandé aux profanes, c'est-à-dire aux plébéiens, de se taire; et chez les premiers Romains le client, ne pouvant par lui-même donner la sanction légale à une formule dont cependant il était l'objet, était tenu de s'adresser à son patron, qui la prononçait pour lui. N'est-ce pas là le mutisme civil que nous avons déjà signalé? Le client n'était quelque chose que par son identification avec la personne du patron; il n'avait point de nom à lui; le nom seul de son patron était le sien. C'est ainsi seulement que le plébéien put user du vote, lorsqu'il fit sa première invasion dans la sphère sociale; c'est ainsi encore que, pour la validité de son union avec une femme, union qui ne fut pas d'abord le mariage solennel, le mariage produisant des effets civils, le client empruntait le *caput*, la tête civile de son patron, en d'autres termes, la force virtuelle représentée par le nom qui seul communiquait la faculté de contracter un engagement. Ulysse, en qui nous avons reconnu le plébéien primitif, répond au Cyclope qu'il n'est personne, c'est-à-dire qu'il n'a pas le nom civil. Le Cyclope, relativement à Ulysse, est un patricien.

La parole, la liberté personnelle ou la conscience, la liberté civile ou la faculté de transmettre ses droits, de faire partie de la cité, forment donc différents degrés de l'évolution plébéienne; et ces degrés, souvent confondus entre eux, sont quelquefois difficiles à distinguer les uns des autres: c'est dans le mythe seulement qu'on les trouve bien marqués.

Le plébéien, après avoir lutté contre les éléments; lutte contre les institutions primitives; l'émancipation successive est le prix de cette lutte, condition nécessaire et providentielle de tout progrès. L'homme est donc tenu de faire le sol, de faire sa propre intelligence.

Le patricien d'une époque fut le plébéien de l'époque précédente : ainsi le patricien d'une époque historique fut le plébéien d'une époque héroïque, et le patricien d'une époque héroïque fut le plébéien d'une époque cosmogonique; car tout est succession, développement, progrès dans la marche des destinées humaines. Pour nous les expressions patriciens primitifs et plébéiens primitifs, je me suis expliqué à cet égard, ne peuvent être que des expressions tout-à-fait générales, emportant un sens relatif, selon les époques; et sur-tout par le christianisme, dernier terme de la progression, il est avéré que l'essence humaine est une et identique.

En suivant la ligne que je viens d'indiquer, on arriverait aux patriarches de la Bible.

La première loi agraire primitive fut la propriété personnelle et la délimitation des ordres; elle établit les rapports respectifs de patron et de client. Le plébéien cesse d'être *pecunia*.

La seconde loi agraire primitive fut la dignité humaine, manifestée par le mariage. Le plébéien entre dans l'humanité; il devient susceptible d'acquérir par la propriété une famille et des tombeaux.

La troisième loi agraire primitive fut la propriété transmissible, et le mariage produisant des effets civils. Le plébéien fait partie de la cité; il devient apte aux magistratures.

La succession de ces lois agraires primitives, dont on ne peut fixer chronologiquement les dates, et dont on retrouve les traces certaines dans l'histoire romaine, sont donc les initiations successives et nécessaires de l'humanité, c'est-à-dire du plébéianisme; car tout patricien, originairement fut plébéien. Tout grade dans l'initiation humaine fut toujours une conquête: il fut acquis en fait avant de l'être en droit; il fut demandé avant d'être obtenu; il fut en puissance d'être avant d'être en réalité, et en réalité avant d'être légalement constaté.

Ce que j'ai dit plus haut explique ce que je dis à présent, et ce que je dis à présent sera encore expliqué par ce que je dirai par la suite. J'avance pas à pas dans la carrière que je dois parcourir.

───────

Les chemins jamais ne furent tracés *à priori*, si ce ne sont les chemins ouverts par la conquête, parceque ceux-ci traversent de vive force les empires, et qu'ils méprisent la propriété : c'est une image des institutions nées des traditions, et de celles qu'impose la tyrannie.

Il n'y a point de lieu sans nom; et le nom, l'une

des choses les plus primitives, sort d'une source mystérieuse, la même que toutes les origines.

———

M. de Maistre a voulu justifier la Providence sous le rapport temporel. J'avoue que ce genre de justification me touche peu, et je dirais volontiers : Que m'importent les succès des méchants et les revers des bons? n'ai-je pas la vie à venir? Cette forme de justification, que maintenant j'oserais presque nommer impie, tient au reste à l'ensemble d'une doctrine qui a dû s'atténuer à mesure que le sentiment moral s'est perfectionné. On sait que la Bible est pleine de promesses et de menaces temporelles; et l'on en sait aussi la raison : elle a été dite de mille manières, dont aucune ne me paraît convenable; j'aurai sans doute occasion de dire celle que je crois vraie, et qui tient à mes idées de progrès, d'avancement, d'épreuves successives. Pour me servir d'expressions déjà consacrées par une sorte de style théologique, il fallait bien faire l'éducation de l'homme charnel avant de faire celle de l'homme spirituel. Ainsi donc encore je dirais volontiers à M. de Maistre et à ses disciples : Vous êtes les Juifs de l'ancienne loi, et nous sommes les chrétiens de la loi de grace.

On a trop dit que la santé et la maladie, la durée plus ou moins longue de la vie, étaient une récompense ou un châtiment, le fruit de la résistance ou de l'abandon à nos passions, à nos penchants, de l'emploi plus ou moins sage, plus ou moins réglé de nos facultés. Pourquoi faire de la morale avec de la physiologie? Notre liberté a plus de latitude qu'on ne croit, relativement à nos organes. Je ne nie point ce qu'il y a d'inévitable et de résultats nécessaires dans les lois de notre organisation, telle qu'elle est devenue, telle que nous l'avons faite, mais nous avons toujours en notre pouvoir le refus ou l'acquiescement de notre volonté; et, en remontant plus haut, nous trouverons que l'âme *informe* le corps, en bien ou en mal, qu'il y a eu nous des ressources pour ce qui est mauvais, des périls pour ce qui est bon, que notre nature ne repousse pas invinciblement l'abus lorsqu'il se change en habitude. Je veux donc puiser la raison et la récompense d'une bonne conduite non dans l'espérance de la santé ou d'une longue vie, mais dans le sentiment moral de notre perfectionnement. Dieu a bien d'autres moyens de récompenser et de punir; l'homme n'est pas un être borné au temps.

Ce que je viens de dire de l'organisation humaine, relativement à la liberté, je pourrais le dire, du moins en partie, de l'organisation sociale.

Il y a, ainsi que je l'ai énoncé plus d'une fois, il y a, pour la société et pour l'individu, un mélange de fatalité et de liberté, dont il faut soigneusement tenir compte. La liberté, pour les individus comme pour les peuples, est circonscrite par des lois irréfragables; car enfin la Providence doit vouloir la conservation de son ouvrage, et elle ne l'a fait que pour qu'il durât. Reste la liberté morale pour l'individu, et pour les peuples un instinct moral dont la manifestation a toujours lieu, malgré les pouvoirs oppresseurs, et malgré les circonstances étrangères à lui-même. Le devoir de tout gouvernement est de développer cet instinct moral, c'est-à-dire de diriger vers le bien, d'employer au perfectionnement le génie individuel de chaque peuple qui lui est confié par la Providence; s'il ne le fait pas, il manque à sa mission. Tout gouvernement doit être initiateur à l'égard du peuple qu'il gouverne.

Lorsque l'on médite sur l'origine et les progrès des connaissances humaines, on est invinciblement porté à chercher hors d'un peuple quelconque la cause de sa civilisation, et par conséquent l'origine de ses lumières sur toutes choses. C'est, au reste, le témoignage de l'histoire. De là l'hypothèse d'un peuple primitif, d'un peuple civilisateur, placé par Bailly, d'après Platon, dans le nord de l'Asie. D'autres ont établi le principe civilisateur dans un collège de prêtres, comme les gymnosophistes de l'Inde, les hiérophantes de l'Égypte, les semnothéens de la Celtique. Toujours au moins a-t-il fallu un législateur avec une mission d'en haut pour dominer et son siècle et les peuples auxquels il s'adressait. Il paraît même que ce qu'on nous donne pour des premières institutions, des législations primitives, ne sont en effet que des réformations. En suivant donc la filiation jusqu'au bout, nous serons bien forcés de placer le principe civilisateur hors du genre humain lui-même, c'est-à-dire dans le Créateur, qui a voulu que l'homme fût un être social, qu'il fût condamné à tout apprendre. Dieu régna d'abord lui-même, ensuite par des législateurs avoués de lui. Remarquons qu'en effet les législateurs, tous sans exception, ont eu des missions divines; et ici c'est encore le seul témoignage de l'histoire que j'invoque. Je sais que le dix-huitième siècle n'a pas voulu croire à ces missions divines. Il faut bien les admettre cependant, car, ainsi que je l'ai dit au sujet des oracles, l'imposture ne peut être douée de ce qu'il faut pour fonder. Celui qui se fait l'expression d'un ordre de choses doit avoir en lui la conviction de la pensée humaine en sympathie avec la volonté divine, ce qui constitue la foi, la puissance de créer, l'ascendant sur les hommes. J'ai fait entendre ailleurs ce que je pense de Mahomet lui-même, ce dernier législateur qui se soit autorisé d'une mission divine. Voltaire, engouffré dans les erreurs du siècle dont il est le représentant si passionné, et qui néanmoins se recommande à notre reconnaissance par le vif sentiment d'humanité qu'il a développé parmi nous, Voltaire a menti à-la-fois aux données de la poésie et à celles de la vérité; et ceci me rappelle encore le crime irrémissible d'avoir porté une main sacrilège sur l'héroïne admirable, sur la sibylle pure et magnanime de la nation française.

Remarquons, puisque nous en sommes arrivés là, que ces sortes de missions étant finies, il en est résulté la nécessité de faire entrer les peuples dans la participation du pouvoir. Fénelon l'avait bien senti. Fénelon, il ne faut pas se lasser de le dire, est le véritable fondateur de l'ère actuelle. Si le Télémaque eût été adopté par les souverains, ils auraient conservé la première prérogative du pouvoir, celle d'instituer; ils auraient évité la dissolution sociale du dix-huitième siècle. Il faut savoir sur-tout que le Télémaque était loin de contenir toute la pensée de Fénelon, et que l'ensemble de ses écrits était un trésor de sagesse et de prévision. Je ne parle pas même de ceux qui ont péri, et qui n'ont jamais été connus, mais qui sans doute contenaient une révélation de l'avenir. Louis XIV, après la mort de M. le duc de Bourgogne, s'enferma dans ses appartements, avec madame de Maintenon, pour brûler tous les papiers qui contenaient les instructions de l'illustre maître pour son auguste élève, et qui avaient été religieusement recueillis et enfermés dans une cassette. Le vieux roi ne pouvait plus rien pour sa propre gloire ni pour le soulagement de ses peuples dont il sentait tout le malheur; mais qu'avait-il à craindre de ces pensées généreuses, destinées seulement aux méditations intimes de la royauté? redoutait-il encore pour lui-même et pour son successeur l'ascendant d'un si beau génie?

Disons plus, car depuis Fénélon les temps ont bien changé, la participation du peuple au pouvoir ne suffit encore pas dans l'état actuel des idées et des opinions; il faut que le pouvoir sorte du peuple même. La société une fois instituée marche vers l'indépendance : c'est à elle un jour à produire le pouvoir qui doit la régir. Les âges de la tutèle sont passés, les âges de l'émancipation commencent. Est-il besoin d'ajouter que néanmoins la société continue d'exister par les mêmes lois qui l'ont fondée? L'émancipation d'un peuple ne peut être pour lui l'affranchissement du haut domaine de la Providence.

Je me suis expliqué ailleurs sur toutes ces choses, et sur-tout sur le signe métaphysique, qui est la marque de l'âge actuel de l'esprit humain.

De l'évolution plébéienne, des initiations successives, sort le développement complet de l'humanité.

M. de Maistre attend un siècle nouveau, une nouvelle révélation : il ne sait donc pas que le christianisme a tout dit! Moi aussi je crois à une ère nouvelle, mais cette ère est commencée. Le siècle attendu existe déja. Les choses parlent un langage qui est aussi une révélation de Dieu.

La société, ainsi que je l'ai dit si souvent, a été imposée à l'homme; à présent il est temps d'ajouter qu'elle lui a été imposée comme épreuve, comme moyen d'initiation, parceque dès les temps cosmogoniques l'homme ayant mal usé de sa liberté, une limite de plus a été assignée à cette liberté, ou plutôt une liberté d'un genre nouveau lui a été accordée pour que son perfectionnement fût son propre ouvrage; et ici encore je puis invoquer en témoignage les documents de l'histoire sacrée et de l'histoire profane, qui sont également unanimes sur ce point, que toutes les villes primitives ont été fondées sur le droit d'asile : ainsi toutes sont des villes d'expiation. L'homme enfin a dû reconstituer son être par le moyen même de l'état social. S'il eût bien usé de sa liberté antique, il n'aurait pas eu besoin de passer par cette liberté successive qui sert à faciliter, à marquer ses progrès. La société lui a donc été imposée comme une épreuve et comme un appui. A chaque pas nous rencontrons le dogme de la déchéance et de la réhabilitation. La solidarité aussi, qui en est une suite nécessaire, lui a été imposée en même temps comme une épreuve et comme un appui; car, dans les vues paternelles de la sagesse infinie, la peine et la protection sont choses identiques. A mesure qu'il se perfectionne, qu'il s'améliore, ou, en d'autres termes, à mesure qu'il se développe, la solidarité diminue d'intensité; il se rapproche de l'individualité; il n'y parviendra toutefois que dans une existence future. En effet, de ce que le père et le fils sont la même substance, et en quelque sorte le même être continué, il en résulte l'homogénéité, et pour ainsi dire l'individualité de l'espèce humaine. Dans la première loi agraire primitive, qui fut une loi agraire patricienne, c'est en vertu de cette identité du père et du fils qu'existait la transmission de la propriété, considérée elle-même comme une identification de l'homme et de la terre.

A toutes les époques il y a des hommes qui par leur haute moralité sont plus ou moins soustraits au joug de cette solidarité; tout le temps des épreuves est abrégé pour eux, ou bien ils en prennent volontairement le fardeau pour l'épargner aux autres, ce qui est la même chose. Ceux-là sont des hommes providentiels que la bonté divine suscite pour hâter l'accomplissement de ses desseins. Ajoutons que l'individualité n'est point l'égoïsme, puisqu'il reste, ainsi que nous venons de le dire, la faculté du dévouement libre. Comment des esprits élevés, des cœurs généreux, ont-ils pu croire que la société fût une institution mauvaise en soi? C'est qu'ils se sont transportés à un état qui fut celui de l'homme dans un temps dont la mémoire est conservée par la tradition universelle. Ainsi donc s'accomplira le retour promis par cette même tradition; et nous reconquerrons une partie de notre individualité. La nécessité de la prière continuera pour les individus, elle diminuera comme devoir des êtres collectifs. De là le moins de nécessité du culte public, d'une religion de l'état. L'indépendance de la pensée relativement au signe conduit à l'indépendance du sentiment religieux relativement au culte cérémoniel. A cet anneau de la chaîne s'attache le principe de la tolérance. Je me suis expliqué ailleurs sur ce sujet. Comme nous ne sommes point affranchis par-là des liens d'affection inspirés par la nature, ou fruits d'un choix volontaire, comme ceci n'ôte rien aux vertus puisées dans le dévouement; de même la société doit rester sous la protection de la Providence, et perpétuellement dans tous ses actes reconnaître le haut domaine de Dieu sur ses créatures, sur les réunions de ses créatures vivant sous des lois communes à tous.

Enfin, et il est temps de le dire, c'est l'entier développement de la loi évangélique qui est l'unique loi morale du genre humain; loi parfaitement indépendante et désintéressée de toute forme politique, loi si différente en cela de la loi de Moïse qu'on voudrait nous imposer de nouveau.

La loi de la solidarité est donc destinée à se transformer en la loi de charité; la sympathie générale est le lien qui unit l'une à l'autre.

Il faut rendre à la Ville des Expiations toute l'énergie du culte public; il faut, si j'ose m'exprimer ainsi, lui rendre le frein et l'appui de la solidarité, parceque cette ville est placée dans l'hypothèse sévère des institutions primitives, des cités fondées sur le droit d'asile. Ses citoyens sont destinés à recommencer leur éducation sociale; c'est une colonie ancienne au milieu des peuples modernes.

Ceci nous ramène à notre point de départ.

Les états antérieurs de la société, états où une partie de l'espèce humaine était dans des liens si durs, ces états entraient aussi dans les vues de la Providence. Les hommes qui naissent au sein de ces sortes d'organisation sociale sont soumis à une autre forme d'expiation, et sans doute cette forme fut nécessaire en son temps. C'est la même nécessité qui nous impose le devoir de bâtir une ville nouvelle. Les apôtres parlent sans cesse de cette ancienne loi qui fut gravée sur la pierre. Il en est de même des peuples encore barbares. Il en est de même du fléau de la guerre. Il en est de même des innocents persécutés ou tués. Il en est de même des individus qui gémissent sous le poids d'une exclusion sociale ou d'un préjugé qui les domine eux-mêmes. Il en est de même des mérites méconnus. Il en est de même de toutes les injustices légales ou illégales. Il en est de même des calamités de tout genre qui pèsent sur quelques uns, ou sur des multitudes. Ce sont toujours des épreuves ou des expiations : à la fin tout se retrouvera ; rien ne se perd dans le sein de Dieu. Je vois toujours le perfectionnement social contrarié par ceux qui devraient le diriger, ou le hâter : c'est sans doute une des conditions de la société ; et souvenons-nous que la société a été imposée à l'homme après la déchéance, après le meurtre de la grande victime dont nous devons recomposer l'être, pour parler le langage déjà employé au commencement de cet écrit. Que sais-je si ce moment-ci ne sera pas signalé par une nouvelle expérience du cours naturel des choses entravé par les pouvoirs destinés à le protéger? Qui sait si les gouvernements ne finiront pas par ajourner, pour un temps, les développements actuels de l'esprit humain? Nous croyons qu'ils manquent à leur mission; ils ne font peut-être qu'obéir à une autre mission que nous ignorons, celle d'enchaîner le nouveau Prométhée. Les patriciats divers ont toujours prolongé les épreuves; c'est sans doute en vertu d'une loi universelle. Ce serait alors en vertu de cette loi que Dioclétien dut éprouver les chrétiens; et, lorsque le monde fut chrétien, Constantin proclama la foi du monde. Ainsi, même dans les choses religieuses, il faut que l'homme lutte contre la destinée : il faut qu'il paie d'un grand prix la croyance et la liberté; et le prix dont il a acheté la foi chrétienne, l'émancipation évangélique, prouve toute l'étendue du bienfait. Que savons-nous si maintenant les peuples sont assez préparés à ce nouveau développement du christianisme? Savons-nous s'ils ont assez compris que c'était au christianisme, c'est-à-dire à la Providence de Dieu, qu'il fallait s'adresser, et sur-tout

DEUXIÈME PARTIE. 209

s'ils ont suffisamment appris à moins compter sur leurs propres forces? S'il en est ainsi, et que le nouveau Constantin doive se faire attendre, alors dans ma pensée de résignation, je me dispose à me consoler de voir les efforts généreux devenus impuissants; je me consolerai, dis-je, en pensant que sans doute nous n'étions pas assez avancés dans le sentiment moral pour mériter l'émancipation, sinon complète, du moins incontestée. Nous y parviendrons graduellement, à mesure que nous le mériterons par nos efforts soutenus, par une respectueuse confiance.

Ne l'avons-nous pas déjà dit, et sommes-nous obligé de nous répéter sans cesse? Les premières sociétés furent sévères et garrottantes, parcequ'après la déchéance il fallut enseigner peu à peu le sentiment moral; et le christianisme lui-même, quoique si terriblement acheté, le christianisme dont le mystérieux emblème est un instrument de supplice, le christianisme lui-même n'a pénétré que peu à peu dans la moelle de la société.

Oui, la religion, et ce mot doit être entendu ici dans le sens le plus universel, la religion faite pour l'homme dans le temps est sujette à la loi du progrès et de la succession; elle se manifeste donc aussi successivement. Lorsque Dieu a parlé dans le temps, il a parlé la langue du temps et de l'homme. L'esprit contenu dans la lettre se développe, et la lettre est abolie. La plénitude des facultés humaines sera la plénitude de la religion.

« Cette loi de succession, que nous venons d'appliquer à la religion, est d'une telle évidence, qu'elle a illuminé Bossuet, l'immobile Bossuet, jusqu'à éblouir son fier regard. Selon lui, Dieu n'avait pas jugé convenable de livrer, chez les Hébreux, le dogme de l'immortalité de l'ame aux grossières interprétations, aux stupides pensées d'une multitude trop charnelle pour ne pas en abuser; les hommes spirituels, les parfaits, pouvaient seuls pénétrer les voiles dont il était enveloppé à dessein. L'antique tradition s'expliquait pour les uns, restait muette pour les autres. J'aurais cru qu'une telle assertion ne pouvait être produite que par les incrédules. Juste ciel! un peuple qui n'est pas, dans son universalité, fortement empreint du dogme le plus nécessaire, du dogme de l'immortalité! et c'est ce peuple qui est dit le dépositaire des promesses! et c'est ce peuple à qui l'on conteste si peu l'auguste prérogative de produire le Messie! et c'est un législateur inspiré de Dieu, que l'on peut supposer occupé de pareils ménagements!

———

Arrêtons-nous un instant, puisque l'occasion s'en

présente, sur cette importante controverse qui a été émue au sujet de la croyance en l'immortalité de l'ame chez le peuple hébreu. L'étude de la législation toute typique, et de l'histoire toute figurative de ce peuple extraordinaire, ne pourrait-elle pas conduire à affirmer que l'accomplissement des préceptes qui s'appliquaient à la loi morale procurait des récompenses dans l'autre vie, et que les promesses temporelles ne s'appliquaient qu'à la loi de l'extérieur de la religion, aux pratiques cérémonielles destinées à passer? Cela s'expliquerait par la raison que le culte, tout national, était aussi le symbole de l'institution politique.

Il ne faut pas oublier que les Hébreux sortaient de chez un peuple où était établi le culte des morts, qu'ils marchaient au milieu de nations nécromanciennes, c'est-à-dire au milieu de nations qui avaient abusé du dogme de la résurrection des morts, et que Moïse devait travailler à les préserver des contagions superstitieuses.

Dieu défend de faire des images ou des représentations de lui-même, pour éviter l'idolâtrie. C'est par la même raison que le législateur est tellement circonspect sur l'immortalité de l'ame, autre dogme qui donne lieu à une autre sorte d'idolâtrie.

Ce dogme toutefois était implicitement reconnu par toute la loi; il ressortait de toutes les traditions :

le nom de Dieu qui, dans la langue du peuple hébreu, exprimait le nom du seul être inconditionnel, de l'existence absolue, nécessaire, continue et sans fin, avait imprimé ses hautes prérogatives au verbe par lequel l'homme exprimait à son tour le sentiment de l'existence; ce verbe se refusait à rendre l'idée du présent, toujours passager, et avait besoin d'avoir recours à un temps composé du passé et du futur.

Je ne veux cependant point me briser contre l'autorité du grand nom de Bossuet. J'avoue même que sa pensée si rigoureuse, et j'oserais dire si hautaine, pourrait recevoir des explications favorables à mes propres idées; et je ne saurais m'engager dans cette discussion, quel que fût l'intérêt qu'elle devrait présenter. Le peuple hébreu, comme nous venons de le dire, image et type de tous les peuples, le peuple hébreu, qui était tenu de conquérir une patrie, était-il tenu de conquérir aussi le dogme de l'immortalité? Mais du moins pouvait-il s'y élever de lui-même, puisque dès l'origine il ne fut point soumis à cette forme initiative qui, par-tout ailleurs, a distingué le plébéien du patricien? L'abbé Fleury le fait noble tout entier; car en effet il était sorti tout entier de la maison de servitude. Bossuet paraît donc avoir méconnu le caractère de cette antique émancipation.

Au temps de Constantin, il y eut d'autres Bossuet, qui s'alarmèrent du progrès que faisaient les sciences primitives. La limite redoutable de l'orthodoxie fut posée, et scellée par le sang. La théocratie releva sa tête puissante. Toujours les analogies se présentent à mon esprit. Et je dirai encore ici qu'au temps de Constantin, le genre humain n'était pas assez préparé pour la pleine émancipation chrétienne, dont il fut cependant si près.

On a pu entrevoir la pensée première de la Ville des Expiations; c'est celle que j'ai attribuée plus haut à la Providence elle-même, dans l'établissement de toute société humaine, de mettre une sauvegarde à la liberté de l'homme, lorsqu'il l'a compromise; de venir à son secours par une nouvelle épreuve, lorsque les autres épreuves n'ont pas suffi; de le soustraire au mauvais destin sous lequel plient ses facultés qu'il n'a pas su diriger pour l'amélioration, pour le perfectionnement, but suprême et définitif du Dieu qui l'a fait primitivement à son image, et qui ne veut pas que cette image auguste reste profanée. Ajoutons une dernière réflexion plus spéciale. Enfin cette ville, comme toutes les cités primitives, est fondée sur l'antique droit d'asile, droit qui fit la ville bâtie par Caïn, comme il fit le Theseum d'Athènes, comme il fit la ville bâtie par Romulus.

Mais, pour tout résumer en un mot, la pensée universelle qui préside à la Ville des Expiations, c'est la pensée généreuse, chrétienne, de substituer, dans la société actuelle, l'initiation à la gêne et à l'infamie, l'épreuve au châtiment, la charité à la solidarité. Cette pensée, que sans doute la Providence m'a inspirée, servira, je l'espère, à me faire pardonner la témérité de quelques unes de mes investigations.

Ainsi la pensée toute miséricordieuse des divers régimes pénitentiaires, cette pensée qui est elle-même un progrès, dès l'origine, sera frappée de désuétude.

———

Les méchants des prisons et des bagnes ont entre eux un code qui les régit seul, auquel ils obéissent aveuglément, à l'insu de la puissance qui les punit : tant est grand l'instinct social et le besoin de loi! Platon avait déjà fait la remarque de cette disposition des malfaiteurs à se réunir en corps de société. Certaines institutions de l'Égypte, qui ont excité l'étonnement des historiens, trouveraient ici une explication naturelle; mais je préfère la renvoyer au lieu où je pourrai lui donner les développements nécessaires. Je dois rester quant à présent dans les données les plus générales. Les malheureux qui, au milieu de nous, sont hors des lois qu'ils ont violées, rentrent sous d'autres lois qu'ils sanctionnent par leur assentiment; et, il faut bien en faire l'observation, le code inconnu, qui, dans les ténèbres, régit les prisons et les bagnes, ce code est aussi d'institution divine, en ce sens qu'il n'est pas non plus le résultat d'une convention, d'un contrat, qu'il est fondé sur une loi primordiale de la nature humaine, en ce sens encore, que nul ne peut s'y soustraire. Supposez le bras qui retient dans les fers ces hommes si profondément flétris, se retirant peu à peu, on concevrait que les grossiers rudiments, tout formés, d'une société quelconque, pourraient les améliorer et les perfectionner. N'oublions pas que Caïn fut le fondateur de la première ville. Si ce n'est point un fait historique, dans l'acception restreinte de ce mot, du moins c'est un fait universel, caractère essentiel des faits racontés dans la Genèse. L'autorité que j'accorde au témoignage de la Bible ne connaît point de bornes : je n'ai pas besoin d'en dire la raison; elle sort de l'ensemble de cet écrit.

Les brigands, ceux qui infestent les grands chemins, les voleurs de tout genre, dans le temps même où ils secouent l'honneur de convention, le joug des lois de la société dans laquelle ils sont nés, ont, dis-je, des points d'honneur, des lois non écrites, une sorte d'équité naturelle, qui règlent les droits particuliers de chacun, qui forment la hiérarchie et la subordination, qui président au partage des dépouilles, qui seraient enfin les premiers éléments d'une société civile, dans des circonstances données, et même les premiers éléments d'une société politique, instinctivement armée d'un patriotisme sauvage. Ailleurs j'irai bien plus loin; mais il faut que le lecteur y soit préparé. Ainsi donc ces hommes qui, pour première profession de foi, se déclarent hors des lois de leur pays, reconnaissent encore des lois; et ces lois, sans législateurs et sans magistrats, sont plus fortes que leurs passions déchaînées, plus fortes que les supplices, que la mort. Les brigands de Rome ont de plus un culte; mais, pour ceux-là, il faudrait se livrer à tout un ordre de considérations étrangères au sujet qui nous occupe en ce moment. Nous ne voulons parler que des malfaiteurs, tels qu'ils sont dans toute société organisée et pleine de vie. Ils choisissent en quelque sorte la société particulière dans laquelle ils veulent vivre. Choisissons pour eux, et prenons, s'il le faut, dans leur propre code les principes de leurs lois nouvelles, des lois d'exception que nous devons leur donner, car ces principes sont ceux même des institutions primitives.

Mais nous n'en aurons pas besoin, car avec la loi morale que nous sommes dans l'heureuse nécessité de commencer par consulter, nos institutions, ou plutôt, leurs institutions doivent être déja une émancipation, un pas vers toutes les initiations à-la-fois. D'ailleurs on n'invente pas des traditions.

Lorsqu'une civilisation recommence, et c'est le cas où nous nous trouvons, elle recommence avec un élément de plus, avec l'adoption d'un plus grand nombre d'hommes à la communion sociale. Les études géologiques nous fourniraient un emblème de cette sorte de succession; on pourrait ajouter encore que ce qui se passe sur la terre, aux différents âges du genre humain, est un emblème des hiérarchies de l'autre vie. Qu'il nous suffise de dire que l'élément chrétien est pour nous cet élément de plus, qui désormais doit faire partie de toute nouvelle société humaine.

Il s'agit maintenant, comme une des conséquences les plus importantes du christianisme, d'abolir à jamais cette doctrine qui a trop long-temps régné sur la terre, doctrine qui consiste à croire que le châtiment doit être infligé pour l'utilité de l'association. Le temps est venu de créer dans les esprits cette autre pensée, laquelle doit à son tour gouverner les peuples, à savoir qu'il est moral, qu'il est généreux, qu'il est vrai, qu'il est juste enfin de prendre l'utilité du prévaricateur pour base de nos lois répressives. Abolissons aussi à jamais cette autre fausse et funeste pensée de l'exemple, qui a également régné si long-temps, et régné par les supplices.

Dans la législation des Perses, avant de condamner un homme, il fallait mettre en balance les services rendus par le coupable, antérieurement au crime pour lequel il était accusé, et les mettre en balance avec le crime lui-même. La justice de Dieu juge l'ensemble d'une vie, parceque Dieu sait ce qu'est chaque homme, chaque créature individuelle, indépendamment de ce qui lui est extérieur. C'est tout un homme que Dieu juge. Les Perses sans doute n'étaient pas plus que nous habiles à une si haute magistrature. Aussi ne se servaient-ils pas de ce genre d'appréciation pour diminuer le mérite des bonnes actions. Leur loi était donc une loi de miséricorde, et non une loi de justice rigoureuse pour tous. C'était le vrai motif, qui est aussi la véritable raison de l'amnistie, et du droit de faire grace ou de commuer la peine.

Cependant je pense qu'il y a un progrès à faire dans cette ligne d'idées, et que les réformes de notre législation criminelle ont grand besoin d'être éclairées par une pensée si humaine. Il en résulterait le principe d'une théorie de peines et de récompenses, théorie fort belle et fort sociale, mais qui en ce moment doit nous être étrangère.

Finissons par cette réflexion: Il ne peut y avoir

expiation par le châtiment que lorsque le coupable lui-même acquiesce au châtiment. Dieu sans doute veut qu'il en soit ainsi pour sa propre justice, car il veut le progrès. Si le coupable peut quelquefois ici-bas chercher à s'y soustraire, ailleurs il s'y soumet. Plusieurs ont eu le tort de croire à l'efficacité du châtiment comme châtiment: la terreur de la déchéance leur avait caché que la peine du crime ne peut effacer le crime qu'à la condition que le criminel accepte la peine. M. de Maistre est tombé dans cette erreur. Aurait-il donc mal interprété le dogme du Médiateur, tel que l'a proclamé la foi chrétienne? Je ne reculerai point devant cette question théosophique, lorsqu'il en sera temps.

Mais, en attendant, n'oublions pas que le dogme de la déchéance ne doit point se séparer de celui de la réhabilitation, et que le Médiateur s'est revêtu de la nature humaine pour que la nature humaine consentît à la réhabilitation.

SUITE

DE LA DEUXIÈME PARTIE.

§ V.

Suite des Prolégomènes pour la Ville des Expiations.

Comme on a pu le voir, l'abolition de la peine de mort est loin d'être la seule pensée, la pensée intime et profonde qui m'a inspiré la Ville des Expiations.

Le monde qui passe en cache un qui ne passe point : l'un sert de voile à l'autre. Que le voile tombe, la réalité intellectuelle apparaîtra. L'extérieur de la Ville des Expiations cache une ville intérieure. J'ai divisé mon ouvrage en neuf livres ; les trois derniers sont la manifestation de la cité mystique.

La Ville des Expiations n'est pas seulement une ville fondée sur l'antique droit d'asile ; son horizon doit s'étendre bien au-delà du monde civil actuel, et même du monde civil tel que pourrait le créer une haute spéculation philosophique. Ses immunités et ses privilèges, sa charte en quelque sorte divine, sont d'un autre ordre. Elle est une cité stationnaire par son principe éternel, progressive par son alliance toujours subsistante avec les destinées générales du genre humain : elle doit être la représentation continue de l'ancien monde civil, du monde civil actuel, du monde civil de l'avenir, du monde religieux qui embrasse tout le genre humain dans ses voies préparatoires.

J'ai déja averti que dans mes données sur l'avenir de la société, je mets en dehors les problèmes que peuvent présenter les civilisations de l'Amérique.

L'Amérique, en effet, fondée sur des éléments complètement nouveaux dans l'histoire de l'humanité, doit exercer en ce moment toutes les prévisions des publicistes et des philosophes; mais ici elle ne peut entrer dans les miennes. Qui eût cru, lorsque les bandes européennes vinrent égorger les races indigènes, et y transporter ensuite les races africaines, que la Providence divine ferait sortir d'une telle conquête les choses que nous voyons commencer? Dans cette série de faits si peu prévus, comme dans tout le cours des évènements généraux et particuliers, comme dans les développements successifs, comme dans toutes les révolutions graduelles et subites, on trouve l'accord de la prescience divine et de la liberté de l'homme. L'homme fait ce qu'il veut, la Providence va à son but qui nous est caché. Reste toujours, reste la volonté humaine agissant librement, soit qu'elle obéisse, soit qu'elle résiste; reste enfin, reste pour la moralité, l'attribution à l'homme de ses actes bons ou mauvais.

Il a fallu l'expérience de bien des siècles pour arriver à pouvoir se passer de traditions; encore ne s'en passe-t-on pas réellement. Toute la science acquise d'un vieux continent, et tout l'espace territorial d'un continent nouveau, où l'on a fait la solitude primitive, sont des conditions qui n'ont pu se présenter qu'une fois. Il faut bien admettre aussi que le christianisme a fort facilité toutes les organisations sociales improvisées de l'Amérique; le christianisme entré dans la sphère des idées civiles pouvait seul suppléer à toutes les traditions. L'ancien droit des métropoles, ce droit originairement analogue à celui de la puissance paternelle dans toute sa sévérité, ce droit devait disparaître devant la pensée d'émancipation qui repose dans le christianisme.

Ainsi donc je suis loin de placer les Amériques hors de l'unité générale du genre humain, soit pour le passé, soit pour l'avenir. Leur mission au contraire est peut-être d'y ramener la race nègre, en supposant que cette race si malheureuse soit à notre égard en arrière de tout un cycle palingénésique. Ne voyons-nous pas que déjà il y a plus d'idées de civilisation dans les noirs parvenus à l'émancipation sociale que dans les colons abrutis par le pouvoir sans limite des maîtres sur les esclaves?

J'ai seulement voulu dire que l'hypothèse où se trouvent les Amériques doit donner lieu à d'autres considérations dont je n'ai point à m'occuper.

En toutes choses, dans tous les ordres d'idées, les faits primitifs, les causes primitives, produisent des effets qui se prolongent et qui durent toujours. La première génération produit les générations successives dans les siècles des siècles. La puissance de la vie se transmet sans s'éteindre, se transforme sans perdre son type originel. Cette sorte de vie virtuelle pour les races progressives de l'Europe vient de l'Orient. N'oublions donc jamais que l'O-rient est notre berceau cosmogonique et intellectuel.

Les civilisations américaines, quelles que soient leurs origines différentes, nous sont devenues tout-à-fait étrangères sous ce rapport. Je ne sais si jamais notre vieille Europe entrera dans ce mouvement, je suis peu disposé à le croire. Un principe cosmogonique, qui est la vie même à sa source, est doué d'une force de perpétuité indéfinie qui survit aux opinions et même aux croyances; elle *informe* plus ou moins toutes les institutions qui se succèdent jusqu'à la fin.

La grande erreur du dix-huitième siècle a été de méconnaître cette force de perpétuité, et de nous traiter comme une race née spontanément et sans ancêtres. Cette première erreur a occasioné toutes les autres, dans l'attaque aussi bien que dans la défense, et nous a livrés à une suite de réactions dont il est impossible de prévoir aujourd'hui le terme.

Tel est néanmoins le berceau cosmogonique et intellectuel des civilisations américaines. Ce qui était pour nous une grande erreur est devenu pour elles une vérité. Leur point de départ est le contrat social. Les Numa, les Lycurgue, les Zaleucus, les Aristote, les Platon, qui gouvernent encore, sinon nos doctrines sociales, du moins nos intelligences, ne sont rien pour les Amériques. Les Penn, les Bentham, les Lovingson, sont leurs véritables législateurs; ils n'ont pas besoin de remonter plus haut que Bacon. Cette jurisprudence romaine, fille elle-même de tant de législations antérieures, traditionnelles ou écrites, cette jurisprudence romaine qui nous tient toujours dans ses indissolubles réseaux, peut leur être inconnue sans aucun inconvénient. Notre code civil lui-même, si fortement empreint d'idées progressives, ne peut être pour leurs publicistes qu'un renseignement scientifique. Leur point de départ, leur sphère d'activité, tout est différent. Mais si je laisse les civilisations américaines suivre le cours de leurs destinées sans que je m'en occupe, ce n'est point que ces destinées soient étrangères aux destinées de l'humanité, aux lois qui régissent les sociétés humaines; c'est que les données manquent pour les prévisions : leur passé ne peut raconter encore leur avenir.

Les trois derniers livres de la Ville des Expiations seront notre avenir à nous, l'avenir de l'Europe, telle que l'ont faite ses institutions primitives et ses révolutions successives, telle que l'ont faite ses traditions, ses doctrines anciennes ou nouvelles, ses monuments de poésie, d'arts, de littérature.

Il ne peut y avoir de commun que la loi évangélique, destinée à régner sur tout le monde moral.

Le dogme et le mythe sont le lieu de toutes les origines humaines; le dogme et le mythe sont le lieu où aboutissent toutes les destinées humaines.

Notre horizon terrestre se termine donc dans le passé et dans l'avenir par le dogme et par le mythe.

Jusqu'à quel point nous sera-t-il donné d'entrevoir le dogme et le mythe de la fin?

Nous savons une seule chose, c'est que le dogme un

et identique de la déchéance et de la réhabilitation doit nous faire achever notre évolution palingénésique dans ce monde, et nous introduire dans le monde futur.

Qui dira le phénomène des croyances, selon les temps et les lieux; ce qu'est la pensée humaine au sein de ces croyances, dont quelques unes nous paraissent si antipathiques à notre propre nature?

Dans l'Antigone j'ai substitué la Némésis au Destin; j'y étais autorisé. M. Jacobi et M. Schlegel ont très bien prouvé que, pour l'appréciation de la scène grecque, il ne fallait pas juger isolément chaque action théâtrale, mais embrasser l'ensemble même d'un sujet qui se compose de plusieurs tragédies.

Toutefois je renonçai de plein gré à placer ma fable sous le jour de ce Destin terrible, force mystérieuse et inéluctable que le plus funeste délaissement de la condition humaine a pu seul faire concevoir; de ce Destin qui déshérite l'homme de sa conscience, et lui donne quelque chose de la brute en lui enlevant toute responsabilité; de ce Destin reculé dans de lamentables profondeurs, sans cesse occupé à méditer la destruction, à se jouer de nos douleurs, à se nourrir de nos larmes, ayant un égal mépris pour nos bonnes et nos mauvaises actions, n'admettant ni la chute, ni la promesse, ni l'expiation. Sans doute cette puissance inexorable, avec ses attributs de fer, m'aurait fourni une fiction grande et nouvelle; mais alors j'eusse été condamné à faire mourir ma douce héroïne dans les angoisses de la faim, et je n'aurais point eu à peindre cette mort harmonieuse du sacrifice. Lord Byron, je le crois, n'eût pas manqué de rembrunir des couleurs du Dante la Thébaïde déja si sombre de Stace.

A une vérité relative et restreinte j'ai préféré une vérité absolue et générale; à la poésie du Destin, la poésie de la Providence.

Voyez en effet.

Lorsque l'on veut se faire une idée du Destin, tel que le conçut l'antiquité, tel que le formulèrent philosophiquement les stoïciens, il faut y joindre une idée de triste et funeste résignation, de stupide renoncement au libre arbitre. Le courage consistait donc à résister par une volonté stérile, et à se soumettre par l'acte. Certainement cette lutte à-la-fois active et impuissante ne manquait pas de grandeur. Il ne faut point s'étonner si elle séduit encore quelques imaginations mélancoliques.

Nous n'avons plus, comme les anciens, les facultés humaines annulées dans l'esclavage, ou réparties dans les castes ou dans les ordres; nous n'avons plus les hiérarchies du moyen âge.

La chaîne du Destin se composait d'anneaux qui entraient l'un dans l'autre depuis le premier jusqu'au dernier. Or le premier anneau, le point de départ de cette chaîne immense, fut l'irresponsabilité, c'est-à-dire la non-conscience de soi; et l'irresponsabilité courait magnétiquement d'anneau en anneau jusqu'au dernier, où elle devenait l'impunité.

Maintenant la dignité humaine est pour tous; le droit commun est le domaine de tous; la responsabilité court magnétiquement d'anneau en anneau jusqu'au dernier, pour les séparer et les dissoudre.

La Providence, dans les organisations sociales anciennes, a dû revêtir souvent la forme du Destin: cette forme s'est retirée successivement par les progrès de l'initiation; et la Providence va se dégageant de ses voiles. Ainsi on pourrait dire que le Destin est devenu successivement la Providence, comme la solidarité est devenue la charité.

Telle est donc la loi qui gouverne la Ville des Expiations, et qui doit produire le dogme ou le mythe de la fin des choses.

―――

Comme il y a des réservoirs qui alimentent les

fleuves, il y a toujours une source commune d'où dérivent tous les ruisseaux des traditions. La pluie féconde la terre; l'atmosphère puise dans les mers ce qu'elle nous rend en fertiles rosées; les fleuves descendent des montagnes pour renouveler les inépuisables trésors des mers. Le traité *de Diis et Mundo*, qui n'est point de Salluste le dernier philosophe cynique, né à Émèse en Syrie dans le VIe siècle, mais, selon Brucker, d'un autre Salluste, philosophe gaulois du commencement du IVe siècle, ce traité, nommé par le P. Kircher un livre d'or, dit très bien que l'univers est un grand mythe.

Quand le genre humain était livré à l'idolâtrie, l'idée d'un Dieu unique reposait dans le peuple hébreu et dans la pensée des sages des autres nations; quand le genre humain était livré à la barbarie et à l'inculture, la Grèce produisait les chefs-d'œuvre des arts de l'imagination: les Spartiates, au milieu de la Grèce mobile et progressive, conservateurs des traditions aristocratiques primitives, conservateurs du droit héroïque. Ce que fut Sparte pour la Grèce, le patriciat le fut pour l'état romain, qui devait être le monde. C'est l'Orient qui accomplit encore cette loi à l'égard du genre humain.

Si l'Orient vient à entrer dans le mouvement progressif, les destinées humaines marcheront vers leur dernier accomplissement. Déja il est ébranlé par la secousse la plus violente qu'il ait jamais reçue. Les conquêtes mythiques de Bacchus furent un premier ébranlement; les guerres héroïques d'Alexandre furent un second ébranlement.

Alexandre, inhabile à résoudre le silencieux problème de l'Orient, voulut trancher avec son épée un nœud que la science seule pourra dénouer.

Le germe contenu dans un simple gland produit un grand chêne. La lithographie appliquée à la multiplication des livres orientaux doit soulever un jour l'Orient; et le jour où les livres sacrés des Indiens, aussi bien que le Coran, seront reproduits et popularisés, ce jour-là l'Orient quittera sa civilisation fixe et immobile. L'examen et la discussion altèrent l'immobilité des institutions et des traditions. Voilà pourquoi une langue ne change que lorsqu'elle s'écrit; et elle change jusqu'à ce qu'elle se cristallise : alors elle n'est plus parlée; elle reste comme témoin du passé; elle est le lieu des réminiscences.

L'Orient fut immobile parcequ'il devait être la source éternelle de nos destinées progressives. Le sol sur lequel on bâtit ne doit pas toujours trembler.

Le christianisme remplacera l'Orient. Alors les Amériques diront comme nous les traditions générales du genre humain.

Les traditions de l'Orient seront cristallisées, mais auparavant elles nous auront enseigné un passé qui sera une mystérieuse épopée de l'avenir.

C'est ainsi que le dogme ou le mythe du commencement nous enseignera le dogme ou le mythe de la fin.

La Ville des Expiations sera, sous la loi chrétienne, témoin de cette palingénésie future.

Ce n'est point une révélation nouvelle que nous devons attendre, mais peut-être nous est-il permis de compter sur une dernière forme d'initiation. Le génie audacieux du Dante suffirait à peine pour nous faire pénétrer dans la cité mystique située au centre de la Ville des Expiations; mais je suis tenu seulement à manifester du siècle futur ce qu'il m'a été donné d'y entrevoir. Nul ne peut aller au-delà de ses propres facultés. Chaque abeille fait sa petite alvéole, et l'harmonie des travaux produit la ruche.

SUITE
DE LA DEUXIÈME PARTIE.

§ VI.

Prolégomènes de l'Élégie.

Je me suis assez expliqué sur les fables de l'antiquité, et sur les traditions générales dispersées chez tous les peuples, empreintes dans toutes les langues. J'ai donné à comprendre ce que nous devons espérer des progrès de l'archéologie, de la symbolique, de l'exégèse, de la philologie, et de la géologie, pour une histoire vraie du genre humain, antérieure aux temps historiques. Telles sont les Muses qu'il faut à présent invoquer, pour qu'elles nous initient dans les secrets des traditions primitives et des histoires antiques; elles nous ouvriront non seulement de nouvelles sources de poésie, mais elles étendront encore l'horizon de nos croyances.

C'est ainsi que nous pouvons reconquérir nos facultés intuitives, retrouver cette brillante synthèse qui fut à l'origine le flambeau des intelligences.

Revenons un peu sur nos pas pour mieux saisir l'ensemble de mes idées.

J'ai dit l'inspiration qui a produit l'Orphée, c'est la même qui a produit le reste de la Palingénésie, puisqu'elle est fondée tout entière sur la même pensée et le même sentiment. Tout y est identique.

J'ai pris, ainsi que je l'ai fait remarquer, la Grèce primitive telle que les poëtes et les philosophes nous l'ont donnée, c'est-à-dire comme une civilisation transmise. Les prêtres de l'Égypte disaient à Platon : Vous autres Grecs vous êtes d'hier.

Orphée, l'Hercule thébain, Thésée, étaient contemporains, d'après des traditions avouées par ces peuples, qui, au reste, avaient consenti à ne dater réellement que des Héraclides, et dont la seule ère incontestée soit celle des olympiades, bien différents des autres peuples qui ne croyaient jamais entasser assez de siècles pour voiler leur origine. C'est donc toujours aux Héraclides qu'ils faisaient remonter leurs institutions; et c'est ce qui rend si difficile toute chronologie antérieure.

Toutefois il est évident qu'ici il y a confusion, même dans cette sorte de chronologie que j'ai nommée idéale. Hercule a fait la contrée, le sol; Thésée a fait l'institution, la cité; l'un est donc un être cosmogonique national; l'autre, un être héroïque national aussi : ce sont deux âges mêlés dans les traditions.

Quoi qu'il en soit, et malgré cette limite des Héraclides, il est impossible de ne pas voir encore là un vieux monde qui finit, et un monde nouveau qui commence. Hercule soutenant le ciel à la place d'Atlas, c'est l'apparition d'une nouvelle race, de nouvelles dynasties royales, d'un ordre de choses nouveau : c'est toujours une époque palingénésique. Le culte du jeune Jupiter succédant à celui du vieux Saturne n'est qu'une transformation de la même idée. A son tour, selon la remarque déjà faite plus haut, le vieux Jupiter devait être un jour détrôné par le jeune Bacchus, le dieu plébéien par excellence; en effet, les plébéiens, dans le mythe civil d'une époque, sont représentés par le sexe passif, par les ménades : nous trouverons un dernier témoignage de cet antique mythe civil dans la loi des XII Tables, où le mot *mulieres*, toujours d'après nos idées, désigne ceux qui ne faisaient point partie de la cité, ceux à qui était interdit le vin, symbole des droits civils, incommunicables. Virgile faisant du Silène, instituteur de Bacchus, un personnage cosmogonique, était à son insu l'organe d'une croyance dont nous avons déjà parlé, et dont la tradition, qui ne fut jamais interrompue, reprenait alors quelque chose de son énergie. Le plébéianisme, pour le redire en passant, est tellement la tige même de l'humanité, que les lettres et les arts, honneur et gloire de l'humanité, sont des productions plébéiennes. Mais revenons à ces données antiques, dont nous nous sommes trop écartés par la force d'analogies toujours présentes à notre esprit. Lorsque Ménélas aborda en Égypte, il trouva que Protée régnait sur cette terre merveilleuse. Or Protée était un devin illustre du vieux monde, prophétisant le monde nouveau. C'était donc encore pour l'Égypte la fin des temps divins ou des temps fabuleux, ce qui est la même chose, d'après tout ce que nous avons déjà dit.

Ainsi les révolutions de la terre sont exprimées par des personnages cosmogoniques généraux, comme les révolutions locales de chaque région sont exprimées par des personnages cosmogoniques nationaux. Protée est pour l'Égypte ce que l'Hercule thébain est devenu pour la Grèce : j'étais donc autorisé à faire d'Orphée le civilisateur primitif succédant à tous les personnages cosmogoniques.

Il paraît aussi, d'après l'étude de la géographie de la Grèce, que, peu avant cette époque, toute la contrée avait subi de grands bouleversements. La contrée elle-même était donc nouvelle. Peut-être l'Euxin s'était-il récemment ouvert avec violence les portes de la Méditerranée, appelée alors le grand Océan. Les déluges d'Ogygès, de Deucalion, la mobilité des roches Cyanées, l'île de Délos flottant sur les mers, les combats des géants, sont de poétiques attestations d'une catastrophe locale dont la mémoire n'aura pas tardé à être confondue avec la catastrophe générale qui a laissé sur la terre d'irrécusables monuments.

Les mystères cosmogoniques de la Samothrace, par leur forme austère, indiquent une origine de misère et de malheur. Les Cabires conservaient sans doute dans leurs tristes grottes quelques lamentables débris des traditions antérieures au bouleversement.

Nous avons vu déjà que quelque chose de sinistre repose dans toutes les traditions primitives, et j'en ai fait connaître la raison. Les fables de l'âge d'or sont des fables postérieures, italiques plutôt que grecques, et qui ne s'appuient point sur des traditions unanimes et revêtues du caractère imposant de l'universalité, à moins que ce ne soit un emblème des temps antédiluviens, ou plutôt un souvenir confus de l'état qui a précédé la déchéance. Un fait bien plus primitif et bien plus généralement adopté, c'est la misère de l'espèce humaine au commencement, et la haine de la propagation, qui en est le résultat. Ce qui prouve, au reste, l'incertitude des idées lorsque le fil des traditions est rompu, c'est qu'on trouve en même temps dans Horace aussi bien que dans Lucrèce l'âge d'or et le *mutum et turpe pecus* qui a servi de point de départ à Vico. Platon, lorsqu'il plane également sur la fable et sur l'histoire, nous offre de graves sujets de méditation à cet égard. Ainsi les premiers hommes, qui ont suivi la grande catastrophe, errants, isolés, n'auraient multiplié que par hasard, par un hasard quelquefois assez rare; le mariage lui-même serait un fruit de la législation, non seulement sous le rapport de l'ordre et de la sainteté, mais même sous le rapport naturel. J'ai dû, au reste, dans le livre de la Samothrace, ne pas oublier cette terrible antipathie pour la société conjugale. Plus tard au contraire les hommes ont colorié de toute la force de leur imagination le penchant des deux sexes l'un pour l'autre. Ils ont d'abord voulu l'encourager, et je pourrais en apporter des preuves qui feraient rougir la pudeur; ensuite ils en ont fait la source des plus doux sentiments. L'amour en est résulté, l'amour tel que nous le connaissons, tel qu'il est peint dans nos poëtes; mais aussi l'amour qui, dans une plus haute sphère, est une des grandes puissances de la nature et de l'âme.

La secte d'Épicure avait vivement accepté la fiction de l'âge d'or; par la même raison, des philosophes du siècle dernier ont voulu faire une peinture séduisante de ce qu'ils ont appelé l'état de nature. L'erreur des uns et des autres est absolument semblable.

Voici donc ce qui me paraît être la vérité: L'homme est tenu de s'approprier la terre, puis de se faire lui-même; son développement est un travail sans relâche et sans repos; son initiation a commencé par le degré le plus infime; mais je dois me hâter de répéter que les traditions dépositaires d'une révélation primitive n'ont été nulle part entièrement abolies; que le souvenir, plus ou moins altéré, s'en est réveillé lorsqu'il a été temps; que c'est ce qui explique les missions divines chez les Gentils, comme par exemple celle d'Orphée; enfin que Dieu n'a jamais détourné sa face de son ouvrage, et qu'il a seulement voulu que l'homme méritât; soit l'amélioration de ses destinées, soit sa réhabilitation, soit sa gloire immortelle.

Les catastrophes physiques du globe, dont on trouve tant de monuments de différents genres, imprimèrent sans doute dans le cerveau des hommes qui en furent témoins, et qui leur survécurent, une sorte de désordre intime qui se perpétua longtemps par la voie de la génération. De là les fables monstrueuses que l'on trouve toujours près de ces terribles époques. N'oublions pas toutefois de signaler également les tropes qui ont pu résulter quelquefois du langage né du mythe et de l'hiéroglyphe.

Ces fables monstrueuses tiennent enfin à l'antique superstition relativement au mélange des races; et ici nous pourrions encore remonter à l'origine d'une distinction primitive, dont le signe réside dans la forme même du mariage. Ce point fondamental de toute histoire antique sera mis plus tard hors de toute discussion. Nous expliquerons, quand il en sera temps, ce que les austères patriciens de Rome entendaient par cette expression si énergique, *natura secum discors*, expression qui, à elle seule, raconte tout un ordre de choses.

Ajoutons à présent que je ne sais quoi de sinistre se manifeste aussi aux époques de transformation et d'avancement des sociétés humaines. L'éducation du genre humain est toujours dure, parcequ'elle contient toujours la double condition de l'expiation et du progrès acheté par l'effort, même par la douleur. Remarquons, avant de finir sur ce sujet, que plusieurs des premières hérésies chrétiennes, héritières en cela des traditions douloureuses que nous venons d'indiquer, avaient au nombre de leurs dogmes la haine de la propagation, sentiment d'une terreur profonde qu'il faut bien faire attention de

ne point confondre avec ceux d'une pureté et d'une
piété exaltées.

Un des esprits les plus mélancoliques qui aient
jamais existé, et qu'à mon avis on a trop confondu
dans l'anathème porté contre les incrédules, Boulanger avait recueilli dans les archives de notre race
malheureuse tous les monuments de nos longues
calamités, pour en composer une sorte d'histoire
funèbre du genre humain. Je suis loin, bien loin
d'entrer dans les conséquences de son système de
désolation, et je desire, par-dessus tout, que de l'ensemble de mon ouvrage il sorte un cri de bénédiction pour la Providence, une prière profondément
filiale pour le Père commun des hommes, un hymne
nouveau pour le Dieu créateur et conservateur.
Boulanger a classé toutes les traditions générales du
genre humain; il en a montré successivement,
parmi les différents peuples, l'esprit commémoratif,
l'esprit funèbre, l'esprit mystérieux, l'esprit cyclique, l'esprit liturgique. Toutes les fêtes religieuses,
d'après ces classifications elles-mêmes, et par des
raisons qui entrent complètement dans le système
de mes idées, commencent par des cérémonies de
deuil, et finissent par des cérémonies qui expriment l'alégresse; elles sont donc des types identiques; et cette identité, c'est ce que j'appelle la pensée
palingénésique, la pensée de fin et de renouvelle-

ment, qui est l'anneau unique où s'attachent toutes les innombrables traditions. Les fêtes séculaires, les jubilés, les calendriers, portent l'empreinte de cette pensée identique et universelle. Boulanger, toujours préoccupé de sa plainte amère, n'avait recueilli de ses savantes recherches que les plus tristes résultats. C'est ainsi que le despotisme oriental avait été pour lui une imitation funeste de ce destin de fer qu'il voyait, par-tout et dans tous les temps, peser sur la race humaine, sans qu'il pût concevoir un espoir d'amélioration. Les rois étant les représentants de Dieu, et l'image de Dieu n'étant qu'une image de terreur aveugle, il fallait armer la majesté royale d'une terreur aveugle et silencieuse. Toutes les volontés devaient être brisées, et toute liberté morale anéantie. Telles sont les fâcheuses directions d'un esprit inquiet, qui n'avait pu voir que le côté malheureux des destinées humaines. Ses égarements tiennent à une seule cause: l'oubli du dogme un et identique, sans lequel toutes les traditions générales sont inexplicables.

Boulanger, au reste, a fort bien compris que les usages de l'antiquité ont besoin d'être scrutés à-la-fois dans leur forme extérieure, et dans leur essence même, et non dans l'application que chaque peuple en a faite. C'est ainsi qu'un mot, passé d'une langue antérieure dans celle qui lui a succédé, souvent est, selon notre système d'idées, un témoin vrai, quoique d'abord inaperçu, d'une chose qu'il a cessé de représenter.

L'époque d'Orphée, on l'a vu, est une des premières époques palingénésiques du monde, considéré en dehors de l'application spéciale à nos propres traditions religieuses; j'en ai esquissé la peinture, mais dans des données qui ne pouvaient être que très vagues et très obscures par les motifs que j'ai expliqués. J'avais sur-tout besoin de rester constamment dans la spéculation poétique la plus générale.

Nous sommes arrivés aussi à une époque palingénésique, et la Ville des Expiations est un tableau par lequel j'ai voulu signaler les principales tendances de cette époque. C'est à regret que j'emploie ici ce mot de tendance pour exprimer ce qui se remue de si profondément religieux dans les ames élevées.

L'Élégie est destinée à représenter le moment de transition, moment si cruel pour l'homme qui sent toute sa nature ébranlée. J'ai voulu peindre ce malaise général qui saisit les peuples dans ces jours dont la mémoire est ensuite consacrée par des solennités publiques, dans ces jours de fin et de rénovation où les anciennes croyances sociales s'éteignent pour être remplacées par de nouvelles croyances, où une partie des hommes vit encore dans le passé, pendant que l'autre s'avance vers l'avenir. J'ai dit à dessein croyances sociales; car, pour les croyances religieuses, j'en ai la confiance, elles ne peuvent qu'être affermies. Toute ma pensée finira par se développer.

Et remarquez bien ceci, qui est le caractère propre des époques palingénésiques : tantôt ce sont des signes dans le ciel, tantôt ce sont des voyants, qui sont en sympathie avec le siècle futur. Un vif sentiment de ce qui est donne le sentiment de ce qui sera, comme la pensée, si elle pouvait être rendue intelligible avant d'être manifestée par la parole. Il y a des hommes en avant du siècle, il en est même qui sont en avant de l'existence actuelle, et qui participent déjà de l'existence future. Les initiations sont successives. L'homme en qui existe cette faculté de l'avenir est introduit plus tôt dans le siècle futur, ou même dans la vie à venir. C'est, comme nous l'avons dit, l'homme dispensé d'un grade ou d'une épreuve, dans la cérémonie emblématique de l'initiation. Cette faculté de voir ce qui sera dans ce qui est fut toujours un moyen d'avancement pour tous, car toujours ceux en qui réside cette faculté sont tenus de parler aux autres; c'est donc une sorte de demi-révélation, que la Providence répartit avec mesure, et qui fait aussi marcher les hommes sans attenter à leur liberté. Toutes les destinées humaines sont analogues entre elles. Chaque homme a un but à atteindre. Selon que chacun est plus ou moins élevé, chacun a un but différent. Ce qui est ordonné à chacun, ce n'est pas d'atteindre le but qui ne lui apparaît pas, c'est d'atteindre le but qui lui apparaît. Sur cette terre, et dès à présent, il est évident qu'il y a une hiérarchie d'esprits humains, qui se prolonge au-delà de cette vie; mais tous arrivent, les uns plus tôt, les autres plus tard. Nous sommes tous appelés au même héritage. Ce qui s'est passé à l'égard des sociétés est un emblème de ma pensée. Il y a aussi une sorte de seconde vue pour le monde des intelligences.

A ces époques de fin et de renouvellement surviennent ou se réveillent les traditions apocalyptiques, lesquelles sont toujours la prévision d'un triste dénouement pour un drame si tristement commencé, lorsqu'on ne le considère que, comme Boulanger, dans la sphère de l'histoire, ou, comme lord Byron, dans la sphère de la poésie, mais lorsqu'on le considère dépouillé d'espérances immortelles; alors naissent les prédictions sur la fin des temps, sur la conflagration de notre pauvre planète rejetée dans l'immensité de l'espace, comme un charbon éteint. Nous n'avons pas été exempts de cette sorte d'exaltation mélancolique, poussée quelquefois jusqu'au plus déplorable vertige, lorsqu'elle devient contagieuse parmi les multitudes épouvantées.

———

Pour voir une telle image, le relief d'une telle situation, considérez l'état où se trouve réduite la capitale de deux passés. Rome va être envahie par la solitude comme Jérusalem. La ville que l'on nomme encore la ville éternelle aurait-elle accompli toutes ses destinées? Deux sceptres différents ont été remis entre ses mains. L'un est brisé depuis bien des siècles, l'autre échappe aux mains de cette reine des nations. Un air malfaisant s'avance sur elle comme les sables du désert sur Palmyre. L'homme cesse d'y lutter de cette lutte opiniâtre que j'ai voulu peindre dans un des livres d'Orphée; et cette lutte est une des conditions auxquelles la terre lui a été donnée. La Genèse le dit. Rome a vu périr successivement et la civilisation de sa forte république, et celle de son grand empire qui pesait sur l'univers, et celle du moyen âge qu'elle seule a pu dompter. Une circonstance peut sauver Rome d'une destruction complète, et empêcher que la basilique de Saint-Pierre ne devienne bientôt l'asile de reptiles immondes, d'oiseaux effrayants;

il faudrait que la terrible charrue des révolutions, après avoir retourné le sol fécond de l'Italie, remuât encore profondément cette terre de plusieurs âges de volcans.

Oui, j'en ai la conviction intime, il y a dans cette vieille Italie tous les éléments nobles et généreux qui peuvent produire un grand peuple. Vienne le moment où elle pourra s'affranchir du joug si profondément démoralisateur de l'étranger! Il y a long-temps qu'on l'a dit, puisque c'est à propos des projets de Henri IV : C'est être le maître des Italiens que de leur rendre la liberté.

———

Voyez un autre spectacle digne de votre attention. Dans ces derniers temps, un nouveau Titan, confiné au milieu des vastes mers, est mort seul sur un rocher. Celui-ci a voulu faire autrement que Prométhée. Prométhée, c'est le génie civilisateur, le génie du progrès et de l'avancement, enchaîné par la destinée inexorable. Bonaparte, c'est le génie égoïste, qui veut que le monde entier soit employé à élever le piédestal de sa statue isolée; et cette statue isolée a eu le sort du fameux colosse à la tête d'or et aux pieds d'argile. Bonaparte trouva beau de combattre la civilisation avec les armes fournies par elle-même. Il voulut faire rétrograder les sociétés humaines dont il était le plus éclatant produit. Bonaparte a légué au monde cet esprit de retardement qui ne meurt jamais, contre lequel l'homme doit perpétuellement combattre, sans prendre aucun repos, comme il doit perpétuellement combattre contre les forces de la nature, et toujours sans prendre aucun repos. Sitôt qu'un homme se décourage dans les épreuves de l'initiation, il s'affaisse dans sa propre misère, il se complaît dans son abrutissement, il cesse en quelque sorte d'être une créature humaine: il en est ainsi d'une nation.

Bonaparte ne fonda pas dans l'avenir, et le présent lui est échappé. Grande leçon! Il a disparu seul. Il a brillé un instant comme un météore étranger à notre système social. Nul peuple ne dit : C'est sa pensée sympathique qui nous gouverne.

Les souverains n'ont secoué le joug de Bonaparte qu'en affranchissant les peuples, ou en promettant de les affranchir, ou enfin en reconnaissant l'émancipation de ceux qui s'étaient trouvés dans des circonstances telles, qu'ils s'étaient affranchis par le fait. Les peuples ont plus qu'on ne croit l'instinct de la conservation, mais c'est toujours par la voie de la liberté. L'ordre est un besoin des peuples, et ils ne peuvent manquer de satisfaire à ce besoin, lorsqu'on les laisse accomplir une révolution devenue nécessaire, sans la contrarier en ce qu'elle a d'utile et de bon. Les princes ne savent pas prévenir une révolution, parcequ'ils ont perdu la faculté d'instituer. Voyons-nous en effet à présent des princes faire des peuples? N'oublions pas ceci pour la suite; il n'est pas temps encore de s'arrêter sur cette considération, qui est cependant d'une si grande importance.

Reportons notre pensée sur les circonstances qui ont servi à l'affranchissement graduel des peuples modernes. Le bienfait des croisades fut loin d'être prévu; mais les communes étaient fondées, et le bienfait subsista: d'ailleurs les classes privilégiées donnaient trop d'inquiétude au pouvoir. Bonaparte une fois renversé, le bienfait n'a pas subsisté, parceque rien n'a été fondé. Les souverains de l'Europe ne parviendront à civiliser l'Asie qu'en affranchissant leurs propres peuples.

Depuis l'émancipation par le christianisme, le génie de l'avancement est disséminé dans le monde; mais il y est répandu parmi une multitude qui est désarmée. Le génie du retardement, au contraire, est concentré dans le petit nombre, mais dans le petit nombre armé de la puissance sociale, de la force d'organisation. A l'origine des sociétés humaines, le génie du progrès était dans le petit nombre, et c'était la multitude qui y apportait des obstacles. Ce génie bienfaisant finissait par remporter la victoire, même sur les forces légales et organisées, parcequ'il est de la nature du genre humain d'avancer toujours. Le petit nombre, exécutant les arrêts du génie du retardement, agit donc contre la nature du genre humain. Il finira par être vaincu. L'initiation n'est plus confiée à quelques uns, elle repose dans tous, parceque tous entrent dans les mœurs générales, parceque l'ordre légal appartient à tous. Les peuples émancipés par le christianisme auraient déja triomphé, s'ils avaient compris qu'ils devaient se réunir dans une seule pensée, et que cette pensée devait être une pensée religieuse. Les hommes du retardement, les uns par une erreur de conviction, les autres par un coupable calcul, ont invoqué la Providence: ils ont au moins cherché l'appui du fait religieux, ils ont pris le bouclier de la théocratie. Les hommes de l'avancement n'ont compté que sur leurs propres sentiments, sur l'énergie de leurs volontés. Quelquefois même, trompés par l'abus que leurs ennemis faisaient d'une intervention religieuse, vraie ou hypocrite, mais dans tous les cas hors de nos temps, ils se sont précipités dans la révolte de tout principe religieux. Le mal est des deux côtés; mais la seule invocation à la Providence est douée d'une puissance infinie, parceque son nom seul est plus fort que toute la force humaine, comme la seule révolte contre la Providence, par le fait même de cette révolte, brise et dissout toute force. La foi s'attache au signe de la foi. Nous lisons dans la Genèse qu'une bénédiction frauduleusement obtenue n'en subsista pas moins. Rappelons-nous la belle comparaison d'Homère, la chaîne d'or. Une antique superstition juive, ou plutôt rabbinique, attachait les plus hautes vertus au simple acte de prononcer le nom incommunicable et sacré de Jéhova. Tant que Troie conserva son palladium, c'est-à-dire le signe de son individualité religieuse, les flots de la Grèce vinrent se briser au pied de ses remparts. Lorsque les anciens peuples faisaient le siége d'une ville, ils commençaient par conjurer les dieux de cette ville pour qu'ils l'abandonnassent. Job se plaignit de la Providence, mais il reconnut aussitôt l'injustice de sa plainte, et les calamités se retirèrent de lui. J'entasse les exemples de tous les genres, parcequ'ils témoignent de l'unanimité d'un même sentiment : c'est dans la direction de mes idées. Je ne veux point pour cela mêler le sacré et le profane. D'ailleurs il faut bien dire que la force morale est l'alliée sympathique de la force religieuse. C'est une leçon que je donne aux peuples de l'Europe actuelle, à qui au reste l'unité du sentiment religieux est devenue très facile par le christianisme. Les peuples de l'Amérique, les États-Unis, ont commencé par prendre Dieu à témoin de la justice de leur cause; ils se sont mis sous la protection du Dieu de la liberté, du Dieu des chrétiens.

Selon un ancien poëte, et le goût que j'ai dû contracter pour cette première forme de la sagesse doit me faire pardonner l'emploi d'une telle allégorie; selon un ancien poëte, la force finit par s'asseoir sur le trône de Jupiter: traduire ceci en langage philosophique, cela veut dire que le fait ne peut régner qu'à la condition de s'ériger en droit. Je viens de dire une leçon pour les peuples; voici maintenant la leçon pour les dépositaires du pouvoir.

Dynastie veut dire force; c'est la force sociale. Ce nom fut d'abord appliqué aux gouvernements héroïques; il passa ensuite avec son énergie primitive dans les gouvernements réguliers, c'est-à-dire dans les gouvernements de l'humanité. L'Égypte et l'Étrurie, dans les temps les plus reculés, furent partagées en dynasties.

L'essence, la nature du pouvoir, ont changé: gradué selon l'origine et le principe des divers gouvernements de l'humanité, l'assentiment de fait, ou l'assentiment légal, en est devenu une condition nécessaire.

Le pouvoir fort gouverne avec plus d'assentiment que le pouvoir faible, parcequ'un instinct qui ne trompe pas veut que chaque chose soit dans sa nature. Celui qui doit obéir veut une raison de son obéissance. L'autorité, même l'autorité paternelle, a besoin d'être juste.

Le gouvernement faible manque à sa mission, puisqu'il est inhabile à protéger.

La sanction du pouvoir de celui qui commande est donc dans l'assentiment de celui qui obéit : c'est en cela que réside la force sociale, antique acception du mot dynastie. N'avons-nous pas vu plus haut que même la sanction de celui qui inflige le châtiment est dans l'assentiment de celui à qui il est infligé avec justice ?

Tous les ordres de civilisation sont fondés sur cette sanction. Dans les temps de crise, ce qui fait la crise, c'est l'affaiblissement de la sanction. Les raisons du pouvoir ne sont plus évidentes; elles sont discutées et contestées. Lorsque l'initié sait tout ce que l'initiateur peut enseigner, il y a progrès; donc il y a lieu à constater le progrès en légalisant une transformation sociale.

Les dynasties sont tenues de représenter la société qu'elles ont à gouverner. Refuser d'ériger le fait en droit, c'est-à-dire de légaliser le fait, de constater la transformation sociale dès qu'elle est opérée, c'est tout à-la-fois créer et amnistier d'avance la révolte. Ainsi représenter la société qu'elle est appelée à gouverner, telle est la mission auguste de toute dynastie; et c'est dans le sentiment seul de cette mission que réside l'infaillibilité. Le pouvoir, quoi qu'en dise M. de Maistre, n'est donc infaillible qu'à la condition d'être l'expression vraie de ce qui est.

La sibylle de Samothrace dont j'ai déja parlé est un emblème de cette doctrine professée par moi dans l'Homme sans nom, sorte d'apologue par lequel je préludais à ma philosophie palingénésique.

La sibylle, par sa nature cyclique, a, comme nous l'avons vu, son existence liée à une forme de civilisation. Lorsque cette forme doit périr, le sens prophétique abandonne la sibylle, et pour elle le sens prophétique, c'est la vie. Elle meurt donc, ainsi que le lierre, lorsque l'arbre qui est son appui vient à mourir; ou plutôt, c'est l'hamadryade dont la vie est celle de l'arbre même.

Une dynastie ressemble-t-elle à la sibylle de Samothrace? Sitôt que la faculté de représenter la société lui est ravie, ou, en d'autres termes, sitôt que la société subit une transformation avec laquelle la dynastie n'est pas en sympathie, cette dynastie devient-elle comme la sibylle dépouillée du sens prophétique? Nous avons appris ce qu'est, dans une telle donnée, le Testament de Louis XVI et la Charte de Louis XVIII; et à propos du mot si puissant d'*auctoritas*, chez les anciens sages du vieux Latium, nous aurons à déterminer les véritables attributions du législateur.

Finissons cette partie des prolégomènes par un mythe, sorte de langage auquel nous avons dû nous accoutumer. La révolution française est le chaos cosmogonique, le combat toujours énergique et souvent aveugle de tous les divers éléments sociaux entre eux. Une pensée intime travaillait en silence à organiser ces éléments confus, pour leur faire produire le nouvel ordre de choses, l'évolution palingénésique du genre humain.

L'Élégie enfin est une peinture de la chrysalide sociale actuelle.

DEUXIÈME PARTIE.

FIN

DE LA DEUXIÈME PARTIE.

§ VII.

Un mot sur les notes et développements.

J'ai indiqué dans la préface la raison qui m'a porté à réunir ensemble ces notes et développements. Il suffit donc de quelques mots pour terminer cette partie des prolégomènes.

Ces notes et développements se présenteront à la fin sous la forme de Preuves, et s'appliqueront également aux deux volumes qui précèdent, quoique les écrits dont ils sont composés n'aient pas tous été primitivement conçus avec la pensée qui est devenue la Palingénésie sociale.

Sous le titre de PREUVES sont donc comprises des recherches et des remarques de tous genres. J'y traite des questions de philosophie, de philologie, d'histoire et même de haute littérature, auxquelles donnent lieu les sept volumes précédents.

Ces PREUVES, qui sont quelquefois des dissertations, quelquefois des textes importants, quelquefois des indications d'analogies lumineuses, sont donc un complément nécessaire. Elles s'appliquent le plus souvent à toutes les compositions. Des préfaces particulières pour chacune d'elles auraient été insuffisantes. Ainsi, par exemple, si dans la préface d'ANTIGONE j'eusse voulu traiter la question de la fatalité chez les anciens, je n'aurais pu le faire qu'en appuyant sur des faits contenus dans les volumes suivants. Ainsi le *Tirésias* de l'ANTIGONE ne pouvait être développé que dans l'ORPHÉE. Ainsi la fondation des villes primitives, considérées comme l'hiéroglyphe des institutions, ne devait être parfaitement expliquée qu'après l'ORPHÉE et la FORMULE GÉNÉRALE. Ainsi l'*OEdipe* devinant sur le mont *Phicéus* l'énigme de l'humanité deviendra *Junius Brutus* devinant l'énigme aristocratique du *Capitole*; et, dans l'ORPHÉE, nous aurons entendu cette même énigme présentée comme celle des races royales. Ainsi l'*Érigone* d'ORPHÉE et la *Virginie* du MONT SACRÉ sont deux personnages identiques, l'un dans la sphère poétique, l'autre dans la sphère historique. Ainsi l'ESSAI SUR LES INSTITUTIONS est une introduction à la PALINGÉNÉSIE, comme l'HOMME SANS NOM est une introduction à la VILLE DES EXPIATIONS. Ainsi l'ORPHÉE est toute palingénésie primitive, et la FORMULE GÉNÉRALE toute palingénésie historique. Ainsi enfin l'ANTIGONE est une épopée domestique, et l'ORPHÉE une épopée générale; et ces deux épopées sont identiques, en ce sens que l'homme collectif et l'homme individuel sont identiques.

Il résulte de tout cela que les PREUVES feront sentir aussi combien toutes ces diverses compositions, celles mêmes qui précèdent la Palingénésie, sont en harmonie entre elles, et se rappellent toutes les unes les autres : elles se prêtent un mutuel appui; elles s'expliquent et se développent elles-mêmes; elles sont progressives, c'est-à-dire que les premières servent successivement de préparation aux autres; sous certains rapports elles ne forment qu'un seul livre.

D'ailleurs je m'identifie à mes lecteurs; je travaille avec eux à ma propre initiation.

Je me suis assez souvent, comme on a pu s'en apercevoir, trouvé obligé de faire des digressions, d'entrer dans des explications; ici, de revenir sur mes pas, là, de faire prévoir ce que j'avais à établir plus loin; je n'ai pu enfin tout dire à-la-fois; c'est là l'inconvénient de la parole humaine qui, par sa nature, est successive, et qui, sous ce rapport, est quelquefois une image incomplète de la pensée. C'est pourquoi j'ai cru devoir renvoyer à des notes tout ce qui s'applique simultanément à plusieurs ordres d'idées, à plusieurs systèmes de choses; j'ai cru devoir y renvoyer également ou les faits et les principes qui m'auraient trop détourné de ma route, ou ceux qui avaient besoin de préparation pour être compris.

Il est bien temps de rentrer dans des considérations générales; ce sera l'objet de la troisième partie qui suit.

FIN DE LA DEUXIÈME PARTIE.

TROISIÈME PARTIE.

L'homme des doctrines anciennes, le prophète du passé, vient de mourir. Ses écrits, pleins de verve, d'originalité, de véritable éloquence, de haute philosophie, attestent l'énergie dont fut douée cette civilisation qui se débat encore dans sa douloureuse agonie, et que l'on voudrait en vain ressusciter. Paix à la cendre de ce grand homme de bien ! Gloire immortelle à ce beau génie ! Maintenant qu'il voit la vérité face à face, sans doute, il reconnaît que ses rêves furent ceux d'une évocation brillante, mais stérile et sans puissance. Il voulut courber notre tête sous le joug d'un destin fini. La foi qui opère tant de prodiges ne peut pas faire celui-là ; elle ne peut pas faire que ce qui est progressif soit stationnaire, que le passé soit le présent. Ah ! c'est bien au rigide néoplatonicien de notre temps qu'il est permis de dire, comme jadis à l'ombre du magnanime Hector :
« Si la ville de Troie, condamnée par la cruelle fa-
« talité des choses humaines, eût pu être garantie

« de la ruine, ton bras, généreux guerrier, ton bras « aurait opéré ce prodige. » Tant il est vrai qu'un sentiment qui cesse d'être général, se réfugie avec violence dans un petit nombre d'esprits élevés, et, ainsi concentré, trouve encore d'admirables organes. C'est le flambeau qui jette une vive et dernière lumière, avant de s'éteindre; c'est la vie qui rassemble encore une fois ses forces, pour échapper à la mort.

Mais je me trompe; c'était sous Louis XIII que les livres de M. de Maistre devaient paraître; ils eussent peut-être empêché de porter les derniers coups à la civilisation du moyen âge, à cette formidable féodalité que nos rois, las de lui devoir leur sceptre, avaient été, durant plus de trois siècles, sans cesse occupés à désarmer. Depuis Louis XIV, en effet, la monarchie française était un véritable interrègne, car l'institution si vigoureusement et si glorieusement improvisée par ce prince avait péri avec lui. Cela devait être. Il avait renversé sans élever; il avait réglé le présent sans régler l'avenir. Il fut roi, et il fallait être législateur. La personnalité sur le trône, quelque éclatante qu'elle soit, ne produit que les fruits inféconds de la personnalité. Ce n'est jamais en vain que l'homme général conserve, sous les insignes du pouvoir, les étroites passions, les puériles vanités de l'homme individuel. Un tel homme ne doit pas se faire centre, il doit l'être. Louis XIV, dans la dernière moitié de son règne, fut condamné à se survivre, exilé en quelque sorte au fond de ses palais par sa royale misère et par les infortunes de ses peuples. Le temps était donc venu de substituer un autre principe à celui de l'institution féodale, trahie ou vendue de toutes parts, et qui ne devait plus avoir d'asile que les splendeurs pâlissantes de Saint-Germain, ou les pompes nouvelles de Versailles. On ne sut trouver que le droit divin, tel que l'avait expliqué Bossuet, en présence, et, pour ainsi dire, sous les yeux de la révolution anglaise. C'était la première fois qu'on faisait de ce droit, en Europe, un principe théocratique semblable à celui qui gouverna les Juifs; et, par une contradiction inouïe, on niait en même temps au pouvoir religieux la suprématie de ses prérogatives. On élevait donc un édifice qui manquait de base, qui ne pouvait s'asseoir sur aucun fondement. Ne faudrait-il pas s'étonner de ce qu'on continua de laisser dans l'oubli la seule loi qui pût fonder, la loi de l'émancipation de l'Évangile, de l'affranchissement de la tutèle, prêchée par saint Paul lui-même? M. de Montlosier a donc raison de blâmer l'établissement monarchique de Louis XIV, quoique ce soit dans d'autres intérêts et d'autres vues. Ce premier pas dans une si mauvaise route devait nous faire graviter vers l'unité du pouvoir, qui est si près du despotisme de l'Orient, lorsqu'il n'est plus, et qu'il ne peut plus être le pouvoir patriarcal du père de famille, étendu de la tribu au peuple. L'affranchissement des communes et l'abolition de la puissance féodale devaient avoir un autre résultat, par la nature même des choses; et la révolution française est survenue à l'improviste, sans avoir été ni préparée ni mûrie dans la haute sphère des traditions sociales. Si elle se fût bornée à faire passer l'émancipation chrétienne de la sphère religieuse dans la sphère civile, elle n'aurait fait qu'accomplir la loi du progrès. C'est sans doute ce qu'eût voulu faire Fénélon par M. le duc de Bourgogne, lorsqu'il serait monté sur le trône; mais le prophète de l'avenir, celui en qui l'amour des hommes, l'intimité du sentiment évangélique, l'imagination la plus gracieuse, des souvenirs pleins de poésie, formaient un mélange si charmant, ce beau et aimable génie était regardé par le roi absolu comme un esprit chimérique. La lyre mélodieuse du nouvel Orphée ne pouvait être entendue sous le règne corrupteur qui suivit de si près la mort du grand roi. La révolution est allée au-delà de ces rêves d'amélioration, parceque la transformation sociale, se faisant trop tard, ne pouvait s'opérer que par des moyens violents et illégaux, et aussi parceque la partie dominante de la société a refusé le remède providentiel qui lui était offert depuis si long-temps en vain, peut-être enfin parcequ'il vient un moment où Dieu n'a plus que des fléaux pour venger ses lois méconnues. Alors la parole est aux événements; alors le vaisseau des destinées humaines, sans pilote et sans gouvernail, est abandonné à la merci des flots.

Néanmoins cette forte organisation du moyen âge, toute vivante en Europe, traînait encore chez nous sa terrible caducité. Oui, les écrits de l'illustre philosophe piémontais sont le chant du cygne d'une société expirante. Et, chose digne de remarque! le prophète du passé, l'homme des doctrines anciennes, est mort paisiblement, aux côtés de son vieux souverain, la veille du jour où l'orage devait subitement gronder autour des dynasties italiennes, la veille du jour où elles se sont crues obligées de livrer leur pays à l'étranger; et il n'a eu aucun pressentiment de ce rapide orage qui allait forcer son roi à abdiquer une couronne replacée, depuis si peu de temps, sur sa tête, par des événements imprévus qu'il n'avait ni préparés, ni secondés. Peut-être dans ses derniers entretiens avec son maître, racontait-il le retour d'Esdras après la captivité, l'ancien livre de la loi expliqué de nouveau sur les ruines du temple, le peuple d'Israël brisant des liens illicites, renvoyant des épouses qui ne lui avaient pas été données par la loi de ses pères, tenant d'une main la truelle, et de l'autre le glaive, pour relever et défendre à-la-fois ses murailles démolies par de barbares vainqueurs : tant les analogies incomplètes ne servent qu'à tromper les hommes, et à fasciner les esprits les plus élevés! Mais c'était la patrie qu'Esdras faisait sortir du tombeau; c'était une proie qu'il ravissait à l'étranger. Qu'eût-il dit, cet homme d'un autre âge, s'il eût vu, quelques jours après, la Grèce, soulevant d'elle-même le poids de ses fers, et cherchant à se rajeunir, après tant de siècles de l'oppression la plus ignominieuse! Ainsi les deux grandes métropoles du monde moderne, de l'Europe chrétienne, Rome et Constantinople, se trouvent à-la-fois battues par les flots d'une mer inconnue, les flots d'une civilisation naissante, d'une civilisation à qui l'avenir est promis. Le prophète du passé s'est endormi la veille du jour solennel, il s'est endormi au sein de ses souvenirs, qu'il prenait pour des prévisions; et les réalités de son temps ne lui ont été révélées qu'avec les grandes réalités des pensées éternelles. Mais n'a-t-il pas dû éprouver quelque doute, lorsque sa tête reposait sur l'oreiller de son lit de mort? N'avait-il pas eu le temps de savoir que l'Espagne se levait pour faire un pas vers l'Europe, dont elle se sentait trop séparée, et que le Portugal venait d'abolir la peine de mort, signe, selon lui, si funeste, signe de ruine et de décadence? N'avait-il pas jeté un œil inquiet sur les Amériques voulant entrer dans l'indépendance qui seule peut constituer un peuple?

Non, ce grand homme de bien, ce noble théosophe, ce vertueux citoyen d'une cité envahie par la solitude, n'avait reçu d'oreille que pour entendre la voix des siècles écoulés; son ame n'était en sympathie qu'avec la société des jours anciens. Il ne savait point distinguer ce cri si parfaitement articulé de l'avenir; il n'entrevoyait rien des destinées nouvelles; les peuples ne pouvaient le comprendre, car il avait cessé de parler leur langage. Mais les rois se sont réveillés pour prêter à des rêves de l'antre de Trophonius l'appui de toutes les forces sociales les plus diverses et les plus opposées. Les oracles qui s'étaient tus, comme au temps de Plutarque, recouvreront la faculté de parler, comme au temps de Julien.

Toutefois, il faut bien le dire, M. de Maistre n'a point erré dans les routes obscures du passé. Il a vu tout de suite, pendant que les chefs des peuples ne faisaient qu'entrevoir, il a vu que la féodalité ne pouvait ressusciter. Dès-lors il s'est hâté de gra-

vir au plus haut sommet du principe théocratique;
il avait compris d'avance que c'était le seul moyen
d'éviter le piège où le fier génie de Bossuet s'était
laissé honteusement prendre. Il a dédaigneusement
repoussé l'inconséquence des transactions, pour
marcher plus directement au règne de l'immobilité.
Il a franchi d'un saut les débris de l'empire de Charlemagne, pour aller prendre des armes dans le
camp de Constantin. Il a convoqué de nouveau les
peuples et les rois sous le *Labarum*, devenu non plus
le signe vivificateur de l'affranchissement, mais le
signe silencieux du pouvoir sacré. Il a redemandé
au vatican d'Hildebrand ses foudres usés dans de
glorieux combats livrés à la multitude des tyrans
du moyen âge; il les a redemandés pour en armer
la main débile du vieux prêtre dont nous n'avions
su admirer naguère que la douceur évangélique.

Bossuet, dans sa Politique sacrée, livre admirablement beau, composé en entier de centons de
l'Écriture sainte, Bossuet a essayé de faire revivre
la loi abolie, puisqu'il prend ses exemples et ses
règles dans la théocratie juive, renversée par la
mission de Jésus-Christ; mais dans d'autres écrits,
il a fait de vains efforts pour assigner des limites à
une puissance qui ne peut pas connaître de ltmites.

Moïse initia un peuple; le Christ initia le genre
humain : Bossuet et M. de Maistre ne parviendront

point à nous ravir le bienfait de ces deux initiations, devenues notre inaliénable héritage.

Ne soyons point étonnés si, encore à présent, si, depuis la promulgation de la loi de grace, M. de Maistre a continué à ne connaître pour le monde d'autre salut que le salut par le sang. Au dix-neuvième siècle de cette loi de grace, inspiré encore par le génie redoutable du châtiment et de la peine, il a osé peindre le bourreau comme l'horreur et le lien de l'association humaine. « Otez du monde, et c'est en frémissant que je retrace de telles expressions, ôtez du monde cet agent incompréhensible, dans l'instant même l'ordre fait place au chaos, les trônes s'abyment, et la société disparaît. » Ne soyons point étonnés si le fléau de la guerre est une des terribles harmonies du monde social; car il nous apprendra qu'il y a dans le sang humain répandu sur la terre une vertu secrète, une vertu d'expiation.

Juste ciel! voudrait-il donc rétrograder jusqu'aux jours des sacrifices sanglants?

Ce qu'il faut bien remarquer, et remarquer pour une haute instruction, c'est que M. de Maistre n'a nulle pitié des hommes. Il est inexorable à l'égal de la destinée, et point miséricordieux comme la Providence. D'après les poëtes chrétiens, si les anges exécutèrent la sentence contre l'homme déchu, ils ne l'exécutèrent qu'en pleurant. Cela est vrai, la Providence exécute ses lois en pleurant, lorsque ses lois sont rigoureuses; la chute et la rédemption ne forment qu'un seul et même dogme, par lequel encore le Réparateur promis doit être fils de l'homme déchu.

Le caractère farouche de l'antique patricien, type tout-à-fait primitif, s'est donc retrouvé, dans notre temps, avec toute sa poésie; et pourtant cette poésie n'a point la rudesse des époques cyclopéennes, parcequ'elle a été polie, malgré elle, par l'étude de Platon, par l'ensemble des mœurs chrétiennes. On y retrouve néanmoins toujours ce dédain superbe et naïf pour l'humanité; l'humanité, en effet, est un résultat de l'évolution plébéienne qu'il ne pouvait adopter, à laquelle il était instinctivement antipathique.

Ainsi M. de Maistre était resté complètement en arrière de la loi de clémence et de grace! ainsi il a méconnu les développements successifs! Il ne s'est pas souvenu de ce que Jésus-Christ disait aux Juifs, en leur expliquant la nécessité, la raison des dures lois de Moïse. Il a oublié le baptême substitué à la circoncision, double emblème qui exprime tout. Platon lui avait enseigné que la pensée humaine avait conçu la grande pensée d'un Médiateur, ou plutôt il avait compris que Platon l'avait puisée dans les traditions générales du genre humain. Virgile lui avait fait sentir, chez les païens, l'attente d'un siècle nouveau, et les espérances du genre humain tout entier, espérances que Dieu voulut disperser parmi tous les peuples de la terre. Il n'avait qu'une pensée de plus à acquérir, qu'un sentiment intime à écouter, pour savoir que le sang sacré dont furent arrosés les sommets du Golgotha avait aboli la loi du salut par le sang, que la grande rançon du genre humain avait été acquittée. Oui, le sacrifice non sanglant, fondé par le christianisme, affirme chaque jour que le sacrifice sanglant doit incessamment être aboli parmi les nations chrétiennes. Il a dit, l'apôtre du passé, que l'échafaud est un autel élevé sur les places publiques. Cela fut vrai avant la promulgation de la loi de clémence et de grace; cela est encore vrai, tant que cette loi n'aura pas reçu son accomplissement tout entier, tant que la peine de mort n'aura pas été abolie par toutes les nations chrétiennes; cela est encore vrai, disons-nous, mais plutôt n'est-ce point déjà une horrible impiété? Expliquons-nous.

La peine de mort n'est que le droit de défense naturelle, transporté de l'individu à la société. Il ne s'agit donc point de discuter le droit; mais la nécessité. Si la peine de mort est nécessaire, elle est licite. Ajoutons seulement que cette question étant maintenant discutée, il faut qu'elle soit décidée dans un sens ou dans l'autre; elle ne peut rester suspendue; l'autorité des siècles et des peuples n'est plus rien en cela; on ne peut rétablir la sécurité de la conviction, et même s'il était possible de la rétablir, il ne faudrait pas le faire, car ce serait un crime; on ne prescrit point contre l'humanité, et sur-tout on ne se joue pas de ses saintes lois. Ne cessons jamais de penser que la société est progressive, et qu'il y a quelque chose de successif dans les révélations de Dieu, et dans les révélations de l'esprit humain.

Encore est-il vrai de dire que l'antiquité ne serait pas unanime, si elle était consultée sur la peine de mort. La loi qui, hors le cas de discipline militaire, exemptait un citoyen romain de la peine de mort, est bien une loi d'immunité et de privilège, comme on l'a dit souvent, et non une loi d'humanité; mais ce n'est qu'en apparence. En effet, dans la réalité, et en creusant au fond, la loi romaine étant faite pour les citoyens romains, et ce qui n'était pas romain étant en quelque sorte hors de l'humanité, il est certain que c'était reconnaître le principe de la suppression de la peine de mort; c'était même l'adopter d'une manière aussi générale que cela était possible dans le temps. Cicéron allume contre Verrès tous les foudres de l'éloquence, parcequ'un citoyen romain avait été frappé de verges, et non point parceque c'était un homme à qui avait été infligé ce châtiment ignominieux. La plupart des peuples anciens n'ont eu aucun respect pour l'homme même; il fallait être ou Romain, ou Grec, ou libre, ou noble, etc., et, comme a dit Aristote, *le droit suppose l'égalité.* Gloire au christianisme!

J'ai développé ailleurs cette considération, que le sentiment de l'humanité est nouveau sur la terre, pris dans le sens général que nous avons signalé, c'est-à-dire pris dans son acception la plus simple. Gloire encore au christianisme! gloire à l'heureuse fécondité de ses principes bienfaisants!

Souvenons-nous des lois si dures de la guerre, des représailles, du despotisme odieux exercé sur les colonies par de cruelles métropoles; souvenons-nous du régime atroce des esclaves... Ceux à qui l'on crevait les yeux pour qu'ils n'eussent pas de distraction en tournant la meule... Ceux que l'on enchaînait dans une loge pour être portiers, et qui devaient détacher les chiens dans le besoin, sans qu'ils eussent la faculté de se détacher eux-mêmes : encore ces derniers étaient-ils choisis parmi les esclaves dont la fidélité était le plus éprouvée.

« Si l'on eût proposé d'abolir de si exécrables coutumes, n'aurait-on pas dit : Comment ferons-nous moudre notre blé? comment serons-nous sûrs que nos portes seront bien gardées?.... Mon Dieu! n'oublions pas le code Noir, peut-être le plus infame de tous, le plus infame sur-tout, parcequ'il a été fait par des peuples qui se disaient chrétiens! On frémit de reporter sa pensée non seulement sur le sort qui leur était réservé, mais encore sur les moyens par lesquels ils étaient obtenus. La récolte de ce fatal produit, le trafic, le transport, l'emploi, tout était un phénomène de cruauté et de perversité... A-t-on assez long-temps versé le ridicule sur ceux qui imploraient l'abolition de la traite des nègres? a-t-on assez long-temps répété : Comment ferions-nous pour cultiver nos colonies?... Il ne faut pas tout dire; car, encore à présent, on aurait besoin de couvrir sa face pour cacher sa honte.

Et cependant Dieu déposait au fond des vaisseaux négriers les germes d'un mal qui, sous le nom de fièvre jaune, venait de temps en temps jeter l'épouvante parmi nous.

Je citais tout-à-l'heure la loi romaine, relativement à la peine de mort. Avec de l'érudition, je pourrais remonter plus haut. Sabacos, en Égypte, avait, dit-on, aboli la peine de mort. Un autre roi fonda la Ville des Malfaiteurs. Je ne puis approuver l'idée exprimée par une telle désignation. Il faut que le droit d'asile soit complet. Ne flétrissez pas l'homme que vous voulez améliorer.

Dans les peines on regarde toujours l'utilité de la société; ne serait-il pas temps enfin, comme j'en ai déja exprimé le desir, de compter pour quelque chose l'utilité du coupable lui-même, de ne pas l'exclure de toute confraternité humaine? Si cela est vrai, si cela est juste, comme je n'en doute point, il faut réclamer jusqu'à ce qu'elle soit obtenue; il faut réclamer avec persévérance, avec acharnement, l'abolition de toute peine qui entraîne un effet irrévocable après elle. Ne craignons pas de désoler l'impassibilité de ceux qui veulent continuer de supplier par le sang, par la torture, par la gêne, par les geôliers et les bourreaux. Non, ne nous lassons pas de le redire, non, il ne faut pas, autant qu'on le peut, placer le malheureux sous la loi absolue de l'irrévocable; il ne faut pas lui river les fers de son mauvais destin : c'est bien assez qu'il se place, par la triste direction de ses propres penchants, sous cette loi fatale, et que trop souvent il se ferme de plein gré tout chemin de retour. Laissons une place au repentir, à l'amélioration morale; et, quelquefois encore, n'en doutez pas, cette place que vous croirez n'avoir accordée qu'à la possibilité du repentir pourra servir à réparer quelque erreur douloureuse.

Mais allons plus loin. Il est permis de douter de l'utilité des peines rigoureuses, flétrissantes, en un mot, irrévocables; il est permis, dis-je, d'en douter, même dans l'intérêt de la société. Il y a des faits nombreux, très extraordinaires, et fort attestés, qui établissent qu'à différentes époques, la vue des supplices a produit sur l'imagination d'un certain nombre de personnes l'effet de créer en elles le funeste besoin, le vertige amer, de se donner à leur tour en spectacle dans ces cruelles tragédies. Des sectaires, des mélancoliques, n'ont-ils pas cherché aussi, faute d'autre célébrité, la gloire d'une torture publique qu'ils avaient vu endurer avec une constance de martyr? Le supplice de Jean Châtel fit peut-être Ravaillac. Le coupable sait que dans nos lois actuelles il encourt la peine de mort: ne lui laissez donc pas la pensée du danger, pensée si souvent pleine d'attrait, et qui, même dans nos préjugés, pourrait si souvent ennoblir la révolte contre les lois.

L'application de la peine de mort produit le mal moral de porter à croire que le meurtre n'est pas mauvais en soi, mais selon la circonstance. La société s'élève dans l'échelle des idées morales, et elle en est parvenue à celle-ci, que le meurtre, hors le cas de défense naturelle, est toujours un crime.

Au reste, je ne fais qu'effleurer ici la théorie des peines; lorsque j'aurai à fouiller les annales de l'antiquité pour y puiser des instructions, et ensuite lorsque j'aurai visité la Ville des Expiations, je pourrai m'expliquer avec plus d'assurance. Nous serons mieux en état d'apprécier une multitude de choses par les idées nouvelles que nous aurons acquises; je serai aussi plus avancé dans ma propre initiation; car, il faut bien que je le dise, les diverses parties de ces excursions palingénésiques sont pour moi-même une suite d'initiations successives dans lesquelles je cherche à m'associer mes lecteurs. Bornons-nous donc quant à présent à ce qu'il y a de plus général dans cette haute question, et dans ses rapports seulement avec la peine de mort.

Dieu a droit de limiter le temps de la vie, c'est-à-dire la durée de la manifestation de l'homme dans le temps; cela est incontestable, non seulement parcequ'il est maître de la vie, mais aussi parcequ'il sait la destinée contingente d'une vie plus ou moins prolongée, mais sur-tout parcequ'il connaît l'instant où il est bon que l'ame soit soumise à une autre série d'épreuves. La société est une institution divine. Le droit d'infliger la peine de mort, qu'il lui soit concédé pour un temps par la Providence, ou qu'elle se l'arroge elle-même, ce droit peut être considéré comme une calamité de plus, à laquelle l'espèce humaine fut assujettie. Mais une calamité cesse enfin.

Si les langues sont en effet une cosmogonie intellectuelle où soient déposées d'une manière synthétique les archives du genre humain; si une philologie indépendante est appelée à éclairer cette cosmogonie mystérieuse, que j'oserais presque dire tout intuitive, et, sous certains rapports, toute prophétique; si enfin la faculté du langage est la seule qui ne puisse pas être progressive, alors l'intuition et la synthèse ont dû précéder l'expérience et l'analyse. J'aurai plus d'une fois occasion de produire dans ces données des monuments irrécusables d'un ordre de choses primitif. M. de Maistre, comme la plupart des philosophes de cet ordre, puise aux sources obscures de l'étymologie, et accorde une grande puissance à la vertu symbolique des mots. J'ai démontré à ce sujet que le signe avait beaucoup perdu de ses attributions et de son énergie, que les facultés originelles n'existaient plus dans nos langues modernes de l'Europe, si lentement produites par tant d'idiomes, par tant de races, par tant de siècles. Héraclite soutenait que les mots étaient des empreintes exactes, ou des images des choses exprimant les qualités naturelles des objets. Platon, dans le Cratyle, réfute Héraclite. Cette opinion n'en est pas moins un des caractères de la philosophie italique ancienne. Héraclite avait étudié les dogmes de Pythagore. Mais ce n'est point encore de cette partie cosmogonique des langues qu'il s'agit ici, partie que Platon entrevit du haut de son intuition qu'il prenait pour de la réminiscence. (D'ailleurs il en a été question dans le § III de la seconde partie.)

Quoi qu'il en soit, M. de Maistre, trop souvent inattentif aux faits nouveaux, a vu dans les mots supplice et supplier une racine commune. Cette identité n'est pas aussi intime que peut le croire l'apôtre du passé; et, dans tous les cas, ce serait à mon avis le signe démonétisé d'une forme sociale qui va périr, d'une initiation finie; car, ainsi que je l'ai dit, le moment est venu où le genre humain ne sera plus tenu de supplier par le sang.

Toutefois j'ajouterai ceci à la remarque de M. de Maistre, non pour l'appuyer, mais pour fixer l'époque où elle put être vraie.

Le mot sacré et condamné sont le même mot, dans cette jurisprudence sévère qui succéda partout à l'antique mansuétude traditionnelle. Il s'applique alors aux animaux, aux hommes, et même aux choses. Qu'il soit sacré aux Dieux pénates; c'était la condamnation à mort de l'enfant par le père de famille, dans l'intérieur de la maison. Qu'il soit sacré aux Dieux de la patrie; c'était la formule de condamnation par le magistrat ou par le peuple, pour un délit public. *Sacer esto :* formule célèbre que je me propose d'examiner : qu'il soit anathème; et l'anathème a été conservé dans l'Église, mais avec un sens purement moral, si ce n'est lorsque le pouvoir temporel a osé pervertir les pacifiques attributions du pouvoir spirituel. Cette remarque incidente nous mènerait trop loin. Si je remontais sur-tout, comme j'ai déja dit que je voulais le faire pour l'institution civile, jusqu'à l'origine même des sociétés humaines, j'aurais trop de choses à expliquer sur les meurtres d'un âge primitif, sur les exils volontaires, sur les garanties de l'hospitalité et du droit d'asile, sur les expiations symboliques, sur les formules chantées qui précédèrent les lois écrites; j'aurais donc à apprécier encore dans les mythes ce qui est relatif à ce sujet. Puisque je dois rechercher ailleurs, parmi les débris de l'antiquité, les traces d'une théorie des peines, antérieure à toute législation historique, je réserve pour ce moment le soin de compléter les considérations que je ne fais qu'indiquer ici. D'ailleurs il ne faut point perdre de vue que, dans nos idées, société et expiation sont toujours identiques, et voilà pourquoi le fondateur d'une cité antique est par-tout un meurtrier : ce type est universel.

Je voulais seulement établir que la peine de mort, dans un temps, fut en effet un sacrifice, un acte religieux, et, osons le dire puisque cela est ainsi, un auto-da-fé.

Suivons cette ligne d'idées, suivons-la en quelque sorte chronologiquement, toujours dans l'hypothèse secondaire où je viens de me placer, pour ne pas quitter M. de Maistre.

Les sacrifices humains et l'anthropophagie.

Les sacrifices d'animaux et le régime carnivore.

Le blé a été le don de la prévoyance, et de plus la modification du régime carnivore.

La modification du régime carnivore pur a été un pas vers l'abolition de l'anthropophagie.

Le régime herbivore pur n'a jamais existé pour l'homme tel qu'il est aujourd'hui : c'est une erreur de croire que le monde actuel ait commencé par-là. Nous avons déja parlé des fables de l'âge d'or.

C'est une erreur encore de croire que les sacrifices sanglants ne sont venus qu'après les sacrifices non sanglants. Selon Macrobe, ce fut Hercule qui abolit en Italie les sacrifices humains. Les peuples de la péninsule italique auraient donc aussi commencé par l'anthropophagie, car ce genre de sacrifice en serait toujours la preuve.

Je n'écris point une théosophie : sans cela j'aurais à parler du sacrifice d'Abel et de celui de Caïn, comparés ensemble; j'aurais à parler du sacrifice chrétien.

Je reste dans les considérations les plus générales, sans porter un œil téméraire sur nos propres traditions, sur nos dogmes: ce n'est pas ici le lieu.

M. de Cesare, auteur d'un traité où il applique le système de Vico à la théorie du sacrifice, s'est trompé sur l'origine du sacrifice lui-même, et sur les idées qui y ont conduit. C'est M. de Maistre qui a raison. Le sacrifice, très certainement, repose sur la pensée de l'expiation, et non sur celle de présenter aux Dieux une nourriture semblable à celle des hommes. Ce qui l'a égaré c'est l'analogie que nous venons de remarquer entre la nourriture de l'homme et la matière du sacrifice. Les Dieux, ou n'avaient pas besoin de nourriture, ou avaient le nectar et l'ambroisie. La Bible, sur ce sujet, explique parfaitement Homère.

Toutefois ne négligeons pas de remarquer que la pensée fondamentale de l'expiation a pu s'altérer et même se pervertir entièrement, et qu'il y a un état de barbarie qui n'est point un état primitif; mais au contraire un état de dégénération d'où il faut que les peuples se relèvent. Ainsi donc ce n'est point dans telle ou telle tradition locale; c'est seulement dans ce que chaque tradition a de commun avec toutes les autres, que se trouve la grande pensée de l'expiation. Il est facile alors de comprendre pourquoi je ne puis m'arrêter à présenter tant d'appréciations diverses.

Toute l'induction que nous avons à tirer de cette digression, c'est, comme je viens de le dire, que la peine de mort, à un âge de tous les peuples anciens, fut un sacrifice : elle est une forme primitive, une expression générale du genre humain. Rien n'était plus facile que l'abus; aussi l'abus n'a-t-il pas manqué. La victime innocente a été quelquefois immolée comme victime innocente ; plus souvent, il faut le dire, le coupable; plus souvent encore le vaincu, quelquefois aussi le malheureux comme spécialement marqué du sceau du malheur, car sacré a voulu dire, dans ces mêmes langues, fatal, dévoué au malheur, prédestiné au mal. Des Dieux cruels voulurent qu'on leur immolât des naufragés; dans de grandes calamités ils voulurent être apaisés par des hécatombes humaines. Un certain nombre de victimes étaient réclamées par le ciel irrité; on prenait d'abord des coupables, puis des innocents pour compléter le nombre exigé. Des guerres même défensives commencèrent par cette odieuse supplication. Des traités de paix furent cimentés par le sang. Mais je ne sais plus m'arrêter.

M. de Maistre menace des plus grands malheurs, d'une dissolution complète la société qui abolira les supplices. Je ne sais s'il est permis de regretter l'atrocité de la législation criminelle que Louis XVI, le premier, avait commencé à détruire. Les malheurs et les crimes de la révolution seraient-ils par hasard une punition de cette haute imprudence de Louis XVI? La société, pour employer une expression remarquable par son étrange énergie, par sa barbare originalité, et que l'apôtre du passé pouvait seul trouver, la société serait-elle devenue insolvable à l'égard de la justice divine? Voilà, il faut l'avouer, une singulière explication de l'anarchie et des échafauds de 93 ; et sur-tout voilà qui me confond, et qui en confondrait de moins hardis, car cette législation criminelle, lorsqu'on en lit à présent les détails, nous fait frémir dans tout notre être. C'est un véritable chaos d'horreur, d'ineptie, de froide cruauté. Il fallait toutes les indolences dans lesquelles nous étions malheureusement bercés, pour que nous pussions ne pas y prendre garde au milieu même du progrès de toutes les idées de justice et d'humanité. Pour le dire en passant, et pour rendre justice à qui elle est due, c'est Voltaire sur-tout qui, par ses cris puissants, ses cris de tous les jours d'une si longue et si éclatante vie, appelait notre attention, contraignait notre pensée pusillanime à s'arrêter sur ce triste objet de notre indifférence et de nos trop longs dédains. Ce rire sardonique, habituellement produit sur ses lèvres par une contemplation railleuse de nos destinées, s'effaçait lorsqu'il sentait en lui, ou les vives inspirations de la gloire, ou les sympathies généreuses de l'humanité. La société, insolvable par l'abolition des supplices! Que sera-ce donc de l'abolition de la peine de mort? Que sera-ce encore de l'abolition de toute peine entraînant un effet irrévocable? Tranquillisons-nous. Dieu, qui en sait plus que M. de Maistre, a permis successivement la désuétude des lois rigoureuses, à mesure que le sentiment moral s'est perfectionné.

Si je ne me trompe point, voici la progression naturelle des peines et des châtiments, et de leur adoucissement successif.

Anathème porté contre des populations entières pour le crime de quelques uns, ou même pour le crime d'un seul : cet anathème depuis long-temps n'existe plus, ni dans nos mœurs, ni dans nos formes légales. Un préjugé a survécu, mais il va s'atténuant de jour en jour.

La mort s'étendant du coupable à toute sa famille, et j'oserai dire aux choses mêmes du coupable : cette législation d'une cruelle solidarité a péri à son tour. Il n'en reste non plus qu'un préjugé affaibli.

La torture n'a pu résister aux attaques du siècle

qui vient de finir. C'était un dernier reste des jugements de Dieu, lesquels sont fort anciens. Les jugements de Dieu appartiennent à cette jurisprudence patricienne qui succéda immédiatement, comme nous l'avons vu, à la jurisprudence primitive, ainsi que le droit de vie et de mort du père sur les enfants, ainsi que toutes les juridictions de l'intérieur des familles. La graduation de la peine capitale elle-même, par la variété des supplices, avait survécu à la torture; elle a été aussi abolie, et cet agent incompréhensible, l'horreur et le lien de toute association humaine, du moins, ne peut plus se vanter de sa hideuse habileté.

La confiscation, autre conséquence de cette législation qui étendait le châtiment du coupable à la famille, la confiscation n'est plus dans nos facultés de vengeance.

Maintenant l'abolition de la peine de mort est réclamée avec cette sorte d'unanimité qui ne peut tarder de triompher, parceque c'est l'unanimité des hommes qui ont la pensée sympathique de ce siècle.

L'humanité, marchant toujours de triomphe en triomphe, achèvera de désarmer les bourreaux, les geôliers, les gardiens des bagnes; et la gêne, éternel opprobre de tous les codes criminels, sera forcée de s'enfuir.

TROISIÈME PARTIE. 285

Enfin on en viendra tôt ou tard à l'abolition de toute peine, qui entraîne après elle un effet irrévocable.

Jour de bénédiction, je te salue dans un avenir qui ne peut long-temps se faire attendre; car le genre humain ne met plus des siècles à accomplir son œuvre. Les chaînes de Prométhée tombent de toutes parts. L'antique Eurysthée cherche en vain le nouveau travail qu'il peut imposer encore à l'Hercule affranchi.

Cette étrange profession de foi que vient de produire l'esprit réactionnaire, où l'on a voulu affirmer la croyance par le supplice des parricides, est une torche impuissante qui n'allumera aucun bûcher.

La société ne pourra donc plus supplier par le sang; et les disciples de M. de Maistre seront obligés de se réfugier dans la pensée qu'il restera toujours une veine de sang humain ouverte, celle de la guerre.

En effet, M. de Maistre regarde aussi la guerre comme une forme d'expiation. Je ne le conteste pas, mais n'est-ce que cela? Examinons. La mort est une des conditions de la vie; la guerre condamne un certain nombre d'hommes à mourir sur les champs de bataille, elle est donc un genre de mort ajouté à tous les autres. La guerre a été dans la main de Dieu un moyen providentiel, un instrument de civilisation. De plus, il est évident que les questions sociales les plus importantes ne peuvent se décider que par les armes; et remarquez bien qu'un combat entre des hommes est un combat entre des intelligences, combat dont le signe terrible est l'immolation d'un plus ou moins grand nombre de victimes. La force physique, ici comme ailleurs, n'est que l'emblème de la force intellectuelle ou morale. La guerre est donc souvent légitime, même la guerre civile. La victoire est l'ascendant d'êtres intelligents sur d'autres êtres intelligents, ascendant qui se manifeste dans le fond des ames plutôt qu'il n'apparaît par les chances extérieures des armes, et même on ne peut l'expliquer autrement. La valeur n'est que la foi, sous une forme différente. Voilà pourquoi une croyance religieuse ou fatale, un sentiment très exalté, une grande confiance dans la fortune d'un chef, dans la justice ou la sainteté d'une cause, sont des raisons si puissantes de victoire. Les poëtes indiens ont bien connu cette force mystérieuse qui perd ou qui gagne des batailles, qui choisit ou épargne des victimes. Deux armées immenses sont en présence, et près d'en venir aux mains. Les chefs sont en avant. Les deux rois ennemis s'approchent pour conférer entre eux avant de donner la bataille. Cette conférence est un système complet de théosophie et de morale, et qui forme à lui seul un volume, que la société asiatique nous a donné séparément du poëme. Cette invention du poëte indien peut nous paraître étrange; mais elle donne une idée juste de la philosophie et de la poésie des sages de l'Inde. Ajoutons encore que l'homme trouve à exercer parmi les chances de la guerre un genre de facultés et de vertus qu'il n'aurait pas connues sans elle. La pensée de l'épreuve se retrouve par-tout. Remarquons toutefois que même les guerres les plus justes et les plus saintes entraînent avec elles des excès qui révèlent aussi les plus mauvais côtés de la nature humaine, tantôt si haute, tantôt si abjecte, tantôt si noble, tantôt si brutale, tantôt si pure, tantôt si perverse. Ces sortes d'excès, au reste, tendent beaucoup à diminuer.

Ce que nous disons de la guerre peut se dire également du duel, lorsqu'il n'est pas simplement une stupide férocité. Il fut long-temps reconnu par les lois. Néanmoins la religion ne doit pas l'approuver, et les perfectionnements naturels de la société le feront disparaître. Soyez certains qu'il y a là une législation tout entière, qui reposait sur autre chose que sur des conventions, qui a sa racine dans nos anciennes mœurs, et qui nous a préservés des horribles représailles du stylet. Les Scythes, au nombre de leurs coutumes, eurent-ils celle du duel judiciaire? On pourrait l'induire d'un passage d'Hérodote. Au reste, le duel se présente par-tout, mais sous des formes différentes. Chez les Sarmates, d'après Ovide; chez les Germains, d'après Tacite; chez les Romains, d'après Tite-Live et Denys d'Halicarnasse, les assemblées de délibération étaient composées d'hommes armés. Dans l'ancienne langue romaine, le mot droit signifie force. Les formules restées dans une jurisprudence postérieure, témoins immobiles d'une jurisprudence antérieure, attestaient qu'à une époque, dont la date ne peut être déterminée, les procès et les jugements furent des combats et des victoires.

La guerre est toujours juste pour le soldat, et même pour le général, car ils suivent la foi du prince ou de la patrie, à moins cependant d'une évidence complète. Que veut donc dire, dans M. de Maistre, cette comparaison du soldat et du bourreau? A-t-il oublié le danger qui ennoblit la profession du soldat? Néglige-t-il, dans ses motifs d'examen, le genre de vertus développées dans l'homme par la guerre elle-même? S'ils supplient l'un et l'autre par le sang, s'ils font l'un et l'autre un sacrifice expiatoire pour la société, du moins l'un des deux livre son propre sang. L'un est justement flétri, l'autre le serait injustement: voilà toute la différence.

Néanmoins, lorsque l'homme social sera plus nourri encore du sentiment moral, le soldat sera obligé, ou plutôt il ne pourra plus s'abstenir d'examiner lui-même, de discuter avec les siens, la cause pour laquelle il prend les armes. Le soldat romain prêtait un nouveau serment pour chaque chef militaire qui lui était donné, et voici la formule du serment: *In sacramentum, in verba consulis, proconsulis.* C'était donc, au fond, une sorte d'identification de l'armée avec son général, une foi dépouillée de toute acception passive et purement machinale, si incompatible avec la dignité humaine. Cette identification est tout-à-fait dans le sens des sociétés anciennes. Les sociétés actuelles auraient besoin d'une institution analogue, mais qui fût en rapport avec le progrès des idées. Que cette institution revive! alors la guerre, qui est un combat d'êtres intelligents, finira par devenir un combat d'êtres moraux, où la justice triomphera, comme ce fut peut-être, à l'origine, dans les jugements de Dieu. C'est par ignorance que je dis peut-être, et je serais tout disposé à être plus affirmatif; mais je ne connais point assez le fait psychologique. Je sais seulement que le temps où il fut légal parmi nous n'est pas très éloigné; je sais encore qu'une loi providentielle a voulu que la force fût l'origine, la source de toutes les institutions humaines. C'est même un des signes du droit divin. Nous reviendrons sur ce règne de la force qui par-tout a précédé le règne de la justice. Mais hâtons-nous de dire que si la justice est un progrès, elle n'est point, pour cela, le résultat d'une convention.

Encore quelques mots sur la guerre.

Croyez-vous que déja le soldat ne doive pas au moins hésiter lorsqu'on dirige ses armes contre des concitoyens dans l'intérieur du pays? Ne le voudriez-vous pas instruit des circonstances où il doit prêter main-forte à la loi? Voyez ce qui se passe en Angleterre, et qui est une leçon pour nous. Serait-ce donc une chose morale que de réduire l'homme à l'état d'instrument aveugle? Ce genre d'épreuve diminuera comme les autres. Déja notre mode de recrutement est un pas immense fait dans cette voie. Le soldat, comme le juré, est l'expression du pays. Ajoutons ici, puisque l'occasion s'en présente, qu'il était bien temps de modifier toute notre législation militaire, qui semblait naguère encore retenir des traditions nées dans un camp de barbares. Admettons, pour principe, que, hors le temps de guerre, et à moins d'être sur les lieux mêmes où la guerre se fait, le soldat n'est justiciable que des tribunaux communs à tous, et sous la condition expresse de l'assistance des jurés. Les soldats ne doivent jamais cesser d'être citoyens, et d'en avoir toutes les prérogatives : si leurs droits sont suspendus lorsqu'ils sont en présence de l'ennemi, c'est uniquement par la plus impérieuse des lois, celle de la nécessité, la loi qui produisait les dictateurs à Rome, qui faisait taire le pouvoir des éphores à Sparte.

Un des grands inconvénients du duel est de rendre l'homme juge dans sa propre cause, à l'instant même où il est agité par une passion, de le faire arbitre de l'injustice dont il se plaint, de l'outrage qu'il a reçu, ou qu'il croit avoir reçu. On sent bien qu'ici je ne parle plus ni du duel légal, ni de celui où la conscience du droit pouvait donner l'ascendant de la force.

Le nombre des questions insolubles autrement que par la guerre diminuera de jour en jour. Le duel, ainsi que je le faisais remarquer tout-à-l'heure, est lui-même une sorte de progrès qui à son tour doit se perdre dans un autre progrès. Le duel et la guerre sont des jugements de Dieu.

Sitôt que la guerre cessera d'être civilisatrice, la partie la plus notable de sa terrible mission sera finie, et l'épée des conquérants sera enfin brisée.

De même, lorsque le sentiment moral aura pénétré plus avant dans la société, alors ce que nous appelons l'honneur disparaîtra entièrement; car l'honneur n'est dans l'homme collectif qu'un simulacre de ce qu'est le sentiment moral pour l'homme individuel. On a beau se débattre contre cette nécessité, le cruel empire du duel ne peut finir qu'avec l'empire factice de l'honneur.

L'apôtre du passé n'est pas seul à lutter contre l'invasion si puissante de la société nouvelle. Un autre homme, parmi nous, et cet homme est revêtu du caractère sacré du sacerdoce, a été violemment accusé de vouloir flétrir le sentiment moral, sous le nom de sens individuel. Faudrait-il donc aussi lui rappeler la voix du saint Précurseur, et lui parler de cette lumière illuminant chaque homme venant en ce monde? Toutefois il ne faut point trop se presser de résoudre la vaste question soulevée par M. l'abbé de La Mennais. Il est impossible d'embrasser d'un seul regard le champ de la discussion actuelle, si prodigieusement agrandi. Tout en blâmant avec les égards que l'on doit à une vive conviction et à un talent du premier ordre; tout en blâmant, dis-je, quelques formes d'une éloquence souvent exaspérée, sachons gré toujours à l'auteur d'une doctrine imposante par elle-même, d'avoir su se placer courageusement au-dessus des susceptibilités d'une orthodoxie étroite et ombrageuse. La cause est soustraite à la juridiction des écoles; c'est du genre humain qu'elle ressort à présent, puisque c'est devant lui qu'il y a appel. Nul n'est plus disposé que moi à reconnaître la compétence de ce tribunal auguste, resté dépositaire des traditions et des promesses. Ailleurs je viendrai assister et peut-être me mêler à ce grand débat qui doit, de jour en jour, prendre plus de solennité. Continuons.

Pourquoi l'homme a-t-il besoin d'expérience pour toutes les idées qui le font homme ; et pourquoi les animaux n'en ont-ils pas besoin pour être complets en ce qu'ils sont?

L'homme, comme être intelligent, est tenu aux lois de l'intelligence; comme être physique, il subit les lois de l'organisation physique.

Une des choses qui distinguent l'homme de la brute, c'est, dans l'homme, la faculté d'enfreindre la loi de son être.

L'homme ne peut s'étudier lui-même que lorsque de grandes expériences sont acquises par la multitude des faits. Il ne peut se connaître qu'en connaissant les autres.

Dans le huitième livre d'Orphée, l'un des hiérophantes de l'initiation dit que les animaux sont en quelque sorte des organes ajoutés à ceux de l'homme; ce n'est point assez. Le dogme de la métempsycose, comme tous les dogmes absolus dans les fausses religions, est une vérité défigurée. Je dis fausses religions, pour désigner celles qui affirment un emblème à l'égal d'un dogme, genre de nuage qui sans doute était dissipé, du moins en partie, pour les initiés, dans les Mystères.

Considérez l'action magnétique de l'homme sur les animaux. La pensée humaine agit en eux, fait violence à leurs instincts naturels. Le Lapon parle à l'oreille du renne. Les différentes espèces de chiens trahissent, pour l'homme, leurs appétits et leurs propres espèces; ils deviennent l'homme même. Le cheval fait partie de son noble maître, et s'enflamme de ses passions.

Les animaux ne sont point destinés à s'élever jusqu'à la sphère de l'homme; mais, s'il est permis d'employer une telle expression, ils sont destinés à être absorbés par lui. Ils sont sans individualité, sans spontanéité, et néanmoins le principe immatériel qui est en eux ne peut être anéanti. Y aurait-il une loi cosmogonique perpétuelle, en vertu de laquelle l'être qui est au sommet d'une hiérarchie d'organisations rappellerait sans cesse à lui, se rendrait propre, par une attraction continue, le principe immatériel de toute la sphère où il domine?

La loi d'un être intelligent et moral est de se perfectionner lui-même; car sans cela il serait semblable aux animaux, dont l'instinct reste immodifiable, à moins qu'ils n'entrent dans l'atmosphère magnétique de l'homme par la domesticité; et l'on peut concevoir que l'essence de toutes les espèces gravite, de proche en proche, vers l'essence des animaux domestiques. Le progrès pour les animaux est donc l'approche des influences de l'homme; mais auparavant il faut que l'homme cesse d'être le tyran des espèces domestiques. L'homme, par sa nature de créature intelligente et libre, ne peut être confondu; elle absorbe sans être absorbée : ceci fait comprendre la grande erreur du système de la métempsycose.

Toujours est-il que les animaux partagent incontestablement avec l'homme le fardeau du mal; il est facile même d'entrevoir que c'est pour l'alléger d'autant: ils sont donc réellement nos compagnons.

D'après la Genèse, les animaux ont été nommés par l'homme, et condamnés avec lui. Il y a donc une solidarité passive, une sorte de communauté de destinées. Mais nous retrouverons l'occasion de parler encore des animaux, voile mystérieux qui excite toute notre curiosité, et que nous avons tant de peine à soulever.

———

Revenons sur nos pas. L'homme, disons-nous, est soumis à la loi du progrès.

Le sentiment moral a de tout temps réagi contre les croyances immorales : il est donc indépendant des croyances et de l'autorité. Dans tous les cas, il faut que le sentiment moral approuve les directions de l'autorité. J'aurai à m'expliquer un jour sur l'origine et les attributions de l'autorité; mais auparavant j'ai tout un ordre de choses primitif à explorer. Il suffit de dire ici que le sentiment moral est le véritable gardien de la liberté humaine.

De là l'union du sentiment individuel et du sentiment général ou sympathique, sous la loi du progrès, à la condition de cette loi.

Savoir et aimer, voilà tout l'homme. Il est donc appelé à développer à-la-fois, ou successivement, par la société, son intelligence et son sentiment moral. Je crois même que le développement du sentiment moral ne peut être complet, ne peut approcher d'être complet, que par le plus grand développement possible de l'intelligence. Les décisions d'un sentiment moral, lorsqu'il est fortement exalté dans de hautes intelligences, finissent bientôt par être à l'usage de tous. Les sympathies de l'humanité rendent communs le bien et le mal.

Voyez ce qui se passe chez les enfants. Le sentiment moral ne s'y manifeste qu'avec l'intelligence, qu'à l'aide et en proportion de l'intelligence.

Peut-être serait-il permis de dire que l'intelligence n'est qu'un instrument pour hâter l'évolution du sentiment moral : de là la nécessité des lumières pour rendre l'homme meilleur, pour accomplir le retour vers la loi primitive de notre être.

De là le besoin des lumières pour un peuple, à moins que vous ne preniez la responsabilité de ses actions en le rendant esclave, c'est-à-dire à moins que vous ne suspendiez la loi chrétienne.

L'homme et le genre humain ont besoin d'éducation. Il faut que l'homme et le genre humain se fassent eux-mêmes, ou se refassent, pour parler plus exactement le langage des anciennes traditions, pour parler conformément aux doctrines universelles, pour être enfin en accord avec la Bible.

Ainsi l'autorité, c'est-à-dire la science adoptée avant l'examen, n'est que pour enseigner à l'homme ce qu'il doit savoir avant qu'il ait pu apprendre lui-même; mais il est destiné à se rendre propre ce qu'il a appris, à en faire son étude pour acquiescer, pour trouver conforme à sa nature, à ce qui est en lui, enfin pour s'assimiler la science générale : dès-lors, avec cet instrument donné par la Providence, et donné primitivement, puis rendu propre à chaque individu, il doit aller au-delà, faire de nouveaux efforts, qui à leur tour serviront à d'autres, entreront dans la masse des connaissances humaines.

L'autorité, et je prends ce mot dans une acception philosophique différente de l'acception légale dont j'ai promis plus haut d'expliquer ailleurs le sens profond, l'autorité, c'est la tradition, c'est l'expérience, c'est le consentement général, c'est le genre humain initiant chaque homme, et lui montrant ce qui est en lui.

L'autorité, c'est le genre humain apparaissant à tous les hommes, recueillant les pensées de tous pour les transformer à l'usage de chacun.

Mais, encore une fois, il faut que l'homme approuve, qu'il s'assimile, et finisse par tout trouver en lui. L'homme est une créature intelligente, morale, et libre. C'est là-dessus, au reste, qu'est fondé le dogme de la rédemption, aussi bien que celui du péché originel.

Ne privons donc pas l'homme du sentiment moral : tâchons plutôt de perfectionner ce sentiment en nous, et de le perfectionner dans les autres.

L'abus du principe de l'autorité va directement à l'abolition de la liberté, à l'abolition du sentiment moral. L'autorité, dans le système de l'absolu, tend à placer la conscience hors de l'homme, et il faut toujours qu'il la trouve en lui. Une fois arrivés à une si profonde abnégation du sentiment moral, vous devriez adorer les décisions des casuistes, même celles que Pascal foudroyait de sa pressante et ironique éloquence.

On s'irrite contre l'individualité; on craint que la société ne se résolve en individualités. Cependant il reste toujours une force morale à laquelle chacun obéit, qui est le lien de tous, qui part d'un centre commun, et qui retourne ensuite de la circonférence au centre. C'est l'état, c'est l'opinion, c'est la société, qui se gouvernent. Ce n'est plus le petit nombre qui pèse sur la multitude, c'est tous exerçant une influence sur chacun. L'opinion de tous gouverne; l'opinion de chacun se forme, se modèle sur l'opinion de tous, y acquiesce librement, ou s'y soumet librement, sans toutefois y acquiescer complètement. Enfin il reste l'instinct sympathique, faculté admirable, qui unit tous les hommes de tous les temps et de tous les lieux.

En un mot, la volonté humaine est une puissance dont la sphère d'activité s'étend : nous voici bien loin de l'individualité, puisque c'est tout le contraire.

L'égoïste est une sorte de vampire qui veut nourrir son existence de l'existence des autres. L'être personnel se fait centre; il croit que les pensées des autres ne sont bonnes qu'autant qu'elles peuvent servir à illustrer sa propre pensée: le monde des abstractions, le monde des réalités, tout doit être à son profit. Il veut exciter l'admiration, et non faire du bien. Peu satisfait d'exercer de l'influence autour de soi, et d'en recevoir du milieu social où il se trouve placé, il veut régner par son intelligence; et ce n'est pas pour cet usage qu'une haute intelligence lui fut accordée. Peuples, usez de lui malgré lui; et si vous élevez un piédestal à une telle statue, la statue manquera toujours, car l'égoïsme ne peut en avoir.

L'homme fortement imprégné du sentiment moral est en sympathie avec ses semblables. Sa vie est une vie toute sympathique; c'est dans le sentiment moral qu'est le remède tenu en réserve par la Providence pour obvier aux dangers de l'individualité; je m'explique mal, je ferais mieux de dire, pour faire que l'individualité ne soit réellement pas, que le genre humain ne cesse pas d'être un.

Non, ce n'est point aux apôtres du passé à m'expliquer les hautes doctrines de la solidarité, de la réversibilité, du sacrifice: ce n'est point à eux, car de mystères d'amour ils font des mystères de terreur; ils veulent imposer à l'âge mûr les maillots de l'enfance, et prolonger la tutèle dont le christianisme fut l'émancipation. Ils voudraient ressaisir les castes, dépouillées à présent de leurs facultés initiatrices et conservatrices des traditions; ou, à défaut des castes, perpétuer un préjugé d'influence qui ne leur appartient plus, la direction des choses dont ils sont désaccoutumés, le sceptre qui est vermoulu entre leurs mains, et qui n'est plus la tige florissante de Jessé.

En vérité, et ceci fait frémir, il a fallu dix-huit siècles au christianisme pour achever de développer ses conséquences; et c'était une doctrine venue d'en haut.

Et voyez vous-mêmes.

L'esclavage a vécu plusieurs siècles sous la loi chrétienne, et malgré cette loi. A peine l'esclavage avait-il succombé, que l'homme malheureux a été saisi de nouveau, saisi par la servitude: tant devait être longue et difficile l'émancipation chrétienne! Et voilà que l'on voudrait encore en retarder le dernier développement!

Aristote, sous l'empire nommé immoral du polythéisme, a dit cependant que la politique était une partie de la morale. Machiavel, sous la loi chrétienne, si éminemment morale, puisque c'est la morale même, Machiavel a osé séparer la politique de la morale, et a fondé une école qui dure encore, la plus perverse de toutes.

Le christianisme n'a-t-il donc pas complétement aboli cette antique poésie d'Hésiode, qui fut la philosophie des premiers âges? L'or et l'argent composent-ils l'ame des uns, le fer et l'airain composent-ils l'ame des autres? Aristote se perd dans des arguments fort subtils pour prouver que l'esclavage est une institution naturelle. D'après lui, ainsi que nous l'avons déjà vu, le droit suppose l'égalité: cette maxime, vraie en soi, a égaré ce puissant génie, en ce qu'elle le portait à convertir un fait actuel en principe absolu; c'est sans doute une des raisons qui lui faisaient admettre l'esclavage. Les publicistes du moyen âge, nous le voyons par les héritiers de ces temps, n'hésitaient point à croire qu'il y a des ames vassales et des ames serves. Platon ne veut pas que l'instruction se donne la même à tous. Et cependant plusieurs philosophes, contemporains d'Aristote, professaient, à l'égard de l'esclavage, une autre doctrine que celle du maître. Leurs opinions, au reste, ne sont plus connues que par les réponses aux objections qu'ils faisaient. Les rayons de la vérité n'ont jamais été éteints tous à-la-fois.

Au reste, une erreur a toujours pour racine une vérité; sans cela elle ne pourrait subsister. La civilisation de l'Orient était fondée sur les castes, celle de Rome et de la Grèce sur l'esclavage. Je ne dis rien en ce moment de l'institution du patronage et de la clientelle, parceque j'aurai à la faire connaître dans toute son étendue et dans toute son énergie. Une fois admis que la société était une institution naturelle, principe qui n'a été contesté que dans le dernier siècle, il a bien fallu admettre que les choses sans lesquelles on ne pouvait concevoir la société étaient naturelles aussi. Arrivé là il n'y a plus qu'un pas à faire, et ce pas, pour certains esprits, est un abyme; il suffit d'en venir à comprendre que les formes sociales se succèdent avec les âges de l'esprit humain, et que toutes sont bonnes, chacune dans son temps; toutes sont initiatrices. Dans le monde successif, tout doit avoir des lois successives. De là il sera facile d'arriver à ceci, qu'un progrès est un perfectionnement. Permettez donc à la société de se perfectionner. Je vais au-devant d'une objection. La société n'est-elle pas soumise à la loi qui atteint tous les êtres, celle de la vieillesse et de la mort? Oui, sans doute; et, depuis les temps historiques, nous savons combien de sociétés humaines ont subi cette loi générale des êtres. Mais je ne parle jamais que de la société générale du genre humain; et celle-là va toujours se perfectionnant. Encore un mot sur ce sujet. Lorsqu'on veut conserver des formes sociales usées, et les conserver en dépit du progrès, c'est alors qu'elles sont contre la nature, c'est-à-dire contre la Providence, négatives du droit divin. Si, par exemple, il pouvait être prouvé que l'institution des castes ait été à l'origine, dans l'Inde, comme une initiation appliquée à la société elle-même, pour diriger les hommes d'intelligences diverses; qu'ainsi le partage des castes fût primitivement le partage des genres d'épreuves, selon la variété des facultés humaines, il en résulterait qu'à une époque antérieure on devait s'élever dans la hiérarchie des castes, comme plus tard on s'éleva dans les grades emblématiques de l'initiation égyptienne par les épreuves successives. Les grades de l'initiation et la hiérarchie des castes auraient donc été identiques, et les prêtres de l'Égypte n'auraient fait que transporter dans leurs souterrains une image des antiques sociétés de l'Inde, lorsque déja, peut-être dans l'Inde, le mouvement progressif avait été arrêté; parceque le fait qui ne manque jamais de se manifester, celui de la forme religieuse, s'introduisant dans la forme civile, et se l'assimilant, ce fait y aurait gouverné trop tôt les esprits, et les aurait gouvernés sans préparation. Nous expliquerions ainsi pourquoi, dans les sociétés de l'Inde, l'idée primitive ayant été pétrifiée, ce qui était préparatoire est devenu définitif; pourquoi il y a eu des castes indéfiniment condamnées à l'opprobre, comme il y en a eu d'élevées par elles-mêmes, sans la condition de l'avancement individuel. La Chine, encore à présent, peut nous faire comprendre ces sortes de consolidations d'un état social. Au reste, cette hypothèse sur les sociétés de l'Inde n'est pas purement gratuite; elle est fondée sur une forte analogie, l'analogie universelle que j'ai indiquée du patriciat et du plébéianisme, dont nous retrouverions l'empreinte typique chez tous les peuples, dans toutes les institutions de l'antiquité. Elle est fondée également sur ce que nous savons des écoles de Pythagore. Si je n'entre dans aucun détail sur ces écoles célèbres, c'est parceque les choses que j'aurais à dire me détourneraient trop en ce moment; je serais obligé sur-tout de chercher, dans l'institut lui-même, les causes qui en amenèrent la destruction violente et presque spontanée dans toutes les républiques de la grande Grèce. Un rapprochement avec une société célèbre de nos temps modernes me fournira l'occasion de m'y arrêter ailleurs.

Les formes religieuses du christianisme veulent, à présent, s'introduire dans la société civile; cette transformation est inévitable, par la même raison, et elle sera un grand bienfait, au lieu que la consolidation de l'Inde fut un malheur. L'esclavage sans doute, dans l'origine, ne fut qu'une interprétation plus humaine du droit de vie et de mort acquis par le vainqueur sur le vaincu; et ce droit est devenu la traite des pirates et des barbares sur le Pont-Euxin par des peuples plus civilisés, et enfin la traite des noirs, sur les côtes de l'Afrique, par des nations chrétiennes.

Aux natures distinctes qui, d'après la plupart des philosophes, séparaient les créatures humaines, il faut ajouter, d'après M. de Maistre, la nature qui fait le bourreau, et la nature qui fait le souverain: « Car, dit-il, et il faut bien répéter ses propres expressions, car Dieu, qui est l'auteur de la souveraineté, l'est aussi du châtiment. »

Qu'Aristote classe l'espèce humaine en différentes catégories; que Platon et Aristote trouvent la noblesse et l'esclavage des institutions essentiellement naturelles, cela ne m'étonne point; mais que ces catégories se soient perpétuées sous la loi chrétienne, et qu'après que l'esclavage et la servitude ont disparu, l'on veuille perpétuer une distinction par la naissance, et continuer de dire qu'il y a une nature noble et une nature plébéienne, ou, en d'autres termes, deux essences humaines, c'est une théorie frappée de désuétude, et devenue factice, qui n'est appuyée d'aucune croyance, qui est contraire à tous nos instincts actuels, que la force seule peut prolonger au-delà de son existence vraie. Il n'y a plus de nobles que des individus et non des races, et ces individus nobles sont ceux qui s'élèvent au niveau du progrès social; il n'y a plus de plébéiens que les individus en arrière de ce progrès. Nous rencontrerions encore ici la pensée des hiérarchies pythagoriciennes, si je ne venais pas d'expliquer la raison qui me porte à m'en occuper ailleurs plus spécialement. Qu'il me soit permis néanmoins d'ajouter à ce que je disais tout-à-l'heure, que le tort des pythagoriciens fut d'avoir voulu faire de leur institut philosophique une institution politique, et que ce fut là sans doute la cause de la funeste catastrophe dont je parlais.

Nul ne peut franchir malgré lui un grade dans l'initiation humaine: tout avancement doit être consenti par celui à qui il est offert. Ce sera toujours ainsi, à mesure que la société fera des progrès adoptés par les uns, niés par les autres. C'est cela qui constitue en définitive le peuple vaincu et le peuple vainqueur: seulement la victoire a un autre signe que la puissance des armes. La force réelle finit toujours par être du côté de l'avenir, au lieu de rester du côté du passé; c'est dans de tels temps que les dieux abandonnent le sénat décrépit de

Pompée, et se mettent, contre Caton lui-même, avec le tribunat transformé de César.

Que des peuples païens aient jadis, avant l'ère de l'affranchissement, fait la traite des esclaves sur les rives inhospitalières du Pont-Euxin, il faut bien le croire; mais pourra-t-on croire que des peuples chrétiens l'aient faite si long-temps, sous la protection des lois, dans un monde qu'ils auraient dû vouloir civiliser, pour en trafiquer ainsi dans un monde dont ils avaient exterminé les races indigènes? Pourra-t-on croire sur-tout que ce détestable commerce ait survécu aux lois odieuses qui le régularisaient, qui du moins en réglaient les cruels procédés?

Le système des castes n'a pu, sans inconvénient, chez les Indiens, passer de la forme religieuse dans la forme civile; mais il n'en est pas ainsi de l'égalité chrétienne, parceque le but de la Providence est que tous les hommes parviennent à la dignité humaine.

———

Il m'est souvent venu dans la pensée, et ceci expliquerait la raison de la vengeance divine sur un peuple, en dépouillant toutefois cette expression de ce que le langage ordinaire lui donne de passionné; il m'est, dis-je, plus d'une fois venu dans la pensée, que si les Juifs n'eussent pas voulu rester superstitieusement attachés à leurs traditions, à la lettre de leurs livres, à la marque cruelle dans la chair, aux formes, aux pratiques, enfin à la loi gravée sur la pierre; s'ils eussent consenti à recevoir l'adoption après la tutèle, s'ils eussent embrassé la doctrine de l'amour, ils n'auraient pas éprouvé la ruine épouvantable qui les priva de leur état social, qui les dépouilla pour toujours de leur rang parmi les nations, sans leur ôter leur individualité nationale, dont ils ont tant à souffrir. Ils voulurent périr malgré leurs vainqueurs.

Que la société ancienne entre dans la société nouvelle, c'est là son salut: qu'elle y entre avec ses dynasties, pour les conserver. Clovis abaissa sa tête sous la loi chrétienne, ses fiers sicambres l'imitèrent. De quoi s'agit-il à présent? d'un développement du christianisme, sous peine de périr.

Au reste, ne soyons pas étonnés s'il est des hommes qui se refusent à ce développement, qui ignorent la langue des vainqueurs nouveaux. L'apôtre du passé est venu ranimer leur foi aveugle, car ils sont, pour la plupart, hors d'état de le comprendre. Mais qu'ils sachent une chose: les Juifs malheureux, qui ont péri par milliers et par centaines de milliers au siège de Jérusalem, furent des victimes déplorables, et ne furent pas des martyrs. Le nom de martyr ne se donne qu'à celui qui meurt dans sa foi pour l'avenir. Tant que l'on reste attaché aux opinions qui ne sont plus, aux sentiments que Dieu lui-même a ôtés du milieu de la société, on est obligé de se réfugier dans l'absurde. Lisez la vie de cet empereur si puissant, qui voulut, mais en vain, rétablir le polythéisme, en présence même du christianisme; il fut justement nommé l'apostat, parcequ'il avait apostasié l'avenir, après l'avoir compris. Tout le mysticisme, toute la théurgie, toutes les superstitions les plus tristes n'ont pu le sauver d'une flétrissure dont ses grandes qualités, dont ses vertus austères auraient dû cependant le garantir.

Quelques uns aussi de ceux qui ne peuvent être en sympathie qu'avec la société ancienne, la voyant perdue, croient que c'est la fin de toutes choses. Je m'explique fort bien une si funeste pensée. Les siècles nouveaux, comme nous l'avons déja remarqué, ont toujours été accompagnés de ces sortes de terreurs.

Je ne serais point étonné si j'apprenais que, sur son lit de mort, il s'est trouvé un homme qui, au lieu de dire comme Ézéchias : Voilà que je vais mourir, a dit : Voilà que le monde va s'abymer dans le néant. Je le plaindrais, je ne me hâterais pas de le déclarer fou. Il y a quelque chose de si intime dans le sentiment de l'existence! il y a tant de besoin de réalité en nous, d'assurance dans notre individualité!

Quant à la résistance de la part des gouvernements, elle se conçoit mieux encore. Ils s'accoutument à l'indolence et au repos. Les rois aiment à régner comme un autre homme vit, respire, voit la lumière. Ils sont épouvantés d'un changement quelconque s'introduisant dans les mœurs et dans les idées d'un peuple; encore ils s'en épouvantent trop tard. C'est pour eux l'apparition d'un météore toujours inattendu, d'un signe sinistre dans le ciel. La paisible étoile se levant sur des bergers, et conduisant les mages de l'Orient dans une étable de Bethléem, alarme le vieil Hérode; et, pour perdre un enfant, il ordonne que les enfants de tout un peuple soient égorgés, car l'enfant qu'il veut perdre est l'enfant des destinées nouvelles: cela suffit. Les gouvernements ne voudraient que des peuples stationnaires; leur devoir cependant et leur intérêt seraient de marcher dans la voie du progrès et du développement, d'y marcher à la tête du troupeau qu'il leur a été donné de conduire. Qu'ils fondent dans l'avenir, au lieu de vouloir sans cesse recrépir le passé: ils seront tranquilles plus long-temps. Balzac a dit que la France avait coutume de prendre pour pilote la tempête. Nos rois, il faut bien le remarquer, ont toujours marché selon les temps; mais ils ne les ont jamais devancés. Voilà pourquoi ils n'ont jamais eu de repos. Ne gouverner que le présent, c'est en effet se livrer aux orages. Peut-être les princes législateurs ne peuvent se rencontrer dans une civilisation tout établie, encore moins dans une civilisation avancée; il y a de bonnes raisons pour cela, n'oublions pas celle de l'émancipation, de l'affranchissement successif de la tutéle.

—

Les hommes religieux qui voulurent continuer de nier à Galilée le véritable système du monde, auraient compromis la religion, si elle eût pu être compromise. Ceux qui voudraient continuer de croire aujourd'hui que les jours cosmogoniques de la Genèse sont des jours en analogie avec l'espace de temps qui se mesure d'un soleil à l'autre, et que les jours à l'usage de l'homme commencent avant le temps où l'homme a pu s'en servir, ceux-là compromettraient encore la religion. Ceux qui écrivent qu'une seule forme sociale, celle du moyen âge, ou la forme théocratique, est compatible avec la religion, et que l'homme doit rester sous les lois de la tutéle, ceux-là compromettent à leur tour la religion, et la compromettent à un point qui fait trembler. Le sentiment moral et l'humanité ont fait des progrès dont il faut tenir compte: la religion a aidé à ces progrès; que les hommes religieux ne les repoussent pas, car alors on serait disposé à croire qu'ils sont étrangers à la religion.

La religion chrétienne nous a enseigné toutes les vérités morales.

Établissons rapidement une suite d'idées, de déductions et de principes.

La doctrine de la solidarité prouvée par les enseignements de l'antiquité et par le sens intime, reposant enfin sur l'unité du genre humain. Elle subsiste comme loi de la Providence, mais loi mystérieuse que les sociétés humaines n'ont plus le droit d'appliquer. Le péché originel. L'homme soumis à l'expiation, à l'épreuve; tenu de se faire lui-même. Les justes de l'ancienne loi attendant le jour de la rédemption. Le sein d'Abraham, expression métaphorique de l'état préparatoire où ces justes, dont la vie mortelle fut tout entière un acte d'espérance, étaient placés pour voir luire l'aurore du nouveau jour qu'ils avaient attendu. Le dogme d'un Réparateur de la nature humaine, empreint dans toutes les traditions générales. L'évolution plébéienne, fait universel que j'ai signalé dans l'histoire de tous les peuples, et sur lequel repose, à mon avis, l'initiation successive du genre humain. Il ne peut plus y avoir de créature humaine exclue des facultés humaines, en dehors des mœurs sociales.

La résurrection de la chair, expression vive de l'identité de l'homme, dans l'autre vie. L'être, au moment où commence sa vie organique, serait-il une image de l'être au moment qui suit la mort?

Le monde, le spectacle de la nature, matériaux de nos idées. La société, les choses de la société, matériaux de nos pensées et de nos sentiments.

La société développe l'homme; l'homme perfectionne la société. Les perfectionnements de la société font ensuite les perfectionnements de l'homme. Chaîne non interrompue de causes primitives, produisant des effets, qui à leur tour deviennent causes.

L'homme ne veut pas, il consent. Toute la morale évangélique, en ce sens, conforme à la morale stoïcienne, qui, pour cet objet seulement, lui servit de précurseur; toute la morale évangélique repose sur l'acquiescement de l'homme, et non sur sa volonté propre.

Ceci paraît en contradiction avec ce que j'ai exprimé plus haut sur la puissance de la volonté de l'homme, mais cette contradiction n'est qu'apparente. La loi évangélique est toute la loi morale, mais n'est pas toute la loi de l'être. Cette loi morale est en dehors de toutes les institutions politiques: elle admet toutes les formes, et ne s'occupe que de l'individu, dans ses rapports de dépendance avec

Dieu et ses semblables. Ne perdons jamais de vue la pensée qui réside au fond de tout cet écrit, et à laquelle toutes les autres pensées sont toujours subordonnées, à savoir la pensée de l'homme universel, de l'homme général, et la pensée de cet homme divisé en individus distincts entre eux. C'est ainsi qu'on peut expliquer ce que j'ai dit plus haut, et le concilier avec ce que je dis ici. L'homme général, c'est-à-dire l'homme pris dans l'ensemble des générations issues de la substance primitive, je pourrais le nommer aussi, dans un sens, l'homme cosmogonique: celui-là seul est une puissance de ce monde.

L'intelligence et le sentiment moral se sont perfectionnés successivement. L'imagination a reçu un accroissement bien plus rapide et plus prompt, puisqu'elle est de suite parvenue à ses dernières limites.

L'homme arrive dans l'autre vie avec les perfectionnements qu'il a obtenus dans celle-ci, tel qu'il s'est fait par les moyens que Dieu lui a donnés.

La philosophie des sensations a épuisé toutes ses conséquences; elle s'est brisée contre le matérialisme.

La philosophie idéaliste a aussi épuisé ses conséquences; elle s'est perdue dans la négation des réalités; comme les Indiens, elle a fait de l'illusion une puissance cosmogonique; et, chose triste à penser, elle a dû ne rencontrer que le doute, non le doute qui demande l'examen, qui implore l'expérience, mais le doute dogmatique, le doute rationnel, reposant sur une sorte d'impossibilité d'arriver à la certitude. Cela tient à ce que nous exigeons, pour la certitude, des conditions que nos facultés actuelles ne comportent pas.

Une partie de la philosophie ancienne nous est inconnue; c'est celle qui, sortant à peine de la poésie, en avait encore conservé le langage.

La philosophie pythagoricienne est fille d'une poésie antérieure, que nous sommes obligés de reconstruire par les mythes.

La partie de la philosophie, qu'on a appelée la dialectique, est évidemment le produit nécessaire et obligé du langage. La dialectique est donc la méthode même d'une langue, et cette méthode se modifie selon les esprits.

L'homme s'est toujours trouvé dans un milieu social; par conséquent toutes ses connaissances reposent sur des traditions, ou sur des enseignements contemporains.

Il a l'intelligence pour comprendre, et le sentiment moral pour choisir.

L'homme se perfectionne au moyen du milieu social où il se trouve placé.

TROISIÈME PARTIE. 317

Les animaux ont l'instinct, c'est-à-dire la raison de Dieu. L'homme a sa raison propre, sa raison individuelle qui se développe aux conditions mêmes de son existence.

Le sort des hommes dépend les uns des autres; ils sont solidaires entre eux. Chacun est soumis au destin formé par tous, mais chacun a fourni une force quelconque au destin qui l'opprime, et toujours, encore une fois, sous la condition de la liberté, de la liberté pour tous, de la liberté pour chacun. Il faut avoir présent ce que j'ai dit, à ce sujet, si souvent.

L'intelligence, dans l'homme, se perfectionne avant les sens. L'homme est obligé de faire lui-même l'éducation de ses sens. Les tableaux qui ont du relief et de la profondeur par les miracles de la peinture n'ont cette profondeur et ce relief que parceque nous sommes accoutumés, hors de l'art, et à notre insu, aux effets merveilleux de la perspective et de la lumière. On a fort bien dit que la question de la perspective, chez les anciens, est une question d'idéologie. En y réfléchissant on trouvera dans cette donnée la solution de plusieurs problèmes sur les arts d'imitation.

L'animal juge de la distance sans avoir besoin de l'apprendre, aussi ne saura-t-il jamais les illusions de la peinture. Son esprit ne percera jamais la toile d'un tableau.

L'animal sait tout ce qu'il doit savoir ; l'homme doit tout apprendre.

Les animaux font partie de l'homme, dans le sens que j'ai déja expliqué : ils tendent à s'assimiler à lui ; jusque-là ils sont sans individualité et sans faculté collective.

Il n'y a d'individualité qu'à la condition de la faculté collective, et l'homme seul a la faculté collective, c'est-à-dire la faculté d'assimilation ; car les fourmis, les abeilles, les castors, ne prouvent rien, si ce n'est pour les poëtes de la fantaisie.

L'homme ne sera rendu à l'individualité qu'après s'être, dans cette vie, rendu propre ce qu'il doit s'approprier de l'esprit humain.

C'est pour cela qu'il a reçu la parole.

C'est par la parole que la pensée, le sentiment moral, l'appréciation par la voie des sens, sont entrés dans l'homme.

La parole est le sens intellectuel qui sert à développer les autres sens, les sens extérieurs.

Les langues ne sont peut-être qu'un produit de cette faculté primitive qu'eut l'homme de communiquer sa pensée à la pensée de son semblable, comme nous le voyons dans le somnambulisme, sans l'intermédiaire des sens extérieurs, des organes de nos communications actuelles.

Le sourd est muet.

Les Sauvages ont la connaissance d'une cause première quelconque, et quelquefois, il est vrai, très grossière. Les sourds-muets ne l'ont pas. C'est que les Sauvages tiennent cette connaissance de leurs traditions, et que, réduits à leurs propres idées, les sourds-muets sont sans traditions.

La foi, c'est l'ouïe, comme l'a dit un écrivain sacré, je crois saint Paul. Pour les sourds-muets, il faudrait franchir l'ouïe, et arriver directement à l'intelligence. S'il était en notre pouvoir de ressaisir la faculté primitive dont je parlais tout-à-l'heure, nous aurions trouvé le véritable traitement du sourd-muet.

Parmi les théologiens, ceux qui ont soutenu l'éternité des peines, et qui ont été moralistes en même temps, ont dit que les réprouvés méritaient incessamment la réprobation : ils ont jugé avec raison que si ce n'était pas ainsi, la perpétuité du supplice serait une chose injuste. Dans les réprouvés, disent-ils, la volonté du mal survit à la liberté, ce qui suffit pour motiver la continuité de la peine. Un jour sans doute, et il faut desirer que ce jour ne soit pas éloigné, un jour tous les théologiens seront d'accord sur ce point. Ils comprendront que les êtres intelligents ne peuvent se passer de liberté, même les êtres intelligents déchus. D'autres épreuves leur seront accordées, pour que tous parviennent à accomplir la loi définitive de leur être. La touchante inspiration qui a produit Abbadona attendrira la rigueur du dogme: les véritables poëtes ont quelque chose de prophétique. Nul ne doute de la religion de Klopstock: quoique ce grand hymnographe ait appartenu à une communion qui a repoussé le purgatoire, et adopté la prédestination, il s'est rendu l'interprète du christianisme de ce temps de tolérance, comme le Dante fut l'interprète du terrible christianisme du moyen âge. C'est avec une sorte d'anxiété que je fais de telles excursions dans un domaine où peut-être il eût été de mon devoir de rester étranger; mais comment séparer les destinées humaines de ce qui en fait l'ame et la vie, de la religion? J'ai dit plus haut que tout était successif dans le temps, même la manifestation des vérités religieuses; que la pensée divine, en daignant revêtir les formes de la parole, a dû consentir à devenir successive comme la pensée humaine elle-même. Appliquons ceci au dogme des peines éternelles, et achevons de nous exprimer dans le langage des lois de la société. La peine de mort est une peine définitive, relativement à ce monde. Est-ce à l'homme ignorant à infliger une peine définitive? est-ce à l'homme qui vit dans le temps, et dans un temps si fugitif, à retrancher le temps à son semblable? Les arguments qu'on a faits contre le suicide s'appliquent à la peine de mort, lorsqu'une fois on est arrivé dans le système d'idées où nous sommes graduellement parvenus. Ce n'est pas nous qui nous sommes volontairement placés dans le temps, et la vie n'est pas pour nous un don purement gratuit. Ce n'est point à nous à nous priver du temps et de la vie, parceque nul n'est sûr des conditions de l'un et de l'autre. J'en dirai autant pour la perpétuité de la réclusion, et, à plus forte raison, pour les fers, pour les peines entraînant la flétrissure. En suivant les règles de l'analogie et de la transformation des idées, nous trouverons que le sentiment religieux qui fait fléchir la croyance absolue aux peines éternelles, et le sentiment social qui nie la nécessité de la peine de mort, sont identiques : l'un est l'expression de l'autre ; comme l'un des dogmes fut l'emblème de l'autre. Mais pour que ces deux sentiments identiques puissent gouverner sans contestation, il faut que l'homme religieux et l'homme social méritent également de s'élever à un grade de plus dans l'initiation générale ; car, ainsi que nous l'avons remarqué, et par des raisons puisées à la source mystérieuse des traditions, un progrès, pour le genre humain, est toujours le prix d'un effort, la récompense d'une épreuve.

Si j'ai osé sonder deux avenirs à-la-fois, l'avenir

religieux et l'avenir social, j'y ai été entraîné par la contemplation de cette unité merveilleuse qui rend semblables et analogues, dans toutes les sphères d'idées, les faits accomplis comme les faits destinés à s'accomplir. Ainsi le dogme de la déchéance et de la réhabilitation, qui se trouve au commencement, doit se trouver à la fin de l'histoire des épreuves humaines; après en avoir éclairé toute la durée, il en éclairera encore la consommation. Mais je m'abstiens de convertir la pensée de l'avenir en la pensée du présent: pour produire une telle transformation, il faudrait une autre puissance que la mienne. Mon sentiment, en effet, ne peut être qu'un timide et respectueux pressentiment; tout motivé qu'il est, il est sans autorité.

Nous voyons la société civile se dégager successivement de toutes ses tutelles initiatrices; maintenant elle est appelée à se gouverner elle-même.

La société religieuse, pour ainsi dire accidentellement placée dans le temps, se meut dans une aire infinie, où elle n'a de bornes que l'éternité. Aussi s'est-elle toujours gouvernée elle-même, et elle n'a pas eu de progrès à faire, car l'immuable ne peut être progressif. Seulement les voiles se lèvent, les sceaux se brisent, parceque l'immuable, placé dans le temps, est tenu de s'exprimer par les organes mobiles du temps, et subit ainsi une incarnation successive. La vérité éternelle, par son éternelle condescendance, emploie des expressions progressives comme l'être progressif à qui elle les adresse.

La société religieuse, disons-nous, se gouverne elle-même depuis le commencement; mais ce gouvernement d'elle-même ne peut être le sujet d'une formule générale, parceque cette formule ne saurait être conçue que dans des termes qui supposent le temps et l'espace. L'esprit humain est donc inhabile à produire la formule qu'il se demanderait à lui-même.

Les justes de l'ancienne loi, après leur pèlerinage sur la terre, attendirent dans un lieu de repos, qui n'était pas encore le séjour de la gloire, la manifestation nouvelle qui devait consommer pour eux la réhabilitation, objet de leur foi. Ils avaient été fidèles à l'épreuve de la promesse, et pourtant ils ne purent entrer en possession de leur destinée que lorsque le genre humain lui-même fut mis en possession de la promesse réalisée.

L'homme a besoin de l'homme, même pour s'assurer l'autre vie, car le genre humain est un.

Ce qui est raconté des justes de l'ancienne loi est une vérité, et, de plus, un emblème.

L'épreuve de la menace apocalyptique, l'épreuve du mystère inexorable n'est pas achevée. L'expiation reste revêtue de son symbole le plus expressif.

L'autorité légitime, dépositaire de la pensée religieuse éternelle, en d'autres termes, la société chrétienne qui se gouverne avant et après le temps, et qui ne dédaigne pas la forme du temps, la société chrétienne s'expliquera lorsque le moment sera venu de s'expliquer. Le voile de la parole s'éclaircira, et l'esprit connaîtra le dernier terme de la réhabilitation.

Contentons-nous, en attendant, du lieu de repos qui n'est pas encore le séjour de la gloire.

Ne laissons pas toutefois passer, sans le noter, un exemple terrible de l'abus que l'on peut faire d'une arme trop redoutable par elle-même. Les hommes ont prodigué la peine de mort, et ils ne se sont pas contentés d'infliger ce funeste châtiment; ils ont aussi infligé, quelquefois de leur propre autorité, celui des peines éternelles. L'anathème, chez les anciens, est allé jusque-là. Sous la loi chrétienne, la peine de la damnation a trop souvent été prononcée formellement, comme un tribunal aurait prononcé une autre sentence. Dieu sans doute aura pris pitié, je ne dis pas de ceux qui étaient condamnés, mais des juges téméraires qui prononçaient de tels arrêts.

Ajoutons une chose. Dieu n'a pas besoin de se défendre; la société en a besoin : c'est un devoir qui lui est imposé par la loi générale de conservation imposée à tous les êtres. Mais une mission qui n'est point nouvelle vient de lui être confirmée; il faut qu'elle s'applique à civiliser ceux de ses propres enfants qui ont jusqu'à présent échappé à la civilisation.

Il me reste à dire que, peut-être prématurément publié par moi en 1818, l'Essai sur les Institutions sociales me dispense aujourd'hui de développer davantage quelques unes de mes idées. Je ne voulais insister ici que sur la pensée des épreuves successives, qui sont une partie si considérable des destinées humaines ici-bas et au-delà.

L'homme, appelé à tenir un si haut rang parmi les intelligences, pouvait-il espérer qu'il y parviendrait sans le mériter? Dieu a trop aimé l'homme pour lui tout donner gratuitement. La souveraineté de la terre est au prix d'un genre de travail; le gage des espérances immortelles est au prix d'une autre sorte de travail. Avant donc de s'expliquer sur la sévérité des lois de la puissance créatrice à l'égard de l'homme, il faut tenir compte de la loi générale, perpétuelle, miséricordieuse de l'initiation, loi de ménagement et d'amour, qui rappelle incessamment l'antique épreuve cachée dans les ténèbres augustes de la création, et néanmoins attestée par tous les souvenirs de l'antiquité.

Qu'on me permette de finir par où j'ai commencé.

Nous nous plaignons de ce que les plans de la Providence ne nous sont pas dévoilés. Et, d'abord pour savoir il faudrait que nous fussions d'autres intelligences, que nous ne fussions pas destinés à nous faire nous-mêmes. Ensuite, si nous savions, où serait l'épreuve, où serait le mérite d'acquérir?

Le monde, les choses du monde, le cours des choses, les événements contemporains, les événements passés, les prévisions de l'avenir, les traditions, les préjugés, les lois, les mœurs, la science, la poésie, la fable, l'histoire, tout cela fait partie de l'initiation de chaque homme, de l'époptisme du genre humain.

Ce mot, consacré dans la langue des initiations, caractérise le grade le plus élevé; mais on comprend qu'une telle expression ne peut avoir pour nous qu'un sens relatif. Celui que j'oserais appeler l'éternel Hiérophante, comme d'anciens philosophes n'ont pas craint de l'appeler l'éternel Géomètre, Dieu, ne peut être limité dans les enseignements successifs qu'il veut bien départir à sa créature, selon qu'elle le mérite. Ainsi, d'après les notions que nous avons acquises, l'époptisme actuel serait la consommation de l'évolution plébéienne par le christianisme, et l'abolition complète de tout patriciat; mais je suis loin de croire pour cela que ce soit la fin ou le terme de toute initiation.

Le sentiment de l'humanité est si nouveau, que le siècle de Louis XIV ne s'en est approché que spéculativement; jusque-là encore, en effet, des classes entières ont été exclues des sympathies sociales, étaient placées, par la force des choses, en dehors des mœurs générales. Tout prouve que l'apparition de l'homme sur la terre est un fait récent; et toutefois on ne peut se dissimuler que l'on trouve dans l'antiquité des traces d'une filiation de traditions si fortes et si homogènes qu'on doit les croire l'ouvrage des siècles. Ce problème, à-la-fois historique et philosophique, est loin d'être insoluble. Mes données sur le plébéianisme, dont j'ai présenté plus haut un premier aperçu, peuvent servir à éclaircir déjà une question qui recevra par la suite tous ses développements. Ainsi que je l'ai dit, l'évolution plébéienne est l'évolution de l'humanité elle-même.

Dieu, et je ne saurais trop insister sur ceci, Dieu a voulu que nous apprissions, que nous nous assimilassions ce que nous apprenons, enfin que nous nous fissions nous-mêmes. Dieu a voulu de plus que nous méritassions par la foi; et j'entends ici la foi dans un sens étendu, planant au-dessus de toutes les religions, pour ne s'appliquer qu'à ce que j'appelle les traditions générales, la religion universelle du genre humain.

C'est la révélation qui fait la différence entre la

religion naturelle du déiste et la religion catholique du théosophe.

Les partisans de cette prétendue religion naturelle se trompent, et, j'ai déja signalé cette analogie, ils se trompent du même genre d'erreur que, dans l'ordre politique, les partisans du contrat social, ou de la société reposant sur une convention.

La philosophie du dix-huitième siècle est donc tout entière à renverser. C'est un belier qui a bien abattu de vieilles murailles; hâtons-nous de réduire en cendres ce belier inutile, qui pourrait devenir un instrument dangereux.

Gravissons le mont sacré pour nous élever jusqu'à la hauteur où l'on respire ce parfum de vérité religieuse dont toutes les institutions humaines sont si intimement imprégnées, et qui s'exhale même des religions fausses; car toutes les convictions doivent être motivées, et si l'homme n'inventa pas la société, à plus forte raison il n'inventa point une religion. C'est en ce sens que toute religion repose sur un fondement vrai; c'est en ce sens encore que l'Église, dépositaire des traditions, peut dire: Hors de l'Église point de salut.

Ne voyons-nous pas que tout dans le monde, et dès l'origine, s'achemine vers le christianisme, seule loi, loi primitive d'émancipation et de grace? Nous ne saurions donc trop nous empresser maintenant de déclarer fausses et perverties toutes les institutions qui ne font pas faire un pas vers ce but providentiel. Le passé, le présent, l'avenir de la grande cité de Dieu, sont réglés par un code éternel, immuable, toujours le même, qui est le salut de tous.

Nous sommes plongés dans une atmosphère de révélation, si l'on peut parler ainsi. Le genre humain vit de révélation. Des hommes de la gentilité ont reçu le nom de prophètes.

Les objets ne sont peut-être pas tels que nos perceptions nous les représentent; mais ils sont l'occasion de telles représentations. Qu'importe? ne sommes-nous pas obligés de faire le monde ce qu'il doit être pour nous?

Nos sentiments sont des révélations; lorsque cet ordre de révélation n'est plus nécessaire, nous n'avons plus besoin de sensations; c'est l'autre vie. Ceci aura lieu jusqu'à la fin du monde, et la fin du monde elle-même ne sera peut-être que cela.

Maintenant une ère nouvelle commence, c'est-à-dire que nous demandons un autre grade dans la grande initiation qui dure depuis le commencement.

Si l'esprit humain ne rétrogradait jamais, la perfectibilité serait démontrée pour l'esprit humain, comme la succession de l'âge pour l'homme. L'esprit humain n'aurait qu'à vivre, et non à se perfectionner.

Alors que deviendrait la liberté? alors que deviendrait l'obligation où est l'homme de se faire lui-même?

Et l'homme, s'il était infaillible, ne serait qu'un animal avec un haut instinct intellectuel; il serait sans mérite. Il faut qu'il parvienne en méritant à pouvoir se passer de mérite.

Ainsi la profondeur du dogme de la déchéance nous raconte la profondeur des desseins de Dieu sur l'homme, et nous explique la nature humaine, comme le dogme de la réhabilitation nous explique son histoire en nous racontant la grandeur de ses destinées.

Or, et je ne fais que répéter ce que nous avons si souvent dit, l'esprit humain est toujours un, toujours identique à lui-même; la spontanéité ou la révélation, la succession ou l'histoire manifestent perpétuellement cette unité et cette identité.

Mais on ne peut parvenir à avoir le juste sentiment de cette unité et de cette identité qu'en remontant par les traditions au berceau cosmogonique de la race humaine.

TROISIÈME PARTIE.

SUITE ET FIN

DES PROLÉGOMÈNES.

Nous allons entrer dans une région toute différente de celle que nous avons parcourue jusqu'à présent. Nous passons en quelque sorte de l'initiation philosophique à l'initiation poétique.

Je ne puis dire toutefois laquelle des portes de la vision vient de s'ouvrir pour moi, laquelle s'ouvrira tout-à-l'heure.

Qu'il me soit permis seulement de rappeler l'autorité de la poésie. Oui, le poëte est aussi appelé en témoignage, et c'est pourquoi j'invoquais plus haut un chant de Klopstock. N'oublions pas que Constantin fit lire au concile de Nicée une très belle traduction, en vers grecs, du Pollion de Virgile, expression admirable et sibyllique d'une attente universelle.

Les Prolégomènes remuent toutes les idées sans

les asseoir, sans presque les coordonner. Si j'ai été quelquefois aventureux, pouvait-il en être autrement, puisque j'avais à sonder toutes les voies de l'initiation? Je me confie donc aux pensées que j'ai fait naître, et non à celles que j'ai exprimées. C'est comme un chaos cosmogonique destiné à être fécondé par l'esprit de chaque lecteur. Ainsi j'associe mes lecteurs à une création qui ne peut s'achever que par eux.

Il en sera de même pour l'Orphée; l'Orphée ne sera également qu'une préparation.

Par l'intervention divine, ou par la langue encore vivante des traditions, il fut donné aux anciens poëtes épiques d'entrer dans l'intimité des choses; ce moyen m'est ôté. Les sympathies générales de l'humanité sont toute mon inspiration.

Orphée sera, si l'on veut, un poëme alexandrin, mais seulement comme genre de composition, et non point comme imitation, ou comme tentative de pseudo-tradition.

Si je m'y suis tenu en dehors du mythe, c'est que ce mythe secondaire, altéré et restreint, ne pouvait me convenir; je ne devais pas me donner des entraves à moi-même. Je n'avais pas non plus à résoudre scientifiquement la question des Mystères de la gentilité; j'avais à interroger, selon ce qu'il m'a été donné de le faire, les traditions les plus générales. Toutefois je n'ai pu m'abstenir de balbutier le peu que je sais de l'antique langue du symbole.

Ma fable, il faut bien que je l'avoue, appartient à mon temps, car nul ne peut s'isoler du temps où il vit. Les tragédies de Voltaire ne sont-elles pas presque toujours de brillants pamphlets? Mais ce n'est point là une analogie que je puisse adopter pour moi. J'aime bien mieux la chercher dans Fénelon. Lui aussi était agité par une pensée palingénésique; mais quoiqu'il marchât si bien en avant de son siècle, c'est encore à son siècle qu'il emprunte son beau langage; souvent même il s'égare à son insu dans d'étroites allusions.

J'aurais dû peut-être essayer la peinture des civilisations contemporaines d'Orphée; mais pour ces sociétés synchroniques de la gentilité, formant divers âges des familles humaines primitives, nous avons l'Odyssée. Était-ce à moi à refaire l'œuvre immédiate du génie des traditions?

J'ai une seule remarque importante à faire ici.

On dirait que deux trépieds furent placés sur les sommets du Caucase; l'un de ces trépieds aurait été transporté sur les monts Riphées, et l'autre sur le Parnasse : la Thrace exprime en effet les mythes sévères du Nord, comme la Grèce exprime les mythes riants du Midi.

Je suis resté dans une donnée trop générale pour pouvoir caractériser ces deux types, l'inspiration produite par ces deux trépieds. D'ailleurs j'avais la préoccupation des mythes italiques dont l'empreinte plus enfouie et plus fossile me paraît, d'aspect, sans que je puisse en dire la raison, plus primitive, et que ceux de la Grèce et que ceux de la Thrace. A mon avis, cette vieille terre du Latium est à peine effleurée.

———

Pendant que j'imprimais l'édition provisoire de ce volume, on a publié un excellent travail de M. Michelet sur Vico. Je me proposais, comme je l'ai déja dit, d'exposer plus tard, avec quelque étendue, le système du philosophe napolitain, resté oublié pendant plus d'un demi-siècle dans sa propre patrie, et qui vient seulement d'être révélé à la France. Je ne me trouve cependant pas encore entièrement dispensé de la tâche que je m'étais imposée à son égard, parceque je voulais signaler en même temps les écueils qu'à mon avis il n'a pas su éviter. Mais, qu'il me soit permis de le dire, en attendant, ceux qui aiment à étudier un génie original et indépendant devront, malgré le mérite incontestable de son interprète, avoir recours aux ouvrages mêmes de Vico. Une rudesse quelquefois sauvage, souvent pleine de cette poésie fruste, qui rappelle le caractère du mythe italiote, enfin une audacieuse incohérence d'où jaillissent de temps en temps de vives clartés, remuent bien plus puissamment les idées que l'asservissement à une forme trop didactique et trop prudente. Il faut espérer que le succès de M. Michelet l'engagera bientôt à s'occuper du complément qu'il a promis et qu'il doit à ses lecteurs français. Dans l'état actuel, en effet, les hypothèses hardies de Vico, détachées de la sphère métaphysique où elles ont été conçues, paraissent être isolées les unes des autres, et manquer de leurs appuis naturels.

Quoique je ne veuille pas pour le moment me livrer à l'examen du système de ce philosophe, je crois devoir néanmoins dire quelques mots de la base même sur laquelle il le fait reposer. Selon lui, le point de départ pour toute la gentilité fut l'abrutissement le plus général et le plus complet, les traditions primitives, après la dispersion des familles humaines, s'étant conservées seulement chez celle qui devint le peuple de Dieu. Alors, dans le silence des traditions, il fallut chercher le moyen dont la Providence s'était servie pour secouer l'intelligence humaine, et la tirer de l'engourdissement où elle était plongée. Ce moyen fut la foudre, lorsque l'atmosphère la produisit pour la première fois. De là toutes les religions de terreur de l'antiquité; de là tout le monde civil sortant peu à peu de ces religions de terreur. Sans doute je nie le fait de la foudre ébranlant ainsi les facultés humaines, et leur donnant en quelque sorte l'existence; mais je sais aussi qu'une telle erreur tient à un sentiment intime et profondément vrai des choses qui constituent les sociétés primitives de la gentilité; c'est une vue égarée du génie; nous en serons de plus en plus convaincus, à mesure que nous avancerons dans la route où nous nous sommes engagés.

Si Vico eût connu les phénomènes de l'électricité, ceux qui sont entrés dans le domaine de l'esprit humain, depuis Franklin jusqu'à M. Ampère, et ceux d'un autre ordre dans lesquels on commence à pénétrer; si, par cette connaissance, il eût été en état d'apprécier ou de soupçonner ce que devait être la science fulgurale des Étrusques, science que tout nous démontre avoir été prodigieuse, il aurait porté bien plus loin l'assurance de ses assertions. Aussi je refuse de les admettre, non comme invraisemblables, mais comme historiquement fausses.

D'après tout ce qui a été dit, la science est primitive. L'intuition et la révélation se suppléent l'une l'autre, selon le besoin. La gentilité a eu ses organes providentiels appropriés aux lieux et aux temps. Dieu n'a jamais fait dépendre la destinée humaine de contingences fortuites. La tradition, l'ensemble des traditions, voilà le lien général et orthodoxe du genre humain.

La force logique du système de Vico a fait violence à son orthodoxie, et l'a entraîné à construire une humanité en dehors de la tradition, à créer une spontanéité indépendante de la révélation. Sans doute on peut dire que les facultés humaines étant en puissance d'être, le plus léger événement qu'eût voulu la Providence, à cette fin, eût suffi pour les amener en acte de manifestation. Mais alors à quoi eussent servi les traditions générales? Qu'eût été la mission du peuple hébreu à l'égard des autres peuples, en admettant que la gentilité pouvait surmonter elle-même toutes ses ignorances? Et sur-tout comment expliquer ces associations humaines, si énergiquement constituées, que l'on trouve toujours là où l'on aurait cherché le berceau même de la race humaine?

Dans le volume qui suit, la lyre d'Orphée sera pour moi ce que fut la foudre pour Vico.

Je n'avais pas besoin d'un tel secours, puisque j'admets la perpétuité des traditions; mais enfin je ne suis pas sorti de la donnée historique, en prenant ce mot dans son sens le plus vaste. Encore, ici, faut-il tenir compte de cette prérogative de l'épopée, qui consiste à rapprocher la zone du mythe de l'horizon de l'histoire.

Je déplorais naguère que la philosophie de Vico n'eût pas fait son invasion chez nous dans le siècle dernier, parceque je pense qu'elle en aurait tempéré la fougue dévastatrice; maintenant j'exprimerai un autre regret. L'époque récente que l'on peut trouver analogue au retour d'Esdras a été marquée par l'apparition d'une haute philosophie, qui aurait dû amener les plus nobles, les plus fécondes discussions : malheureusement elle s'est revêtue de formes réactionnaires, et imprimait un mouvement de rétroactivité. Pendant qu'elle gouvernait de certains esprits avec trop de violence, elle enivrait les autres d'amertumes: celle de Vico aurait apaisé les partis extrêmes. Singulière destinée que celle de cet homme! Lui qui fut si intuitif, il sort du tombeau lorsqu'il n'a plus rien à enseigner; lui qui avait tant la faculté de prévision, et qui la consuma toute dans l'étude du passé, ne reparaît que lorsqu'il n'a plus rien à prédire.

S'il était permis de parler de soi, j'oserais dire, à ce sujet, que la philosophie ébauchée dans l'Essai sur les Institutions sociales aurait pu aussi avoir quelque utilité; c'était, comme la charte, un traité d'alliance entre le passé et l'avenir. Mais le combat corps à corps était déja commencé. Je crois aujourd'hui le moment mieux choisi, et je me présente de nouveau ; je me présente même avec plus d'assurance, parcequ'à très peu d'exceptions près, toutes les idées contenues dans ce premier écrit sont devenues, bien plus qu'elles ne l'étaient alors, le véritable domaine de la discussion actuelle.

J'ai eu pour but, dans cet ouvrage, qui maintenant fait partie du premier volume, de peindre l'âge actuel de la société, la lutte des idées anciennes contre les idées nouvelles, la différence des mœurs et des opinions ; d'établir que, si toutes nos traditions sociales finissent, il ne faut pas néanmoins méconnaître l'esprit de ces traditions, ni les bienfaits qu'elles ont répandus parmi nous ; je cherche à prouver ensuite que l'homme naît dans la société, qu'il ne peut rien sans elle ; qu'il n'est créature morale, libre, intelligente, que par elle ; que les lois de l'organisation sociale reposent sur l'expérience et sur des faits, et non sur des théories et des hypothèses ; puis, abordant le problème si souvent débattu de l'origine du langage, je parviens, de conséquences en conséquences, à trouver que nous sommes dans l'âge de l'émancipation de la pensée, mais que cette émancipation n'a pu avoir lieu avant que les facultés de l'homme, créées en quelque sorte par la parole, n'eussent reçu le degré de perfection qu'elle devait leur donner; enfin j'essaie de démontrer que le problème de l'origine de la société étant intimement lié à celui de l'origine du langage, ces deux problèmes doivent se résoudre de la même manière; et qu'ainsi il faut encore à présent partir de l'existence de la société pour raisonner avec certitude sur le nouvel ordre de choses qui tend à s'établir, quelque indépendant qu'il soit d'ailleurs de tout ce qui a précédé, comme il faut partir du don primitif de la parole pour parvenir à concevoir l'émancipation graduelle de la pensée. Je crois que désormais les mœurs et les opinions doivent marcher sur deux lignes séparées, et recevoir des développements successifs dans ces deux lignes, tout-à-fait distinctes entre elles. Je considère tour-à-tour le sentiment religieux, le dogme de la légitimité, les lois de la poésie et de la littérature, sous le point de vue que me présente la série d'idées et d'inductions que je viens d'énoncer succinctement. Cet ouvrage n'est ni un traité de métaphysique, ni un système politique: on n'y trouve point l'exposition de toutes les vérités sur lesquelles la société est établie; mais il en contient le germe, et j'osais espérer qu'il en ferait naître le sentiment, ou du moins qu'il pourrait contribuer à l'entretenir. Peut-être est-il permis d'affirmer qu'il était assez approprié aux besoins du moment, puisqu'il tendait à nous réconcilier avec l'esprit de tradition, sans toutefois nous placer sous sa tutelle immédiate.

Nous sommes arrivés à une époque de fin et de renouvellement, à un âge distinct de l'esprit humain, à une ère nouvelle de la société; et c'est un tel état de choses que j'avais cru important de faire comprendre et sentir.

L'hypothèse que j'avais posée était, je puis l'avouer, insuffisante; toutefois elle nous conduit à la nécessité des principes palingénésiques inscrits dans l'horizon le plus reculé de l'histoire primitive de la race humaine.

J'ai déjà fait connaître les objections de mon ancien contradicteur, dans l'addition au chapitre X de l'Essai (tome I, p. 365 et suiv.). J'ai répondu à ces objections, et maintenant je puis faire un pas de plus.

Pour remettre la question sous les yeux du lecteur, je crois devoir employer une conclusion de M. Cousin, qui la signale en quelques mots. Ce n'était point à moi que répondait l'illustre professeur, mais je dois prendre sur moi la responsabilité du système attaqué.

« Les signes, la parole, ne sont donc rien en eux-
« mêmes; ils ne sont que ce que la volonté les fait
« être; et, en ceci comme en beaucoup d'autres cho-
« ses, il est dur d'entendre par-tout célébrer les effets,

« quand la cause est ou négligée, ou méconnue, ou
« repoussée. Que l'on y songe; la théorie que nous
« combattons ne va pas à moins qu'à faire produire
« l'homme par la parole; mais l'homme de cette
« théorie n'est qu'une machine dont se sert plus ou
« moins heureusement le langage, qui vient alors
« on ne sait d'où : n'est-ce pas là un véritable sui-
« cide? » (VICTOR COUSIN, *Fragments philosophiques*,
tome I, p. 172).

D'abord j'aurais à répéter ce que j'ai déjà dit
dans l'endroit cité. Mais au point où nous sommes
parvenus, il nous est permis de confondre la question particulière qui nous occupait alors avec la
question générale qui nous a occupés depuis.

Les prolégomènes de la Palingénésie ont dû nous
apprendre que toutes les questions d'origine sont
identiques.

Les siècles qu'il eût fallu entasser pour arriver
à l'institution progressive du langage, comme pour
arriver à l'institution sociale, ces siècles se perdent
dans le résumé admirable de notre histoire primitive : ce résumé est la Genèse, tableau du berceau
cosmogonique de la race humaine, grande et majestueuse psychologie de notre essence, distincte de
toutes les autres essences, témoignage imposant des
traditions antiques.

Ainsi le genre humain est un et identique à lui-même depuis son origine jusqu'à présent ; il le sera jusqu'à la fin. Ses facultés ne sont point successives. Ce qu'il est, il l'a toujours été, il le sera toujours.

Le point de départ de la perfectibilité, c'est le dogme de la déchéance et de la réhabilitation, comme ce même dogme est la raison des initiations progressives, chaque initiation à la condition de l'épreuve, et l'épreuve toujours sous forme d'expiation.

Ainsi se trouvent expliqués à-la-fois les temps historiques et les temps mythiques.

Ainsi l'essence humaine n'a pas besoin de se dégager d'une essence inférieure, pour parvenir à être ce qu'elle est : l'évolution de la race humaine est en elle-même. Ceci n'est pour répondre ni à mon ancien contradicteur ni à M. Cousin, mais pour faire comprendre que la simple voie du développement, sur-tout avec l'idée d'unité d'organisation, nous conduirait à une solution que nous ne pouvons admettre.

Il s'agissait donc de bien préciser le point de départ de la perfectibilité : or ce point de départ est formellement marqué dans la Genèse, expression des traditions générales du genre humain.

Les facultés sont diverses, et diversement réparties ; c'est cette diversité de répartition qui fit les castes et les classes, et les peuples et les langues.

Le christianisme a levé la barrière qui tenait séparés et les castes et les classes, et les peuples et les langues.

La diversité reste, mais l'initiation est ouverte à tous.

———

Je termine ici, non que j'aie atteint le but de ces prolégomènes, mais parceque d'autres considérations générales doivent être préparées par la suite de la Palingénésie sociale.

FIN DES PROLÉGOMÈNES.

RÉFLEXIONS DIVERSES.

RÉFLEXIONS DIVERSES.

I.

Un philosophe arabe a dit : « Adhérer à ses pro-
« pres sentiments et à ses lumières, c'est le grand
« chemin de l'impiété et une idolâtrie de soi-même;
« car puisque vous ne pouvez penser ni raisonner
« que sur l'être contingent, toutes vos pensées et
« tous vos raisonnements ne peuvent vous conduire
« que dans les ténèbres de l'orgueil et de l'opiniâ-
« treté. »

Cette phrase, qui résume en quelque sorte la doctrine de M. de La Mennais, est d'un philosophe
mahométan.

Si je fais cette remarque, ce n'est point pour
jeter de la défaveur sur cette doctrine qui, contenue
dans ses véritables limites, n'a rien qui offense la
raison. Elle est sur-tout, à mon avis, contraire au
fatalisme et à la prédestination; elle se concilie à-la-
fois avec la liberté et avec la solidarité; elle ne repousse point la loi du progrès, de l'initiation à la
condition de l'épreuve.

Toutefois j'ai cru devoir noter la pensée du philosophe arabe.

II.

Le christianisme avant J. C. était *la raison générale manifestée par le témoignage du genre humain*. Le christianisme depuis J. C., développement naturel de l'intelligence, est *la raison générale manifestée par le témoignage de l'Église*. (L'abbé de La Mennais, *Indiff.*, Préface du IIe vol.)

L'apologie du christianisme par M. de La Mennais est une forme tout-à-fait nouvelle, et dans les besoins du temps. Il est certain qu'il en a étendu les proportions, et que l'orthodoxie de Bossuet s'en alarmerait.

Je pense que la forme théosophique aurait mieux convenu.

Sous ce rapport, M. de Maistre est dans une meilleure voie.

Les appuis historiques, les témoignages, tout peut être contesté : par l'instrument théosophique, vous pénétrez dans les entrailles des traditions générales, et vous parvenez au cœur même du problème posé et résolu par le christianisme.

III.

Chercher à connaître les faits primitifs de l'histoire du genre humain, ce n'est point une vaine curiosité. Cette haute synthèse, qui fut celle de tous les esprits élevés, peut égarer, mais toujours elle est féconde en enseignements vrais et utiles. La plus petite découverte dans cette région mystérieuse est importante en ce qu'elle signale une loi générale. Platon le savait bien.

On dit que tout est fini en poésie, en littérature, c'est complètement faux. N'avons-nous pas à notre disposition tous les événements anciens éclairés par un jour nouveau? L'identité que nous finirons par trouver dans toutes les histoires, selon le degré de développement des peuples, ne permet-elle pas de donner à des faits particuliers la couleur de faits généraux pour les élever à la dignité de faits typiques, de faits universels?

L'histoire, nous en sommes certains, ne marche point au hasard. Les faits manifestent les pensées. Un événement est donc la révélation d'un sentiment général, d'une pensée dominante qui règne sur tous dans le moment. Tel est le véritable lieu de l'unité pour l'art. Un héros alors n'est qu'une personnification. Voilà ce qui livre de nouveau le domaine de l'histoire à la muse épique, à la muse tragique. C'est à la philosophie à préparer le terrain sur lequel doit s'élever l'édifice de la poésie régénérée.

Deux fois les alexandrins ont tenté de refaire la

poésie primitive. Dans les premiers siècles du christianisme, et même dans le siècle qui l'a précédé, toutes les théurgies, toutes les philosophies, toutes les doctrines mystiques ou symboliques ont été refaites sous des noms anciens. C'est ainsi qu'on a fait les poèmes d'Orphée et les livres de Thot.

Je cite ce moment de l'esprit humain, non pour le proposer comme exemple à suivre, mais pour faire comprendre l'analogie du mouvement des idées.

IV.

Il est certain que Tibère et Titus existent encore à présent, existent même dans notre sphère d'activité; car leurs actes, ce qu'ils ont fait, dit et pensé, la mémoire qui en subsiste, leurs images, l'apparition enfin de leur être dans le temps, ont une sorte de vie réelle pour nous modifier, pour servir de causes, de motifs, d'occasions à nos pensées et à nos sentiments; les faits qu'ils ont produits, et dont les résultats ondulent jusqu'à nous, font une partie de notre expérience, de nos destinées actuelles. A plus forte raison, les poëtes, les orateurs, les philosophes, les législateurs, les fondateurs d'empires, les théocrates.

Ce que je dis de Tibère et de Titus s'applique à tous les noms de la fable et de l'histoire.

Les souvenirs vivent dans les arts et les inspirent toujours. Les pensées anciennes sont reproduites sur le marbre, sur la toile, sur l'airain. Les traditions éteintes éprouvent ainsi de perpétuelles palingénésies.

Donc l'ame est immortelle.

Donc le genre humain est un et identique.

Donc l'individu ne se confond point dans l'identité générale.

L'homme est à-la-fois individuel et collectif, solidaire et responsable de ses propres actes, volitif et fatal.

V.

Nous sommes gouvernés par les récits mensongers ou inexacts comme par les récits vrais. Cette prétendue liberté romaine, si différente de l'isonomie athénienne, nous a imposé une fausse croyance, comme elle nous aurait imposé une croyance vraie. Voyez les tragédies de Voltaire si empreintes des préjugés historiques de son temps; voyez celles de Corneille, placées également dans une sphère si opposée à la vérité, telle qu'elle nous apparaît à présent.

Je l'ai déja remarqué, l'homme est sans cesse occupé à refaire le passé, et le passé lui appartient au même titre que l'avenir.

L'homme est donc tenu de deviner le passé, de le reconstruire d'après l'idée qui dort dans les monuments, d'après la loi générale qui se dévoile à chaque crise palingénésique : il emploie à cette dévination la même faculté qui lui fait pressentir l'avenir. Le présent n'existe qu'à la condition du passé et de l'avenir, ou plutôt n'est que la mystérieuse assimilation du passé et de l'avenir.

L'idée du présent, bien entendue et bien comprise, nous donnerait l'idée d'une contemporéinité générale, c'est-à-dire de l'éternité.

Les hommes avant nous, c'est nous; les hommes en même temps que nous, c'est nous; les hommes après nous, c'est encore nous.

Nos sympathies font de chacun de nous le genre humain lui-même.

On a peine à démêler sa propre pensée, parceque c'est une pensée individuelle; on a peine à démêler, et par la même raison, la pensée d'un autre : il n'en est pas ainsi d'une pensée générale. Elle est toujours nette, quoique souvent impossible à exposer littéralement, à enfermer dans des locutions précises.

Les expériences de la révolution française ont allumé un flambeau qui éclaire au loin les histoires anciennes, comme il éclaire, dans un horizon plus rapproché, les histoires modernes.

VI.

Un temps s'ignore; mais la loi qui a posé les temps sur l'éternité sait le secret du temps qui s'ignore. Les langues s'ignorent aussi, mais le génie qui y est contenu s'y développe par la même loi qui en fait l'expression de l'intelligence humaine.

L'expérience et l'analyse trouvent dans les événements consommés les mystères profonds de la spontanéité qui a produit l'action.

Un temps s'ignore; la Providence dirige en grand, en général, par une loi primitive, à l'insu des hommes qui voient en petit et en particulier, qui voient successivement.

Une époque s'ignore, c'est-à-dire ignore la pensée qui la fait agir, mais Dieu connaît cette pensée: c'est lui qui l'a mise dans la sphère d'activité de l'homme pour qu'il se l'assimile à de certaines conditions.

Les passions humaines, les violences, les meurtres, souvent servent d'enveloppe à la pensée d'avenir cachée dans le présent; cette pensée d'avenir triomphe par le sang et les larmes, comme le germe voilé dans le grain de blé triomphe par la destruction du grain lui-même.

Un temps s'ignore: toutefois il est doué d'un instinct qui le fait agir.

Un homme s'ignore: il a un instinct analogue.

L'homme doit s'étudier. L'homme public doit chercher dans l'instinct de son temps la pensée intime qui fait agir ce temps.

A toutes les époques, il y a une énigme à deviner, un nœud à dénouer, un problème à résoudre.

Les OEdipe, les sibylles, les prophètes, les voyants, sont toujours des personnages rares : quelquefois on ne veut point écouter leurs discours, sans parler des Alexandre qui tranchent par l'épée.

Chacun est un être palingénésique qui ignore sa transformation actuelle, et même ses transformations précédentes.

Un temps s'ignore, car la loi générale qui régit tous les temps est une loi qui respecte la liberté humaine : ainsi le bien et le mal faits par les hommes peuvent leur être attribués.

Les effets et les causes s'enchaînent. Rien n'est produit subitement. Dieu n'a pas pu vouloir remonter à chaque instant le ressort de l'univers. Il a fait des lois qui le gouvernent incessamment : ceci est vrai au moral comme au physique.

VII.

L'idolâtrie consiste à se faire des objectifs, comme appui à l'intelligence qui en manque.

Les prêtres mythographes voyaient un objectif symbolique.

Les prophètes voyaient un objectif réel.

Les traditions générales sont un objectif réel pour le genre humain.

L'intelligence cherche donc un objectif.

Les dogmes et les mystères sont un objectif inaccessible à l'esprit, quant à présent; il faut les prendre pour objectifs inaccessibles et inexplicables, dans l'état actuel de l'intelligence humaine.

L'époptisme est la découverte de cet objectif; mais il ne l'explique pas, il le montre.

VIII.

L'homme est à la tête de ce monde pour l'admirer et en jouir.

D'autres intelligences existent pour admirer et jouir de l'ensemble de la création.

L'homme a son rang parmi les hiérarchies sans fin.

Un jour il jouira de l'univers comme il jouit de ce monde.

Ainsi peut-être un jour il connaîtra les secrets de l'univers; car s'il est resserré dans des bornes si étroites aujourd'hui, c'est qu'il ne peut réellement connaître le monde où il est placé que lorsqu'il connaîtra l'univers.

Les lois qu'il nous est déjà donné de connaître, et qui s'appliquent à toute la création, nous disent que notre planète n'est pas isolée; et les lois que nous connaissons doivent être le symbole de la connaissance à laquelle nous devons parvenir.

IX.

Il faut prendre l'unité dans un sens théosophique. L'ame n'a ni temps, ni lieu; lorsqu'elle accomplit un acte, cet acte est un. Il faut le concevoir sous ce point de vue. Voilà ce qui explique comment l'unité est toute naturelle dans un sujet puisé à la source des mystères, et comment elle est factice transportée dans les sujets purement historiques. Les uns sont spontanés, les autres successifs: il n'y a pas moyen de faire que le successif soit spontané. Sakespeare en prenait son parti. Toutefois, comme il ne peut y avoir de beau sans unité, que le beau est spontané et non successif, il faut qu'un sujet historique ait son unité, et cette unité se trouve dans la pensée intime et profonde qui gouverne l'événement, dans l'idée qui est sa cause première. Descendez donc dans le centre du fait, dans son ressort mystérieux, pour le traduire en drame ou en épopée.

X.

L'idéal, c'est l'absolu et l'universel. Le beau, dans l'homme, c'est l'homme, et non pas un homme; dans la femme, c'est la femme, et non une femme.

C'est l'être dans sa généralité, et non dans son individualité.

Plus un individu s'approche de l'idée ainsi conçue, plus il est près du type du beau.

XI.

Révélation primitive pour le genre humain, pour chaque unité morale formée d'un certain nombre d'individus, réunis comme peuple ou comme race. Les unités collectives sont traitées d'une manière analogue aux individus. Révélations générales, nationales, individuelles, selon les temps, les âges de l'esprit humain.

XII.

Dès ce monde-ci, nous habitons le monde de l'esprit. Nous devons y faire des découvertes. Plus nous nous faisons de facultés analogues au monde des intelligences, plus nous nous rendons susceptibles de l'habiter indépendamment de nos organes. Moins nos organes sont nécessaires, plus le phénomène du dégagement s'approche. L'ame habitera le royaume des intelligences sans changer de lieu, car il n'y a pas de lieu, seulement une autre lumière.

XIII.

Il y a dans tout gouvernement un principe qui

est le principe générateur et législateur, le principe de mouvement. C'est ce principe qui forme l'unité ; c'est ce qui est conforme à ce principe qui est l'expression vraie de la volonté générale. Quand on lui donne un nom, c'est le législateur. Tout ce qui s'écarte de ce principe est hors de la volonté générale, hors de la liberté légale, hors de la soumission libre des individus, hors de l'imputabilité, lorsqu'on essaie de s'y soustraire. Les chefs du gouvernement doivent être en sympathie avec ce principe, pour former le lien, ou le centre de l'unité.

Goguet attribue aux oracles la cause des révolutions successives de la Grèce : c'est la cause secrète et inaperçue, que ce savant attribue aux oracles. Cette cause, pour toute nation, je la trouve dans le génie intime de chaque individualité nationale.

Au reste, Platon et Cicéron sont d'accord sur l'importance des oracles.

Le développement, à Rome, par la nature de l'institution, fut d'une excentricité gigantesque : c'est que l'institution fut l'Orient vigoureusement comprimé et agissant à sa plus haute puissance pour produire l'évolution de l'Occident.

Lutte donc, lutte effroyable du principe stationnaire et du principe progressif.

Par-tout où la lutte cesse, il y a stagnation, civilisation pétrifiée ou stéréotypée comme en Orient.

La société reste où elle en est comme en Chine.

Ici se découvre la grande mission de l'Occident. L'émulation des castes de l'Europe ancienne a produit la mobilité de l'Europe et ses progrès.

XIV.

Les héros hors des temps historiques et des temps poétiques, dont les noms ne se trouvent ni dans la poésie, ni dans l'histoire, ces dynasties inconnues, et qui ont laissé de grandes traces, ces noms perdus dans celui d'Hercule, de Dédale, d'Hermès ou d'Homère, ces conquérants ignorés qui ont traversé le monde en distribuant des lois et des fers !

XV.

Tout est symbole, et ceci explique l'immortalité, la vie future. Notre vie est symbolique. La poésie et les arts, comme la vie, sont symboliques; et c'est à ce caractère symbolique, qui est leur essence, qu'est due l'immortalité de leurs œuvres. Celles de ces œuvres qui ont péri n'ont pas péri entièrement. Elles avaient passé dans les esprits; elles s'étaient assimilées à d'autres. La pensée est impérissable. J'ai exprimé ailleurs ce que je pense de ceux mêmes qui ne publient pas leurs pensées; elles n'en ont pas moins un règne comme ces dynasties inconnues dont il a été question plus haut. Il en est des pensées comme des corps; la forme seule est périssable.

XVI.

Alexandre a méconnu sa destinée, comme depuis Bonaparte a méconnu la sienne; l'un en voulant fonder en Asie une puissance qui ne pouvait avoir ses racines qu'en Europe; l'autre, en voulant fonder dans une civilisation ancienne une puissance qui avait ses racines dans une civilisation nouvelle. Alexandre aurait dû être le fondateur de la puissance de l'Europe prenant l'ascendant sur l'Asie; Bonaparte devait être le fondateur de l'ère qui commence, de la série des destinées nouvelles de l'Europe.

La Providence a fait venir directement de l'exil un instrument plus docile.

XVII.

Le mauvais génie de ce temps-ci, c'est le génie du doute, de l'incrédulité, le génie qui a tenté d'abolir le sentiment moral. Savez-vous ceux qui donnent encore quelque force au génie frondeur du dix-huitième siècle? Ce sont ceux qui ont cru pouvoir continuer de régner par les souvenirs. Le mauvais génie de ce temps-ci, l'Arimane de notre époque a secoué ses puissantes inspirations à-la-fois sur un poëte et sur un philosophe. Le poëte, c'est lord Byron; le philosophe, c'est l'abbé de La Mennais. L'un a désespéré des destinées humaines, l'autre a en quelque sorte, et à son insu, nié l'émancipation chrétienne.

L'un et l'autre n'ont pas tardé de repousser la cruelle erreur à laquelle ils se sont trouvés en proie. Leur ame généreuse a compris qu'elle n'était point faite pour une telle fascination.

Lord Byron a voulu retremper son imagination dans la noble cause de l'humanité; l'abbé de La Mennais s'est mis à étudier les traditions générales du genre humain.

La Providence veut que les peuples ne restent jamais sans guide : c'est au sentiment moral à régir dès à présent le genre humain, puisque l'autorité des traditions s'évanouit pour lui. C'est la société, instituée à l'origine par Dieu même, c'est la société qui a perfectionné le sentiment moral; et maintenant Dieu laisse au sentiment moral la direction de la société. Les esprits qui refusent de reconnaître le progrès de la société refusent aussi de reconnaître le perfectionnement du sentiment moral. Voilà pourquoi le sentiment moral, qui se déclare juge et non ennemi des traditions, a tant d'adversaires qui se soulèvent de tous côtés; voilà pourquoi le sentiment moral vient à abandonner les idées anciennes pour se réfugier dans les idées nouvelles, car c'est dans les idées nouvelles qu'est l'avenir nécessaire, indomptable de la société. Les partisans des idées anciennes ont le sentiment de cette vérité si triste pour eux; mais ils luttent en vain contre le sentiment moral, Dieu est avec l'avenir de la société.

Ceux qui attaquent maintenant le sentiment moral font un acte de désespoir; ils me représentent l'agonie d'une société qui meurt, et qui croit que tout meurt avec elle. J'ai déja parlé de ce fait historique, pour en tirer l'enseignement que j'ai si souvent en vue dans cet écrit. Titus voulut épargner le temple des Juifs, qui était une des merveilles de l'univers; mais il le voulut en vain, Dieu avait condamné le temple de l'ancienne loi; et il fallut qu'il s'abymât dans une ruine vaste et spontanée.

XVIII.

Abraham, le père des croyants, était fils d'un païen. Melchisédec, roi de Salem, le roi juste, bénit Abraham. Abraham descendait de Seth. Entre Seth et le père d'Abraham il y eut solution de tradition pure; mais l'idée du vrai Dieu subsistait.

Job était Arabe.

Balaam adorait le vrai Dieu chez les Moabites, et était considéré comme un prophète par ces peuples.

Les tribus séparées avaient des prophétes.

XIX.

Dans le mélange des peuples, soit par migrations, soit par les conquêtes, il y a peut-être des principes mâles et des principes femelles, ou des principes actifs et des principes passifs, les initiateurs et les initiables. Cette conjecture est vérifiée par tout ce que j'ai à dire sur les opès et les inopès. Les anciens ont des doctrines bien étonnantes à ce sujet. Les Amazones, les peuples-femmes. Est-ce l'intuition et la synthèse qui ont guidé les anciens, qui leur ont inspiré les doctrines dont j'ai à rendre compte?

XX.

Les épopées primitives sont pour Rome, comme pour les autres peuples, la source de l'histoire.

Les romances, les ballades, les chants galliques, les vieux chants allemands, les poëmes italiens fondés sur les traditions mythologiques de la cour de Charlemagne, nous donnent une idée de ce que fut à l'origine le cycle épique avant Homère, de ce que fut l'épopée primitive chez les Romains. Les antiquaires et les critiques voulurent débrouiller ce chaos poétique; mais les rhapsodes latins ou osques ou étrusques se sont perdus, faute d'un Pisistrate pour composer l'Homère latin. Au reste, par-tout le génie lyrique a dû précéder le génie épique.

Les diverses castes de l'Inde eurent leurs poëtes de même, dans la Rome primitive, il y eut des chants patriciens et des chants plébéiens.

Une telle similitude mérite d'être remarquée.

Il ne serait pas facile d'étudier la part qui a été faite à ces différentes sortes de poésie, lorsque l'histoire est venue recueillir les éléments dispersés de la tradition.

Tite-Live a fait fort bien ce que M. de Marchangy a fait fort mal. Un génie analogue à celui de M. de Châteaubriant eût pu, dans le siècle de de Louis XIV, être le Tite-Live de la France.

Au temps de ce grand écrivain, l'aristocratie paraissait représenter la liberté.

Les préjugés du temps où l'histoire romaine a été écrite pour la première fois ont dû nous arriver ensuite, et les perpétuer pour nous.

(Ceci se rapporte à un passage des prolégomènes, page 97 du présent volume.)

XXI.

Quelle que soit mon opposition aux systèmes de M. de Maistre et de M. de La Mennais, je dois dire qu'ils ont réellement plus avancé la véritable discussion que tous les philosophes ensemble de notre temps. Ils ont assigné le terrain vrai du champ clos où doit se livrer le combat.

L'extrême conséquence de la philosophie qui leur est opposée est le sensualisme; et cette extrême conséquence est incompatible avec tous nos instincts, avec ce qu'il y a de plus intime dans notre nature.

Si j'osais me servir d'une telle expression, je dirais que MM. de Maistre et de La Mennais ont fondé une admirable culée de pont.

Voici un emblème de ce qu'avait fait la philosophie du dix-huitième siècle.

A Vienne, on a cru pouvoir ôter les contre-forts de l'église de Saint-Maurice, et le voile du temple s'est déchiré d'un bout à l'autre.

MM. de Maistre et de La Mennais ont voulu rétablir les contre-forts démolis par le dix-huitième siècle.

A mon tour, j'ai essayé de fonder la culée du pont, de donner des contre-forts au temple.

Je dis ici la philosophie opposée à MM. de Maistre et de La Mennais, sans lui donner le nom d'un chef d'école, parcequ'en effet elle n'a point de représentant, et cela doit être, puisqu'elle est sans action véritable en ce moment.

Les écrivains du dix-huitième siècle n'ont point de doctrine; ils peuvent se comparer aux tribuns de Rome, dont le pouvoir fut négatif, et qui n'avaient pas la faculté des auspices. La mission des uns était l'humanité, en dehors même de toute institution sociale; la mission des autres fut non une liberté politique, mais la liberté naturelle.

XXII.

On conçoit la faculté de prédire, dans le monde moral comme dans le monde physique, un événement comme une comète. Le temps ne peut être précisé pour les révolutions politiques, parceque le temps est un phénomène extérieur à l'intimité des choses. C'est une fort bonne expression que celle de l'Apocalypse, un temps, la moitié d'un temps, deux temps. Nos révolutions politiques ne peuvent entrer dans les limites du temps phénoménal ou astronomique. Les anciens avaient trouvé de l'identité entre les cycles astronomiques et les cycles sociaux ou les âges du genre humain, comme entre le sol et l'institution.

Le monde intérieur est devenu plus indépendant du monde extérieur.

Si l'on pouvait bien connaître le principe d'une institution, l'énergie et l'intensité de ce principe; si, d'une autre part, on pouvait connaître le principe des obstacles qu'elle aura à vaincre pour son développement, son énergie et son intensité, on connaîtrait d'avance l'histoire d'une institution. C'est là que réside la prescience divine, en accord avec la liberté de l'homme; c'est là aussi que réside la faculté analogue de l'esprit s'exerçant sur le passé.

XXIII.

La société, une fois pétrifiée, conserve ensuite je ne sais quel mouvement organique, qui ressemble à la vie, et qui n'en est pas. Il en résulte une sorte de matérialisme dont nous n'aurions aucune idée, si nous ne savions rien de la Chine. Voyez ce que peut devenir une société dont tous les actes de la vie publique et de la vie privée s'expliquent par des formules toutes faites, sont convertis en rites tracés avec l'exactitude d'une figure géométrique, où la poésie elle-même est garrottée dans les ridicules entraves du bout-rimé. Imaginez, si vous le pouvez, une momie desséchée par le temps, et où serait emprisonnée une ame immortelle. Toutefois j'ai une telle idée de l'ame humaine et des destinées qui lui sont promises, que je crois que cette momie prodigieuse est encore une chrysalide; un jour on la verra développer ses ailes brillantes au soleil de la régénération. Non, je ne désespère pas même de la Chine.

XXIV.

Il y a un sentiment indéfinissable qui fait d'une nation une seule individualité. Ce n'est pas ici le lieu de chercher la source mystérieuse, et pour ainsi dire cosmogonique, relativement à chaque société humaine. Ma remarque porte seulement sur ceci; c'est que ce sentiment veut se manifester en liberté; il veut d'abord être, ensuite se connaître. Voyez ce qu'il en a coûté à l'Angleterre pour conserver son individualité, sa nationalité. Nul prix n'a été assez grand. Voyez l'Allemagne, séparée en tant d'individualités diverses, qui toutes cherchent avec inquiétude à se manifester. C'est ce besoin d'individualité qui a causé toutes les agitations de la France. La France, à l'époque la plus brillante de sa monarchie, n'a pu se garantir d'un schisme que par la fameuse Déclaration de 1682; et cette Déclaration elle-même n'a pu être rédigée en articles que parcequ'elle nous régissait déja, car elle ne fut que l'expression des maximes déposées dans toutes les traditions de notre histoire politique et religieuse. La Ligue s'appuyait sur le sentiment général ou universel, si différent de la nationalité; et il pourrait être établi que la nationalité et l'universalité avaient à cette époque un centre commun d'affections; ou plutôt nous sommes obligés de démêler deux sortes de nationalités. L'une se composait de toutes les grandes existences, de toutes les existences indépendantes, et qui avaient en elles-mêmes la raison de leur force, de leur vie, de leur puissance. Nous pouvons y ajouter un certain nombre de corporations bourgeoises ou municipales, qui avaient leurs chartes ou leurs capitulations. L'autre nationalité reposait sur des masses, mais sur des masses instinctives, sans liens communs, sans moyens de se représenter. Henri IV, avant d'être roi, s'appuyait incontestablement sur la première de ces nationalités; et nous voyons que c'était sur cette nationalité que le trône s'était élevé. Toutefois le grand travail de la couronne avait été constamment dirigé vers le but de la diviser, de neutraliser l'élément féodal par celui des communes, pour être moins gouvernée par la féodalité. Je suis autorisé à dire qu'Henri IV s'appuyait sur cette nationalité, puisque les grandes existences, ainsi que quelques corporations, s'étaient faites protestantes. L'autre nationalité que nous avons signalée, et qui commençait seulement à se faire jour, se confondait avec le sentiment universel; elle ne recevait son unité que de son alliance avec l'extérieur; ses soldats étaient recrutés et disciplinés par l'étranger; et elle se serait fort accommodée de la vaste monarchie spirituelle qui habita la tête immense de Grégoire VII.

Pour bien sentir l'état de la question, il faut se représenter l'aristocratie disposant des anciennes forces sociales, et qui avait alors une tendance bien prononcée pour le protestantisme; le peuple, resté catholique, parceque ne participant d'aucune façon aux avantages de la nationalité qui jusqu'alors avait dominé, le peuple, sans garantie, sans force organisée, avait pris son appui où il l'avait trouvé. L'abjuration d'Henri IV a donc profité plus qu'on ne croit à la seconde nationalité, celle qui un jour devait entraîner l'autre par le nombre, par les lumières, effet du mouvement progressif. Qu'Henri IV eût persisté dans le protestantisme, involontairement et malgré lui, il aurait armé de puissantes réactions, encouragé des prétentions exclusives qu'il n'aurait pu diriger. Il dut donc se faire catholique pour se mettre en sympathie avec la France catholique. Si je parle ici du choix d'une religion, comme du choix d'un moyen ou d'un système de gouvernement, il ne faut point le prendre en mauvaise part. Je suis loin d'avoir l'intention de contester en aucune manière la croyance d'Henri IV, comme je ne voudrais pas que le lecteur eût la pensée de contester mes propres convictions. Le sanctuaire de la conscience doit être respecté dans tous. Je remarque seulement que des situations sociales agissent sur les esprits qui y sont soumis, sans vouloir prétendre pour cela qu'elles les déterminent. Henri IV aurait pu sans doute rester fidèle au protestantisme, comme Jacques II resta fidèle à la religion catholique; et je n'ai pas besoin d'un grand effort pour supposer dans l'un toute la magnanimité qui eût pu le porter à affronter une lutte même inégale contre la force apparente des choses, comme il m'est démontré que l'autre espéra toujours obtenir, par des voies détournées, le triomphe définitif de sa propre croyance. Cette considération est bien de quelque poids, pour apprécier la conduite d'Henri IV.

Quoi qu'il en soit, il lui fut impossible de rendre complétement le calme à cette puissance générale, dont toute sa loyauté ne sut jamais vaincre les ombrageuses méfiances. Sa position fut donc fausse, et à l'égard de ses anciens co-religionnaires, qui se croyaient trahis, et à l'égard des catholiques dont il devait méconnaître les exigences passionnées. On pense à présent qu'il ne rétablit les jésuites que par terreur, et les jésuites étaient la tête même de cette puissance générale dont nous avons parlé. Mais rien ne réussit à apaiser de pareilles méfiances; et tôt ou tard le principe qui avait conditionnellement triomphé par l'abjuration d'Henri IV devait se venger de ne plus régner d'une manière absolue.

XXV.

La théocratie, lorsqu'elle parvient à figer la société, ne saurait, malgré son principe, la garantir de l'athéisme et du matérialisme, car la foi, réduite à des pratiques, n'est plus une foi vivante. La Providence a d'autres moyens pour concilier le principe progressif avec le principe conservateur, la loi générale, qui gouverne toutes les intelligences dans un but commun, avec la loi morale qui donne à chaque individu la faculté de mériter ou de démériter. Les prétentions théocratiques ont toujours été combattues par les prétentions du pouvoir militaire, dans un temps; du pouvoir civil ou du pouvoir judiciaire, dans un autre temps. Les nationalités ont réagi contre les universalités. Que le pouvoir civil, ou, si l'on veut, le pouvoir temporel soit représenté par un prince, ou par un corps collectif, c'est la même chose. Si Grégoire VII eût pu réaliser ses grands desseins, l'Europe serait devenue l'Orient. Les princes contemporains résistèrent, et durent résister. Cette lutte, voulue par la Providence, aide prodigieusement aux progrès de l'esprit humain. C'est par elle que s'est développée cette plante plébéienne dont la Palingénésie sociale nous montrera toute la vigueur. Nous verrons comment le grain de sénevé est devenu un arbre immense qui couvre le monde.

Ceci ne doit pas empêcher d'exprimer le sentiment de la reconnaissance que l'on doit au pontife théocrate dont l'ascendant délivra les peuples de la force sous laquelle ils étaient près de plier.

Je n'examinerai point si l'autorité des deux puissances existait, ou pouvait exister avant le christianisme, je veux faire une seule remarque. Le mot autorité temporelle est, à mon avis, une locution qui a été une source d'erreurs. L'autorité temporelle elle-même est une intelligence; c'est là qu'est placée l'union hypostatique, et non comme l'a placée Bellarmin. Ne dirait-on pas que, à part l'autorité spirituelle, la société soit un être brutal? Il n'en est point ainsi. L'autorité temporelle gouverne ce monde, mais ce monde composé d'êtres intelligents qui se manifestent par des organes; l'autorité spirituelle nous prépare au monde futur, et ne considère celui-ci que comme une épreuve. Il est certain que si l'autorité temporelle était telle qu'elle est définie par certains théologiens ou par une philosophie sensualiste, il faudrait bien admettre l'ultramontanisme, puisque seul il spiritualiserait la société. Mais, il faut en être bien convaincu, la puissance temporelle, quelles que soient ses limites, est éminemment gouvernée par l'intelligence. L'homme n'accomplit pas toutes ses destinées dans ce monde: la religion entre dès cette vie dans les voies préparatoires de l'autre monde. Elle saisit dans l'homme ce qui de sa sphère d'activité actuelle appartient à sa future sphère d'activité. Notre vie mortelle est un moyen, et non une fin. La société aussi est un moyen, et non une fin.

XXVI.

Les masses actuelles de l'Espagne, longuement façonnées par le sombre génie de Philippe II, et par les redoutables maximes d'un tribunal inflexible, sont restées étrangères aux mouvements des idées qui ont entraîné les autres civilisations de l'Europe. L'Espagne n'a pu conserver l'unité générale, identifiée avec l'unité individuelle, qu'à un prix bien plus douloureux encore que celui dont l'Angleterre a payé la conquête du sentiment contraire; elle a eu pour surcroît l'abrutissement, la pauvreté, la barbarie, la dépopulation. Elle a échangé contre les progrès intellectuels et industriels la déplorable apathie qui convertit un sol si riche en solitudes ou en terres de mainmorte. Dieu me préserve d'accuser l'Espagne, car même avec de telles conditions, elle nourrit des sentiments nobles et généreux qui tôt ou tard produiront l'émancipation! L'énergie vitale y lutte vigoureusement contre la décadence. Elle qui a sacrifié son individualité à l'ascendant d'un sentiment général finira par entrer dans un autre sentiment général, qui la presse de tous côtés, et qui lui permettra de conserver son individualité. Je suis convaincu, au reste, que l'Espagne de ce moment a une grande analogie avec la France, sous la Ligue. En effet, s'il ne s'était pas trouvé un héros pour vaincre la Ligue, si les Guise eussent fondé une dynastie, nous aurions été placés dans la même situation que l'Espagne; nous aurions eu la terrible monarchie de Philippe II; nous aurions eu, avec l'inquisition, cette lamentable fixité des mœurs farouches; et sans doute qu'à présent nous en serions peut-être aussi à secouer péniblement un linceul de plomb et de mort. Dieu voulait autre chose de la France et du monde par la France, gardienne des destinées progressives du genre humain.

XXVII.

Les sacerdoces de l'antiquité avaient la direction du monde social tout entier; ils avaient la science, la police, l'administration politique; et ce fut l'âge primitif de la théocratie. Et encore ne parlé-je point ici de cette théocratie tout-à-fait primitive, qui s'enfonce dans la nuit des temps cosmogoniques, désignés, chez plusieurs peuples de la gentilité, par le nom d'âges divins. On pourrait considérer, dans l'histoire du genre humain, la constitution romaine, telle du moins que nous la concevons, comme une espèce de transition de la théocratie aux gouvernements que, pour faire abstraction de toutes les diverses formes sociales, nous devrions dire anthropocratiques. En Égypte, des dynasties de rois hommes avaient succédé à des dynasties de rois dieux.

Lorsque les sacerdoces chrétiens ont voulu s'investir de la prérogative qui ne fut point disputée aux sacerdoces de l'antiquité, ils l'ont usurpée; elle ne leur appartient point par la nature de leur institution. Le sacerdoce catholique, en dernier lieu, a accepté la solidarité de tous les autres sacerdoces anciens. Je ne crois pas qu'une telle profession de foi ait jamais eu lieu ailleurs qu'en France. Quelle suite d'erreurs il a fallu traverser pour arriver à cette dernière erreur, la plus grande de toutes ! Logique violente et aveugle, qui a produit l'impie loi du sacrilège.

Au reste, ceux qui ont un sentiment vif de l'époque actuelle, comprennent bien que le monde social est en travail d'une nouvelle unité catholique. Plus tard, cherchant à m'associer aux esprits religieux de mon temps, j'essaierai de signaler, autant qu'il sera en moi, les caractères de cette tendance, qui est dans les communions romaines aussi bien que dans les communions dissidentes. Mais cette immense révolution, qui atteindra certainement l'Orient, ne sera point, comme le croyait M. de Maistre, au profit de la théocratie.

XXVIII.

Je ne vous dirai pas d'arranger, par la pensée, le monde à votre gré; il est trop certain que le monde ne pourrait pas être arrangé d'après les données de chaque intelligence, de chaque être moral et libre, quoique encore il ne puisse être question que d'une théorie purement spéculative. Les plus grands génies, les plus vastes têtes ne suffiraient point pour concevoir une telle création, toute vaine qu'elle serait. Ainsi, abolissons, par la pensée, toute notion d'un plan général, nécessaire : laissons-le à la souveraine intelligence qui seule pouvait le concevoir, parceque seule elle pouvait l'exécuter; même dans la sphère spéculative où nous nous sommes placés, tenons-nous-en à celui qu'elle a cru devoir réaliser, et que nous ne pouvons juger. Réduisons-nous à composer, autant que cela est possible, par l'imagination, une seule destinée; celle d'un homme doué d'éminentes facultés. Pour être plus libres dans l'hypothèse que nous formons, pour ne pas être gênés par un sentiment personnel quelconque, que cet homme ne tienne à nous par aucune espèce de lien. Ne songez ni aux temps, ni aux lieux, ni aux institutions, ni aux croyances. Donné-je assez carrière à votre liberté d'inventer et de combiner? Eh bien, lorsque vous aurez fait tous vos efforts pour composer une seule destinée telle que vous voudriez qu'elle fût, je ne dis pas dans tous ses détails, mais dans son ensemble; vous serez étonné de sentir qu'une telle exception serait impossible providentiellement parlant. Une seule destinée complète, harmonieuse, telle que vous la rêveriez, serait en dehors de l'ordre général, serait contraire aux vues, quelles qu'elles soient, de la création, vues que nous ne faisons que pressentir, et qu'il serait trop téméraire de vouloir scruter. Songez encore que dans ce problème que je vous propose, il ne peut pas être question d'une vie heureuse. Il s'agit du sentiment moral, du développement des facultés intellectuelles; il ne s'agit point du bonheur.

Je n'ai pas besoin de dire que nul ne peut être isolé, ne peut séparer sa destinée de celle des autres. Nous aurions beau mettre les autres destinées dans la dépendance de celle de notre choix, nous n'y parviendrions jamais, dans le monde tel qu'il est. Ainsi donc voilà ce qui rend impossible le danger que nous semblions craindre comme un résultat de l'état actuel des choses, le danger de voir la société se résoudre en individualités; car il est trop évident qu'aucune destinée ne sera jamais séparée des influences dont elle se compose et des influences qu'elle-même exerce à son tour. Nous sommes donc conduits à affirmer que la solidarité peut s'affaiblir sans détruire le lien de la société, le lien du genre humain; puisqu'il subsiste toujours la dépendance des destinées les unes à l'égard des autres, et de toutes à l'égard de l'ordre général, dans le passé et dans l'avenir. La solidarité ne sera plus exprimée dans les lois sociales; elle subsistera dans les lois providentielles. Que sais-je? Il est peut-être dans les desseins de la miséricorde divine que dès à présent la contagion diminue pour le mal, sans diminuer pour le bien. Ne serait-ce point là le fruit de la transformation de la solidarité en charité? Cette transformation seule serait donc exprimée dans les lois sociales futures.

La Ville des Expiations nous révélera les merveilles de cette transformation.

Quant à présent, qu'il me soit permis d'ajouter encore quelques mots.

Deux systèmes d'idées partagent le monde. L'un, c'est la nécessité, l'imployable nécessité qui régit tous les êtres; l'autre, c'est la liberté accordée aux êtres moraux et intelligents. Si le premier système est vrai, le mal qui existe, et que nous voyons, est une image du mal éternel. Si le second système est vrai, toute créature intelligente et morale, en se perfectionnant, comme elle en a reçu incontestablement la faculté, parviendra tôt ou tard à un état définitif qui sera bon.

Laissez-moi lire ce dernier système dans la loi chrétienne.

Je n'y mettrai qu'une restriction, et la voici; elle

sera encore modifiée par la suite : si la liberté morale était sans limite, la Providence serait obligée à chaque instant de refaire le plan de la création, et de le refaire pour chaque être intelligent, ce qui implique impossibilité et contradiction.

XXIX.

On demande quelquefois : « A quoi suis-je bon ? Que fais-je dans cette vie ? » La réponse est facile. Vous êtes bon à vous préparer une destinée immortelle ; vous faites dans la vie ce qu'il faut que vous y fassiez. Vous accomplissez une mission que j'ignore, mais certaine ; vous êtes placé par la Providence à un poste que vous devez garder. Avant vous le monde allait, après vous il ira encore pour des créatures intelligentes et morales comme vous. Demander pourquoi vous êtes, et à quoi vous êtes bon, c'est demander pourquoi Dieu a créé toutes choses. Ah ! j'ai bien une autre pensée. Toutes choses sont faites pour chaque homme ; tous les hommes aussi sont faits pour chaque homme, et chaque homme est fait pour tous. Cela ne vous suffit point. Écoutez-moi, ne vous consumez pas en efforts superflus, abstenez-vous de faire ce que vous ne savez pas faire, et ne faites que ce qui vous a été donné de pouvoir faire, car c'est ainsi que vous contribuerez au bien de tous, car c'est ainsi que vous ferez votre propre bien. Ainsi donc faites des souliers si vous êtes cordonnier. Faites des livres si Dieu vous a départi le talent d'écrire. Commandez si vous êtes maître. Obéissez si vous êtes serviteur. Soyez roi, poëte, législateur, ouvrier, laboureur. Ne faites rien si vous n'avez rien à faire : toutefois ne soyez point oisif. Vous le voyez, je ne suis pas exigeant. Mais, quoi que vous fassiez, obéissez à la loi du devoir, car il y a des devoirs pour tous ; suivez la loi morale telle qu'elle vous est connue, car la loi morale est pour tous. Perfectionnez autant que vous le pourrez votre être; puisque plus tôt vous arriverez à la perfection qui vous est accessible, plus tôt vous arriverez à l'état définitif qui vous est destiné.

Le phénomène miraculeux de la vision donne une idée bien imparfaite, il est vrai, mais enfin donne une idée de la toute vue de Dieu sur l'ensemble des choses. Notre œil embrasse un horizon immense, et Dieu voit l'universalité des choses dans le passé, dans le présent, dans l'avenir; ou plutôt il n'y a pour lui qu'un présent sans fin. Le temps n'existe que pour l'homme de ce monde, c'est-à-dire l'homme apparaissant dans ce monde pour y subir le genre d'épreuves qu'il doit y subir.

Ce qui aide à concevoir un peu la prescience de Dieu, c'est que les effets sont tous renfermés dans les causes, quoique tous ne se réalisent pas, et que les effets à leur tour deviennent causes, lorsqu'ils sont réalisés et développés.

La lumière de Sirius traverse un espace dont le calcul effraie l'imagination, et finit par arriver certainement dans l'œil imperceptible du plus imperceptible des insectes. Quel est le rapport entre la masse prodigieuse de Sirius et cet insecte? Et l'homme, qu'est-il?

XXX.

J'ai cherché à expliquer ailleurs l'accord de la Providence de Dieu régnant par le moyen d'une loi éternelle avec la liberté humaine.

Je ne veux ici qu'entrevoir des détails.

Dieu a prévu toutes les contingences auxquelles pourraient donner lieu les pensées successives d'un être libre, intelligent et moral.

Deux éléments fort différents l'un de l'autre compliquent l'explication même hypothétique des contingences: 1° la liberté de l'homme toujours circonscrite par la nécessité d'une loi générale; 2° la chose qui n'a pas de nom et que j'oserais appeler le hasard providentiel, c'est-à-dire ce qui, à cause de notre intelligence bornée, ressemble au hasard, mais qui est régi par une sorte de statique comme le balancement et l'équilibre des fluides. Ce qu'il y a de fortuit, d'impossible à prévoir dans la cause ou dans l'occasion des déterminations les plus libres et les plus spontanées de l'homme, doit entrer en ligne de compte. Le hasard providentiel, nom que j'emploie à regret, pourra-t-il être comparé en effet au fluide inconnu, à l'élément réel ou imaginaire dans lequel roulent si facilement et si invariablement les mondes?

Un grain de blé contient en lui tout ce qu'il faut pour produire autant de grains de blé qu'il y en a dans le monde, qu'il y en a eu, qu'il y en aura jamais. Tous les grains de blé qui ont été produits depuis l'origine des choses ont chacun contenu la même faculté; et tous ceux qui seront produits dans la suite des temps la contiendront également aussi vaste, aussi indéfinie. Il n'a manqué à chacun des grains de blé perdus que l'occasion des développements. Et combien de germes perdus! Mais cela ne coûtait rien à Dieu, qui avait multiplié les germes sans mesure, et qui avait limité le nombre des occasions de développement. Il en est de même relativement aux contingences. Ainsi donc des millions de myriades de millions de contingences dont une seule se réalisera; car, pour suivre la comparaison, il est évident qu'un seul grain de blé non réalisé détruit une infinité de réalisations possibles qui n'auront pas lieu. Et cette contingence, la seule réalisée parmi des millions de contingences prévues, modifiera à son tour des contingences prochaines ou éloignées, qui exerceront chacune diverses influences sur d'autres millions de contingences. Tout cela, encore une fois, ne coûte rien à la prescience de Dieu, comme la multiplication des germes à l'infini ne coûta rien à sa puissance. S'il a voulu assurer la perpétuité de la création, il a voulu aussi, en créant l'homme, que l'homme fût un être moral, et par conséquent un être libre. Cette comparaison que je me suis permise nous conduirait à bien d'autres réflexions, si nous voulions nous y livrer. Dieu a multiplié les germes comme il a multiplié les mondes; car nous sommes toujours entre deux infinis. Mais est-il certain que les germes perdus en apparence le soient en réalité? Y a-t-il dans l'ouvrage du Créateur aucune force, aucune faculté qui s'anéantisse? et ensuite la vie d'une intelligence commence-t-elle et finit-elle dans le temps, comme la vie d'une plante? Une ame habite-t-elle un lieu, existe-t-elle dans un temps? La faculté végétative qui repose dans ce germe, et que vous croyez détruite, ne subsiste-t-elle pas toujours comme la force tangentielle d'une planète reculée dans les profondeurs de l'espace? et toute ame humaine, émanée de Dieu, n'existe-t-elle pas indépendamment du corps qu'elle semble habiter? Ne faut-il pas alors que toute réalisation soit consommée?

Le monde tel qu'il est, tel que l'homme l'a fait; la déchéance, preuve de la liberté humaine; la réhabilitation, preuve à-la-fois de la bonté divine et de la liberté humaine; le plan primitif et éternel de la création, altéré en apparence, resté intact en réalité; l'accomplissement des destinées générales de l'univers lié à l'accomplissement des destinées de l'homme dans le temps, et hors du temps: c'est la contemplation de ces mystères qui a produit la Théodicée de Leibnitz.

Le système des contingences offre, il est vrai, un plus grand nombre de combinaisons à prévoir que n'en offre celui de l'harmonie préétablie, quoique celui-ci en contienne déjà assez pour effrayer l'imagination; mais quand on est sur la route de l'infini, il est permis de ne pas s'arrêter. D'ailleurs il s'agit ici de Dieu, et l'on ne risque jamais d'aller trop loin. N'est-ce pas lui qui a mis dans un seul végétal la puissance d'être de l'espèce tout entière? n'est-ce pas lui qui a semé les mondes dans l'espace comme il aurait semé une vile poussière?

Sans vouloir donner à mon système l'appui d'une autorité sacrée, qu'il me soit permis néanmoins de dire qu'il y a dans nos livres saints des expressions et des faits qui pourraient être invoqués en témoignage.

Toujours est-il qu'on ne peut s'abstenir de conclure la liberté de l'homme et le respect de Dieu pour la liberté de l'être moral.

Solidarité et charité, telle est toute la destinée humaine dans le monde actuel.

XXXI.

Le grand problème de la liberté amène naturellement la question des jésuites, question qu'il faut aborder, je ne dirai pas avec impartialité, mais en la transportant tout-à-fait dans la région des principes les plus généraux, les plus indépendants de toute discussion passionnée. Toutefois un sujet si mêlé de considérations générales ne peut être traité, avec l'étendue qu'il mérite, dans les bornes étroites d'une simple note. Je devrai donc me contenter de le signaler à la méditation sous le rapport qui laisse le moins de prise possible à l'esprit de parti.

Je me garderais bien de relever ces accusations de principes relâchés qui sont attribués aux jésuites : ces maximes d'accommodement avec les passions et les vices, ces formules évasives ou de restrictions, vous pouvez les flétrir du nom de condescendances coupables; mais, au défaut de l'éloquente ironie de Pascal, n'avez-vous pas le sentiment moral pour les combattre et les vaincre à coup sûr? Je ne pourrais pas non plus relever sérieusement les accusations de régicide, s'il n'était pas nécessaire d'arrêter, malgré soi, ses regards sur un passé dont tous les partis cherchent à s'emparer. Vous savez bien que, dans les jours des fureurs de la Ligue, les jésuites n'ont pas été seuls à tenir des discours empreints de violence; vous savez bien que des docteurs de Sorbonne, que des moines de tous les ordres, que des prêtres séculiers, que des corporations laïques, n'hésitaient pas sur les dernières conséquences de leurs opinions; vous savez bien qu'ils étaient tous, en cela, l'expression trop juste et trop fidèle des terribles sentiments d'une multitude égarée par le fanatisme, et le fanatisme le plus farouche était l'esprit public du temps; vous savez bien qu'Henri IV excitait une aversion unanime dans ceux pour qui se laisser gouverner par un prince hérétique était une apostasie. Voudriez-vous que la conscience des jésuites ne fût pas plongée dans la piscine commune où se trempent toutes les ames d'une même époque? Au contraire, le reproche le plus fondé que l'on puisse faire à leur institut, c'est de ne s'être jamais élevé au-dessus de son siècle; par la même raison, lorsque le temps a marché, il est resté immobile, et ensuite il s'est trouvé complètement en arrière du temps. Il n'a jamais eu de doctrine; par conséquent il n'a jamais dominé les lieux, les temps, les hommes et les choses. Des jésuites n'ont pas reculé devant la pensée du régicide, lorsque le régicide était une pensée devant laquelle les esprits ne reculaient pas. La résistance à cette déplorable rigueur d'un principe admis par le plus grand nombre, cette résistance était une exception dans laquelle ils n'avaient pu se placer. Heureusement qu'à présent nul ne songerait à justifier le meurtre et l'assassinat. Je ne nie point que des passions furieuses ne puissent armer encore quelques bras; mais il faut la solitude et l'isolement à des ames telles que Louvel. Ce n'est plus au sein des foules exaspérées qu'ils peuvent nourrir leurs funestes pensées. Ainsi toutes les raisons qu'on a données pour repousser les jésuites sont mauvaises. Sortons une fois enfin de la triste polémique des récriminations, et allons droit à la véritable raison, celle qui interdit le privilége d'une tolérance spéciale et exclusive. Les jésuites doivent entrer dans le droit commun, dans la liberté garantie la même à tous par la Charte: rien de plus, rien de moins.

Il s'agit donc de savoir si vous voudriez confier l'éducation publique à des hommes réunis par un lien qui vous serait étranger, à livrer ainsi l'avenir de la société à des influences mystérieuses dont vous ne pouvez prévoir tous les résultats. Des hommes qui auraient un pacte dont vous ignoreriez les conditions, voudriez-vous leur laisser falsifier à leur gré l'enseignement, fausser les doctrines, reconstruire les hiérarchies de rangs, fonder frauduleusement tout un ordre de choses contraire à votre ordre légal, fortifier l'autorité aux dépens du sens intime? Sans doute il doit être permis à M. de Maistre de mettre toutes les couronnes dans la dépendance de la thiare; sans doute on doit laisser à M. de La Mennais, et à ses disciples, la faculté de publier, dans le Mémorial, tout ce qu'ils croient bon et utile. Je vais plus loin; sous un régime de liberté, non seulement il est permis, il est même ordonné d'énoncer son opinion. C'est un devoir analogue à celui de l'électeur exerçant la portion de souveraineté que lui délègue la loi. Mais lorsque un institut quelconque, secret ou public, philosophique ou religieux, tend à s'emparer de toutes les positions; lorsqu'il tient sous sa dépendance, dans une sorte de tutèle, vos femmes, vos enfants, vos serviteurs, les ouvriers que vous employez; si, par son ascendant ou ses fascinations, il dispose des graces et des emplois; s'il occupe les plus secrètes avenues du pouvoir; s'il est parvenu à captiver la pensée du pouvoir lui-même; enfin s'il enveloppe d'un réseau les intérêts domestiques, aussi bien que les intérêts publics, et qu'encore le pays ne soit qu'une province d'un autre empire, dont la domination embrasse le monde; alors, je le demande, peut-il être question d'une liberté spéculative? Tant que la guerre n'est que dans les esprits, faites la guerre des intelligences; opposez système à système; mais lorsqu'une doctrine s'incarne à la puissance publique, le temps de la simple et libre discussion est passé. Il faut que la volonté publique réagisse par des actes.

Toutes les institutions qui embrassent un système général, indépendant de tout esprit patriotique, et qui s'étend sur le monde civilisé tout entier, ces institutions, par le génie qui vit en elles, sont naturellement en opposition avec cet esprit patriotique. Une nationalité s'alarme de la domination qui peut peser sur elle, même pour son amélioration. Par conséquent ces institutions générales excitent l'inquiétude des gouvernements et des peuples. Voilà ce qui explique l'abolition des instituts de Pythagore dans la grande Grèce, celle des Templiers, celle enfin des jésuites. Toutes les fois qu'une institution marche à l'envahissement de la société, ou plutôt indique le but de la faire disparaître dans une sorte de panthéisme religieux et politique, la société, menacée de perdre son individualité, quelle que soit la nature des pouvoirs qui la dirigent, veut à toute force conserver cette individualité, la raison qui fait qu'elle est telle société et non telle autre. La loi des êtres est de vouloir être. Les moyens qu'emploie la société menacée dans son existence intime, dans l'exercice de ses facultés individuelles, sont ou des coups d'état, ou l'usage de formes légales, ou l'emploi d'une violence plus ou moins tempérée par les mœurs, selon les temps et les lieux; moyens le plus souvent condamnables, parceque de tels actes, imposés par la nécessité du moment, toujours spontanés et subits, ne peuvent jamais être réglés par la sagesse, par la prudence, par la modération. Je ne justifie aucune violence; je l'explique. Et en effet, dans le dernier siècle, l'expulsion des jésuites fut quelquefois environnée de rigueurs bien odieuses. Si le mal était nettement aperçu lorsqu'il commence, il pourrait facilement être réprimé; et, avant de blâmer le dernier acte, il faudrait peut-être blâmer l'imprévoyance qui a laissé aller les choses.

Théopompe attribue à Pythagore un but politique, et prétend que cet illustre philosophe voulut s'emparer de la puissance suprême. Il est certain seulement qu'il voulait réformer toute société.

Sans doute, les pythagoriciens se mêlaient de la chose politique, car ils savaient bien qu'il ne suffit pas d'améliorer l'homme moral, mais qu'il faut perfectionner l'homme collectif; qu'il faut par conséquent s'occuper de la constitution sociale. Le christianisme, en s'identifiant avec la nature humaine elle-même, a pu seul se déclarer désintéressé dans les questions qui tenaient aux formes diverses de la société. Il savait bien d'ailleurs que toutes ces formes sont initiatives. Plusieurs législateurs sortis des écoles de Pythagore, et plusieurs pythagoriciens ont gouverné. Et de plus il est certain que les guerres contre la ligue de Sybaris furent suscitées par les pythagoriciens. Quoi qu'il en soit, ils furent exterminés, non comme philosophes, mais comme ayant voulu s'emparer du pouvoir.

Les jésuites ont réellement gouverné. Ils ont régné au Paraguay; ils ont voulu même se maintenir par les armes.

Mais la grande différence qu'il y a entre les pythagoriciens et les jésuites, c'est que les premiers étaient à la tête de toute la science de leur temps, qu'ils avaient pénétré dans tous les sanctuaires, qu'ils avaient une doctrine, et que les jésuites sont sans corps de science, sans doctrine. Je dis qu'ils sont sans doctrine, parceque leur pensée profonde est un système, et non une doctrine; ils professent l'obéissance passive, qui est l'abolition de l'homme. Les pythagoriciens avaient la prétention de gouverner les esprits en les dominant par l'ascendant de la philosophie; les jésuites veulent les gouverner en enchaînant leur liberté, en les dépouillant de la volonté.

Le christianisme est aussi la tendance générale qui ne tient pas compte des nationalités; mais, comme nous venons de le remarquer, il opérait la réforme de l'humanité, en s'identifiant avec elle; il ne voulut ébranler aucune institution établie. Toutefois cette tendance générale suscita contre lui les épouvantables proscriptions que nous savons.

Une société secrète qui s'appuie sur le passé, et non sur l'avenir d'un peuple ou du genre humain, est une société essentiellement mauvaise.

Des philosophies plus ou moins puissantes ont eu pour objet de rétablir l'unité du genre humain en le perfectionnant; les jésuites ont voulu cette unité en paralysant ses forces, en essayant de le retenir dans le *statu quo*.

Si les jésuites se fussent alliés aux idées de progrès, il serait tout simple que les peuples leur eussent accordé leur confiance : encore eût-il mieux valu que le gouvernement eût voulu accomplir lui-même un devoir, le plus élevé de tous, car nous ne sommes pas sur la terre pour être gouvernés, mais pour nous perfectionner.

Je considère les jésuites comme un instrument irrationnel, puisqu'ils n'ont ni traditions ni corps de doctrine : cet instrument formerait de nous des automates chinois.

Mesurez par la pensée la différence de cet instrument, en quelque sorte aveugle, s'appliquant à une société encore dans ses rudiments, et ce même instrument appliqué à une société dans le mouvement évolutif du progrès.

Remontons au berceau de cette puissante association.

Les jésuites ont été établis pour arrêter les progrès du protestantisme, et non pour vaincre l'incrédulité; pour fixer la foi, et non pour la développer. Ils deviennent sans objet, dès qu'ils ne peuvent plus lutter utilement contre le protestantisme; peut-être même serait-il permis de penser qu'une modification dans la discipline, dans les choses extérieures au dogme, eût mieux réussi: le protestantisme a usé d'une voie insurrectionnelle, et l'autorité légitime l'aurait absorbé, si elle eût senti le besoin de se réformer elle-même. Quoi qu'il en soit, Ganganelli abolissant l'ordre des jésuites est un général qui licencie son armée lorsque la guerre est finie. L'Europe avait constitué son état politique en fixant les limites respectives du catholicisme et du protestantisme.

Les nouveaux jésuites auraient dû s'enquérir de la différence des époques, et apprendre que s'ils pouvaient avoir une mission, il fallait que cette mission fût entièrement nouvelle. Il fallait donc que, comme M. de Maistre et M. de la Mennais, ils se missent au niveau du temps, et qu'ils ne craignissent pas d'entrer dans la belle discussion pour laquelle il me semble que le monde est mûr. Mais ils ne peuvent croire à une ère nouvelle, sans cesser d'être ce qu'ils sont; pour eux, consentir à discuter, c'est abdiquer.

XXXII.

Est-il bien étonnant qu'il y ait une église gallicane? La foi n'a-t-elle pas été prêchée dans les Gaules dès les premiers temps? L'église gallicane a eu ses apôtres, ses docteurs, ses martyrs, sa forme d'enseignement, ses moyens de perpétuer la doctrine des pères aux enfants; nous allons plus loin, et nous disons encore l'église de Lyon, pour conserver la mémoire de ceux qui, les premiers, ont scellé de leur sang la foi dans cette partie des Gaules. Dès l'origine on désignait par des noms particuliers des églises qui déjà avaient leur vie propre. Voulez-vous effacer tous les souvenirs individuels qui sont une partie si considérable de l'existence? Ce qui constitue la noblesse, comme il est dit dans les historiens anciens, c'est la faculté de nommer ses pères. L'église gallicane peut nommer ses pères dans la foi. On ne se contente pas d'être dans le présent, on veut avoir été dans le passé; on veut s'assurer d'être dans l'avenir. Le christianisme n'exige pas qu'on se dépouille de son individualité; c'est une loi d'émancipation. Dites un dogme qui soit contesté par l'église gallicane, ou qui soit expliqué autrement qu'il ne l'est par l'église universelle. Il est donc évident que la question porte, au fond, sur une direction politique. On veut régner en vertu des pouvoirs donnés par celui qui déclara que son royaume n'était pas de ce monde. Et toutefois tous ces débats entre l'autorité spirituelle et l'autorité temporelle ont eu leur grande utilité; il est évident que la pensée de Grégoire VII fut elle-même une pensée protectrice, à l'époque où elle surgit pour contenir une multitude de pouvoirs divers, tous oppresseurs. Le besoin d'unité alors luttait contre une anarchie puissante.

Le malheur de notre temps a voulu que le clergé, d'abord persécuté, puis resté sans appui, dans une société où tout avait été bouleversé, ait pris pour lui le cosmopolitisme qui efface la nationalité. Il faut bien ne pas oublier aussi cette sorte d'oppression où jusque-là il avait été tenu par les parlements; et les parlements furent à son égard de rudes tuteurs. Il n'est pas gallican; il se rattache à l'universel, il se détache du particulier. Le gouvernement aurait dû intervenir dans la situation tout entière, puisqu'il la reconnaissait, et qu'il ne se contentait pas de légaliser la liberté de conscience;

s'il voulait un établissement religieux, il devait le fonder en même temps qu'il fondait l'ordre social. Les récentes expériences de l'empire lui avaient assez appris ce qui était à éviter, ce qu'il était possible de faire. Le gouvernement a donc eu un tort immense, celui de ne pas définir ce qu'il entendait par religion de l'état. L'existence gallicane n'empêche point de faire partie de l'existence universelle. Être Français n'est point incompatible avec être homme; être tel homme se concilie avec être homme. Ce qu'on a appelé chez nous les libertés de l'église gallicane est une locution qui exprime le sentiment du libre arbitre appliqué au sentiment religieux d'une nation.

Tout pouvoir qui demande à un autre pouvoir d'assigner ses propres limites, se déclare soumis; il accepte la capitulation dont il n'a pas discuté les conditions, il est vassal. Louis XIV a fait cette faute, et jamais il n'a pu avoir la paix religieuse, même au sein de l'église orthodoxe. Ce n'était pas ainsi qu'en agissaient saint Louis et Charlemagne. Si Louis XV n'avait pas été vigoureusement soutenu par les parlements, qui étaient, du moins en cela, l'expression de la nationalité, il aurait été obligé de se soumettre humblement.

Toutefois Bossuet a pu croire avoir fondé une autocratie pour Louis XIV. L'intolérance fut organisée en pure perte, et l'église gallicane, il faut le dire, opprimée par les parlements, était sans protection auprès du Saint-Siége.

Il y avait un autre ordre de choses à constituer.

La Déclaration de 1682 n'est donc point une loi de séparation. Elle est l'acte conservateur d'une individualité qui est le sentiment même de l'existence, et j'oserai dire de la moralité. On a pu en abuser, tantôt au profit du despotisme royal, tantôt au profit des prétentions parlementaires, cela ne fait rien; elle n'en est pas moins la garantie d'une individualité nationale, l'expression du libre arbitre d'un peuple. Il est tout simple qu'un corps de magistrature, au défaut d'une autre institution, ait cherché à s'approprier cette individualité en qui est la vraie force, qu'il ait voulu en prendre ce qu'elle a de plus intime, à savoir la vertu religieuse. Une telle vie ne peut s'éteindre; elle va quêtant des organes, parcequ'elle veut se manifester. Chassée du corps féodal, elle a fini par se réfugier dans les parlements. Cette Déclaration de 1682 a donc tous les inconvénients des actes vrais et fondés sur la nature des choses. Elle doit les avoir. Tous les partis n'ont-ils pas voulu se saisir tour-à-tour de la Charte? tous ne lui ont-ils pas demandé des armes? Cela devait être, puisque la Charte est un acte vrai, et fort d'une force réelle.

Sans doute il faut défendre l'unité dans le sens de l'universalité, mais jamais à la condition de détruire toute individualité. Ici revient la doctrine philosophique de M. l'abbé de La Mennais, si parfaitement concordante avec la doctrine politique de M. de Maistre, et avec la théologie ultramontaine de l'un et de l'autre. C'est la même thèse dans deux sphères différentes. Que le Siége de Rome, qui représente le sentiment universel, veuille étendre son existence universelle, cela se conçoit, parceque son existence individuelle repose sur ce sentiment universel; mais lorsqu'il veut convertir ce sentiment en prérogative, alors il doit trouver de l'opposition, car tout être veut avoir sa vie propre, dont il ne peut, à aucun prix, faire le sacrifice. Le dévouement de ce genre ne peut appartenir à un peuple.

En un mot, c'est le christianisme qui a fondé la société des temps modernes. Cette société veut à son tour son émancipation; et l'émancipation est contenue dans la loi chrétienne.

Il faut bien faire attention que l'on a nié l'évidence, en niant que le christianisme gouvernât encore la société. Ceux qui avançaient ce paradoxe y ont trop légèrement fait croire; la foi des croyants en a été ébranlée. Ils n'ont pas voulu voir que le christianisme, loin d'être épuisé, reprenait une séve nouvelle; que loin d'être intimement uni à la société du moyen âge, cette société lui était antipathique, et qu'il avait par sa nature réagi contre elle.

Non seulement le christianisme gouverne la société; j'oserais dire qu'il est la société elle-même.

Le moment est venu où les gouvernements doivent à leurs peuples une profession de foi, mais telle qu'elle n'exclue aucune liberté, et qu'elle entre dans le véritable esprit du christianisme, en déclarant qu'ils le regardent comme identique avec l'esprit de développement universel. En effet, le christianisme est une loi d'affranchissement et d'émancipation. Si l'on veut en faire autre chose, si l'on veut le rendre incompatible avec toutes les idées généreuses, on repousse dans les abymes de l'incrédulité une génération nouvelle que le doute fatigue, à qui l'incrédulité est en horreur.

XXXIII.

Le monde religieux, je le sais, est en travail d'une nouvelle unité. Mais cette unité future ne consiste point dans une reconstruction éphémère du passé.

Voyez donc ce qui s'agite autour de nous.

Est-celà ce qu'on appelle le christianisme universel, le christianisme affranchi de toute nationalité? est-ce là le christianisme qu'annonçait saint Paul à

Athènes, qui se cachait dans les catacombes de Rome, qui fut persécuté par les empereurs, qui a conquis le monde par les prodiges de la charité?

Quels sont ceux qui ont sollicité des secours pour la Gréce chrétienne! Et cependant les héros de Missolonghi n'étaient-ils pas chrétiens, eux qui recevaient la communion de leurs prêtres avant de se livrer à la mort dans le vaste tombeau qu'ils avaient eux-mêmes creusé à leurs femmes, à leurs enfants, pour les soustraire à la prostitution ou à l'apostasie? C'était bien un chrétien cet archevêque qui, dit-on, mettait lui-même le feu à une des mines de cet effroyable volcan, où périrent tant de nobles et d'innocentes victimes du patriotisme et de la foi! Ces hommes réactionnaires dont les souvenirs sont restés si amers n'ont-ils d'entrailles que pour les malheurs sur lesquels ont passé toutes les affaires humaines qui ont remué le monde, depuis trente ou quarante ans? Ne connaissent-ils que les calamités d'une révolution terrible, il est vrai, mais d'une révolution accomplie, et dont les sanglants phénomènes, un jour, seront à-la-fois de l'épopée et de l'histoire? Ils évoquent des croyances qui sont les nôtres; ils les évoquent comme si nous les avions oubliées; par ces croyances, qui reposent sur toutes nos véritables sympathies, ils mettent la discorde dans nos villes et nos familles, et ont déja conduit plusieurs d'entre nous, pour se dégager d'une inquiète et ombrageuse inquisition, à renier la religion de nos pères. Leur funeste influence peut donc aller jusqu'à produire l'apostasie! N'ont-ils pas en effet par leurs répugnances trop connues, par la violence de leurs discours, par leurs sentiments secrets ou avoués, n'ont-ils pas fait naître, dans quelques uns, des scrupules sur nos institutions fondamentales? Juste ciel! serait-il vrai que dans notre belle France, telle que l'a fondée la restauration, il y aurait incompatibilité entre la Charte et la religion professée par la Charte? Plusieurs s'associent pour la foi, et souffrent, sans sourciller, que la croix soit arrachée dans les contrées sanctifiées par l'apostolat de saint Paul; que des femmes chrétiennes soient traînées dans les bazars de l'Orient, lorsque leurs époux chrétiens n'ont pu leur donner la mort; que des vierges chrétiennes soient destinées à d'odieux harems, lorsque leurs parents chrétiens n'ont pu leur arracher leur innocente vie; que des enfants baptisés soient abandonnés au fer impie de la circoncision, lorsque leurs pères ne les ont pas eux-mêmes immolés, ou que leurs bourreaux ne les ont pas écrasés contre la pierre! Que signifie ce prétendu labarum dans les airs lorsque la croix civilisatrice est sacrifiée ailleurs au barbare croissant?

En vérité, je me demande, non sans quelque

honte, s'il n'y a pas une ironie cachée dans toutes ces démonstrations de piété; je me demande si ceux qui prêchent ainsi la religion du Sauveur du monde ne veulent pas discréditer cette religion sainte; s'ils ne veulent pas la livrer à la risée des hommes qui n'ont pas placé en elle leur salut et leur amour: je me demande s'ils ne veulent pas prouver que la croix n'a plus la puissance de civiliser; car enfin je vois clairement une harmonie funeste entre la haine ou l'indifférence dont ils poursuivaient la Grèce malheureuse, et cette antipathie si peu déguisée pour toute institution généreuse qui favorise les progrès de la société.

XXXIV.

Les plaintes amères et continues de certains journaux, et certains discours prononcés dans nos chambres législatives, m'ont enseigné cette triste vérité que le magnanime Testament de Louis XVI est complètement mis en oubli.

Est-ce ainsi que s'est présenté à nous celui qui le premier revint de l'exil, lorsqu'il voulut effacer tout un passé, lorsqu'il voulut créer tout un avenir par une expression si heureuse et si empreinte d'un sentiment vrai, d'une sympathie réciproque? est-ce ainsi encore que s'est présenté Louis XVIII à Saint-Ouen, lorsqu'il faisait d'augustes promesses? et ces augustes promesses étaient-elles autre chose qu'une sanction apposée à un fait?

La dynastie, je n'en doute point, avait été satisfaite : tout le prouve. Des prétentions qui tout-à-coup se sont réveillées, et ont voulu être des droits, se sont déclarées inhabiles à être jamais satisfaites. Elles ont voulu associer la dynastie à leurs implacables ressentiments, et la France a refusé obstinément et courageusement de mêler le sacré et le profane. La France s'est donnée à ses rois, et n'a pas été conquise par eux; la France s'est donnée à ses rois, mais à ses rois seuls. Osons le dire; un parti que rien n'apaise, voulait faire de la mort de M. le duc de Berri le signal d'une restauration illégitime que ce parti appelait de tous ses vœux. Vous l'avez bien vu, et ce n'est pas moi qui invente. N'avez-vous pas vu, en effet, n'avez-vous pas vu de vos yeux toutes les ignobles fantasmagories qui ont été imaginées pour faire naître la terreur dans l'ame de la famille royale, pour faire craindre qu'une veuve auguste ne fût pas en sûreté au milieu de nous? L'enfant qui a survécu à une si grande calamité, ne voulut-on pas faire croire que son innocente vie était menacée? Des réquisitoires, qui resteront des monuments de ces jours d'épouvante, et qui devinrent, à l'instant même, comme le droit public des cabinets, jetèrent, dans les bassins de la balance dont la justice était armée, tout le poids de l'Europe, enivrée alors du vertige de la peur. Les insurrections de Naples, du Piémont, de l'Espagne, accumulées en phrases ambitieuses et poétiques, furent traduites à la barre des tribunaux. Pour la première fois, ô prodige et témoignage des déplorables préoccupations de l'esprit de parti! pour la première fois, les Grecs, qui venaient de secouer les fers de la servitude, furent nommés rebelles. En présence d'une loi pénale inflexible, les prestiges de l'éloquence ne sont licites qu'autant qu'ils sont employés à tempérer les sévérités d'un ministère de rigueur, à solliciter la clémence.

C'est malgré moi que je réveille de tels souvenirs; mais on continue chaque jour de nous en faire porter le poids.

XXXV.

Voyez comme la question actuelle s'étend sur le monde: ce n'est plus l'énigme des races royales, c'est la grande énigme du genre humain qu'il s'agit de deviner.

Les Russes ont fait une guerre de civilisation. Ils ont rapporté chez eux la pensée progressive, parceque la première invasion fut dirigée par une pensée d'affranchissement. Nous avons fait la guerre d'Espagne à la suite des armées de la foi; nous devions en rapporter chez nous la haine de la Charte. Les Athéniens abolissaient par-tout l'aristocratie; par la même raison, les Spartiates abolissaient par-tout la démocratie. Lorsque Junius Brutus fit cette révolution, d'où résulta l'expulsion des Tarquins, il y avait, dans la plupart des états circonvoisins, des révolutions menaçantes pour l'aristocratie de ces anciennes républiques, et le patriciat romain dut songer à sa propre défense. Ce n'est pas d'aujourd'hui que des peuples, placés dans la même sphère de civilisation, exercent les uns sur les autres des influences ou fatales ou heureuses; seulement la sphère s'est agrandie. Quand il était question de la guerre d'Espagne, les uns ne dissimulaient pas qu'ils la voulaient au profit de l'absolutisme; d'autres croyaient à la possibilité d'établir dans ce pays un régime légal, comme si l'étranger pouvait donner autre chose que la conquête. On craignait, disait-on, la contagion morale; le chemin eût été plus court, si l'on fût rentré tout simplement dans la Charte. Notre véritable cordon sanitaire, c'était notre pacte fondamental, religieusement exécuté; notre meilleure armée d'observation, c'eût été notre corps électoral interrogé avec sincérité.

Les Autrichiens sont opposés au développement des nationalités italiennes. Tant que deux peuples ne se fondent pas l'un dans l'autre par les mariages, ils restent typiquement séparés. L'Italie, sous ce rapport, n'est pas sans quelque analogie avec ce qu'était la Grèce, dans les liens de la conquête par les Turcs. Il ne faut pas trop creuser cette idée, car enfin je ne veux pas faire de récrimination.

La victoire d'un parti ne pouvant pas être une victoire légale, n'est jamais bien constatée que par le sort des armes. C'est ce que les hommes ont appelé le jugement de Dieu. Parmi nous, ceux qui, sans triompher par le sort des armes, avaient néanmoins obtenu déjà de graves succès contre la Charte, ont dû vouloir se donner les chances qui seules constatent la victoire: telle est, au fond, la cause de la guerre d'Espagne. La révolution avait eu une immense gloire militaire, que la contre-révolution ne pouvait adopter; il lui en fallait une pour elle. Elle a donc transporté la guerre civile au-delà des Pyrénées, parcequ'elle était dans l'impossibilité de la faire en France. C'était bien en effet une guerre civile pour les Français eux-mêmes, puisque chaque coup porté à la constitution des Cortès, quoique cette constitution n'eût point d'analogie avec nos institutions, devait naturellement ébranler la Charte française.

Les souverains ne peuvent se décharger du fardeau de la solidarité; ils semblent n'avoir assemblé des congrès que pour l'assumer tout entière sur eux;

les peuples ici sont restés hors de cause, ils n'ont rien à expier. Lorsqu'ils ont agi, c'a toujours été par un instinct d'affranchissement; et un instant ils furent secondés par les souverains qu'ils forçaient au salut. C'est ainsi que l'Allemagne a entraîné ses rois; c'est ainsi que l'Espagne a conservé l'héritage du sien; c'est ainsi que l'opinion unanime de l'Europe vient de décider la cause de la Grèce. Les souverains ont été ingrats envers leurs peuples. Louis XVIII fait une honorable exception; par un seul acte de puissance, semblable en cela à la puissance divine, il a acquis des droits immortels à la reconnaissance des peuples. Que les souverains donc consentent à recevoir toute la responsabilité qui pèse sur eux. Ils ont laissé faire l'invasion de l'Italie, sans rien stipuler sur le sort futur de l'Italie; celle de l'Espagne, sans expliquer quelles institutions ils entendent donner à l'Espagne; nul frein n'a été imposé à un roi qui évidemment avait manqué à ses peuples; enfin ils se sont mutuellement paralysés pour la Grèce, à laquelle, je n'en doute pas, ils prenaient un véritable intérêt.

Cette influence des peuples les uns sur les autres, même cette oppression que les plus forts exercent sur les plus faibles, finissent toujours par produire un bon résultat. Il se forme un lien commun. Les uns sont en avant, les autres sont en retard; la marche des civilisations analogues se régularise; elles se mettent en harmonie les unes à l'égard des autres, tant la Providence est habile à conduire les affaires humaines à leur fin.

La France, qui avait conquis la Charte, avait perdu néanmoins une partie de sa spontanéité par l'invasion; elle l'a reconquise par la guerre d'Espagne, qui n'avait pas été faite pour un tel but.

La Providence a saisi en main la cause abandonnée des Grecs, car c'est elle seule qui a vaincu à Navarin; elle saisira, quand le temps sera venu, la cause indignement outragée des peuples italiens et des peuples espagnols. Elle se servira du fait méconnu, ce levier qui remue si puissamment le sol.

Le moment viendra où l'Europe progressive ébranlera l'Orient stationnaire.

L'aurore de ce grand événement ne commence-t-elle pas à luire?

La sainte alliance a été un essai de résurrection du sentiment universel, mais on avait oublié d'y stipuler l'intérêt des peuples et les progrès de l'homme.

Maintenant il s'en forme un réel, c'est celui qui fait l'objet de la Palingénésie sociale.

Celui-là seul peut rendre l'Orient évolutif.

XXXVI.

Les besoins intellectuels doivent être provoqués; les besoins physiques demandent à être satisfaits. La Providence veille à ce que les besoins intellectuels se fassent sentir, pour que l'homme cherche à les satisfaire; et quelquefois c'est par des ébranlements très douloureux. Ceux qui prétendent étouffer ces besoins, les empêcher de naître, pour se dispenser de les satisfaire, se mettent en contravention ouverte avec les lois de la Providence. Un peuple chez qui les besoins physiques ne sont pas satisfaits se révolte; souvent un peuple chez qui les besoins intellectuels ne sont pas satisfaits s'abrutit, et s'accoutume à son abrutissement. Philippe II est un des hommes les plus coupables; il a élevé entre son peuple et l'Europe des barrières odieuses.

Il ne faut pas qu'un gouvernement oublie que sa double mission est de gouverner et de perfectionner les hommes qui lui sont confiés. Qu'il fasse servir sa propre puissance à l'avancement des hommes, et il n'aura rien à craindre de ceux qui prennent en eux-mêmes cette noble mission.

Voyez ce qui est arrivé en Italie et en Espagne. Les gouvernements stationnaires ont voulu arrêter les développements. Un petit nombre seulement a marché dans la voie, qui est la voie naturelle, celle du progrès. Le plus grand nombre est resté stationnaire comme les gouvernements; il s'est encroûté dans l'ignorance et dans le matérialisme d'habitudes perverties et stéréotypées. Il s'est trouvé un espace immense entre les deux sortes de populations. Des esprits généreux ont voulu faire un effort pour s'affranchir de ce destin ignominieux; ils ont succombé.

Reportons-nous à cette marche mystérieuse et progressive d'initiation perpétuelle, que j'essaie de montrer dans la Palingénésie sociale; et sur-tout souvenons-nous bien que le christianisme laisse à chaque gouvernement sa liberté d'action.

XXXVII.

Le bien, nécessaire et absolu.

Le mal, conditionnel et contingent.

La liberté de l'être intelligent, capacité du bien et du mal.

Le mal, contraire à la nature de l'être intelligent.

Donc l'être intelligent, rentrant dans sa nature primitive, en rentrant dans le bien lorsqu'il s'en est écarté.

Donc l'être intelligent tenu de se perfectionner.

Donc le mal, conditionnel et contingent, devant cesser.

Donc le bien, nécessaire et absolu, devant finir par régner.

L'être moral, ébloui par la capacité du bien et du mal, succombe.

Mais l'être intelligent et moral redevenant bon, rentre dans sa nature, et reste libre, car, sans liberté, point d'attribution du bien et du mal.

L'absolu n'appartient qu'à Dieu. Le relatif est de l'homme, ce qui implique pour lui la nécessité du successif, et par conséquent, du progressif.

Il y a dans toutes les sciences un premier problème insoluble; en d'autres termes, Dieu se réserve un secret qu'il ne confie point aux choses, et sur lequel les choses se taisent lorsque nous les interrogeons.

La justice, la morale, ont leurs mystères.

Le criterium de la raison est un criterium relatif et progressif.

Le criterium de la conscience est lui-même relatif et progressif.

La lutte du fait et du droit se manifeste par-tout dans l'institution sociale : elle peut être représentée sous la forme de la théorie musicale; l'accord impossible de la quinte et de l'octave. La transaction et le tempérament sont donc des lois analogues pour éluder celle de l'absolu qui nous gouverne de trop haut.

La lutte du principe immobile qui conserve et du principe évolutif qui développe peut se représenter tantôt par l'incompatibilité absolue de la progression arithmétique et de la progression géométrique, tantôt par la faculté relative du tempérament et de la transaction.

Le premier fait qui se présente dans l'histoire du genre humain est un dogme qu'il faut accepter comme on accepte un axiome dans les mathématiques.

Ce premier fait est celui de l'homme entrant en possession de la responsabilité; celui du problème qui lui fut proposé pour lui faire acquérir la capacité du bien et du mal.

Dans les grandes crises de l'humanité, le problème primitif se pose de nouveau avec toute sa rigueur.

Supposez un moment précis où la crise a atteint toute son intensité, et un homme en présence de ce moment.

Cet homme, devenu symbole et type, sera l'*Homme sans nom*, l'homme succombant à une épreuve analogue à l'épreuve primitive.

Et cet homme type rentrera sous la loi absolue de son être, par l'expiation.

Ainsi le dogme régénérateur de la déchéance et de la réhabilitation produit la loi perpétuelle de l'évolution et du progrès.

Ainsi l'évolution et le progrès sont dant la nature de l'homme déchu et réhabilité.

Ainsi l'homme s'explique lui-même, et sa nature intime prouve la tradition.

La liberté constate la moralité de l'homme.

La liberté doit un jour constater la moralité des peuples.

Ne vous étonnez pas de voir la politique séparée de la morale, tant que la liberté ne fait pas le fond des institutions.

Depuis les temps historiques, la connaissance du bien et du mal nous est présentée comme successive; cela est prouvé par le développement du sentiment moral, par le développement du sentiment de l'humanité.

FIN DU TOME TROISIÈME.

TABLE
DES MATIÈRES
CONTENUES DANS LE TROISIÈME VOLUME.

	Pages.
DÉDICACE	5
PRÉFACE	11
PALINGÉNÉSIE SOCIALE.	
Prolégomènes	25
Ire partie	29
IIe partie. § I. Prolégomènes pour Orphée	77
— § II. Prolégomènes de la Formule générale	145
— § III. Suite des prolégomènes de la Formule générale	166
— § IV. Prolégomènes pour la Ville des Expiations	181
— § V. Suite des prolégomènes pour la Ville des Expiat.	220
— § VI. Prolégomènes de l'Élégie	232
— § VII. Un mot sur les notes et développements	255
IIIe partie	259
Suite et fin des prolégomènes	331
Réflexions diverses	345

FIN DE LA TABLE.

BIBLIOTHÈQUE NATIONALE

ATELIER DE RELIURE

COTE :

OUVRAGE RESTAURÉ LE : 4 OCT. 1946

RELIÉ LE :

Contraste insuffisant
NF Z 43-120-14

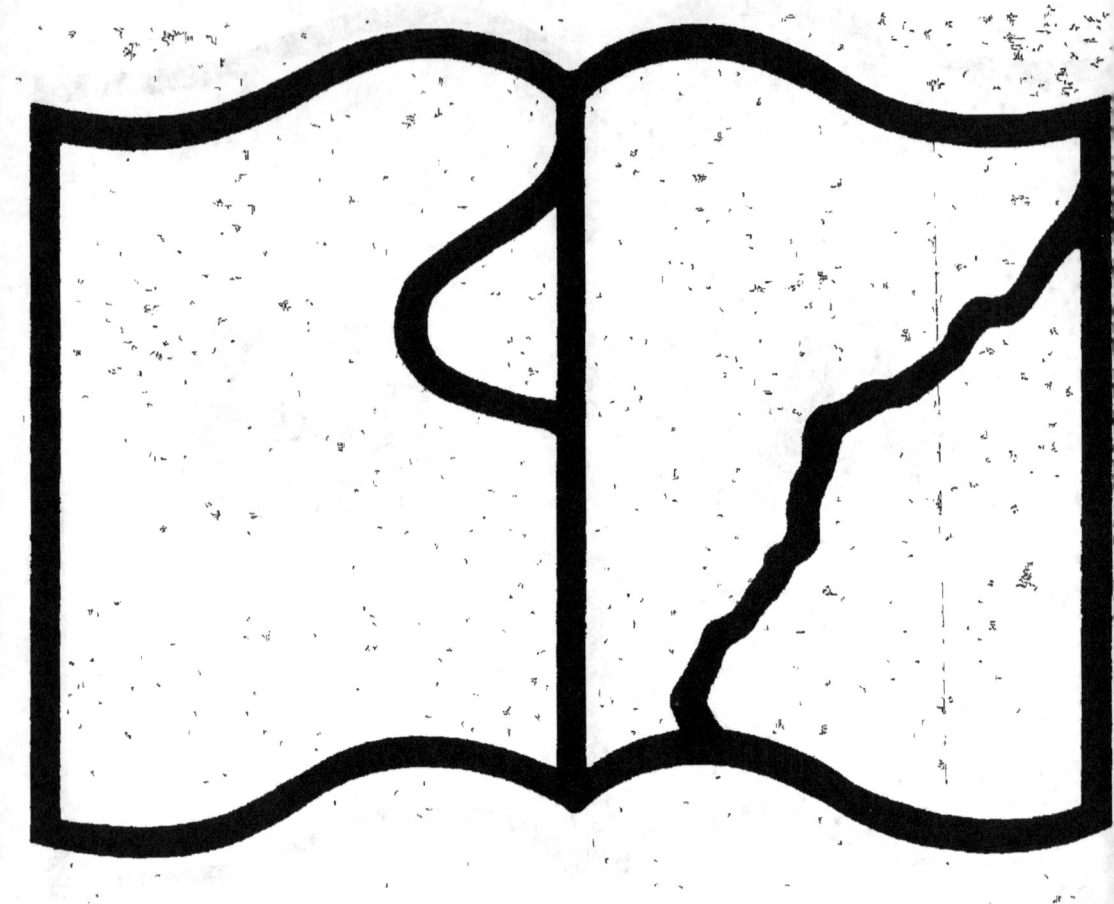

Texte détérioré — reliure défectueuse

NF Z 43-120-11